Михаил Булгаков
Мастер и Маргарита

Fremdsprachentexte | Russisch

Михаил Булгаков
Мастер и Маргарита

Сокращённое издание

Michail Bulgakov
Der Meister und Margarita

Gekürzte Ausgabe

Herausgegeben von
Wolfgang Schriek

Reclam

RECLAMS UNIVERSAL-BIBLIOTHEK Nr. 19892

Gestaltung: Cornelia Feyll, Friedrich Forssman
Gesamtherstellung: Reclam, Ditzingen. Printed in Germany 2014

ISBN 978-3-15-019892-6

Auch als E-Book erhältlich

www.reclam.de

Vorbemerkung

Liebe Leserin, lieber Leser,
Sie halten einen teuflisch guten, geistreichen wie verwirrenden Meister-Doppelroman in Händen. Leider – nicht etwa, um Sie zu ärgern! – haben wir, Herausgeber und Verlag, das Buch hier nicht *in toto* vorgelegt. Aber das, was Sie, mit vielen Annotationen versehen, vor sich sehen, hat es in sich. Was wir aus Platzgründen aussparen mussten – auch der Autor möge uns verzeihen! –, haben wir kurzerhand inhaltlich zusammengefasst, на немецком языке. Der komplexe, merkwürdig-hintersinnige Roman, in dem es kurz gesagt um Macht und Wahrheit, Schein und Sein, Mut und Feigheit, Gut und Böse geht, gehört zu den Spitzenwerken der Weltliteratur. Nikolaj Gogol', der geniale Urvater russischer Groteske und Phantastik, hätte das satirisch-philosophische Meister-Opus dieses schreibenden Arztes gut und gern für sich reklamieren können. Und Johann Wolfgang Goethe hätte seine faustische Freude an dem Bulgakovschen Teufels-Werk gehabt; hat doch der russische Großmeister etliche Ideen aus Goethes *opus magnum* aufgegriffen, weitergesponnen und sogar – Teufel noch mal! – parodiert. Bei Goethe ist es Mephisto, der von Gott gelenkte Geist der Negation, der »stets das Böse will und stets das Gute schafft«, bei Bulgakov der polyglotte, geheimnisvolle, hinkende Woland, ein Ausländer, wohl aus Deutschland, angeblich Professor der schwarzen Magie, doch, wie sich rasch herausstellt, der Leibhaftige persönlich. Mit seinen tatkräftigen Helfershelfern – unter ihnen das katerartige Wesen Begemot – wirbelt der Bulgakovsche *whistleblower* das sozialistische Moskau der 1930er Jahre heillos durcheinander und stellt erbarmungslos alle Denunzianten, Heuchler, Betrüger, Duckmäu-

ser, Spießer, Spekulanten, Mörder und weitere Schurken des stalinistischen Überwachungsstaates an den Pranger. Dort, in Moskau, ist wortwörtlich der Teufel los, und Wolands burleske Handlanger haben ihren diabolischen Spaß bei diesem Spuk mit Chaos und Irritation. Konfus ist auch der Leser, wenn er sich an der Hand des – personalen? allwissenden? zuverlässigen? – Erzählers, der sich selbst »wahrheitsliebend« (правдивый повествователь) nennt, plötzlich in Jerusalem bei Pontius Pilatus wiederfindet und sich konsterniert fragt, was zum Teufel die wiederholten Sprünge nicht nur in die Zeit Jesu, sondern darüber hinaus auch noch auf eine zeitlose mystisch-phantastische Ebene bedeuten sollen. Und überhaupt: wer sind eigentlich die Titelfiguren, der schriftstellernde, namenlose Meister und seine Geliebte Margarita, die verwegene Satansballkönigin mit einem großen, liebenden Herzen? Beide tauchen erst relativ spät im Romangeschehen auf. Und was hat es mit der psychiatrischen Klinik auf sich? Wahrlich, ein durch und durch rätselhaftes Buch, das unendlich viele Lesarten zulässt.

Mehr sei an dieser Stelle nicht verraten. Nur noch ein kleiner Tip: Ein Blick in Goethes *Faust* und in das Neue Testament – konkret in das Kapitel 23 bei Lukas oder 27 bei Matthäus – kann dem besseren Verständnis schon im Vorfeld aufhelfen.

Doch nun genug. Lauschen wir auf einer Moskauer Parkbank dem Gespräch zweier Literaturexperten – Berlioz und Ivan, genannt »Bezdomnyj«, der »Hauslose« – über ... Aber lesen Sie selbst und lassen Sie sich von den eigenwilligen Ideen dieses dramatisch-komischen, grotesk-ironischen Romans mitreißen.

Михаил Булгаков

Мастер и Маргарита

… так кто ж ты, наконец?
– Я – часть той силы, что вечно хочет зла
и вечно совершает благо.

Гёте. «Фауст»

ЧАСТЬ ПЕРВАЯ

Глава 1

Никогда не разговаривайте с неизвестными

В час жаркого весеннего заката на Патриарших прудах[1] появилось двое граждан. Первый из них – приблизительно сорокалетний, одетый в серенькую летнюю пару, – был маленького роста, темноволос, упитан, лыс, свою приличную шляпу пирожком нес в руке, а аккуратно выбритое лицо его украшали сверхъестественных размеров очки в черной роговой оправе. Второй – плечистый, рыжеватый, вихрастый молодой человек в залом-

3–5 **»так кто ж ты … бла́го«:** »Nun gut, wer bist du denn? – Ein Teil von jener Kraft, die stets das Böse will und stets das Gute schafft«: Gespräch im Studierzimmer zwischen Faust und Mephisto (Goethe, *Faust. Der Tragödie erster Teil*, V. 1335 f.). | 10 **Патриа́ршеские пруды́:** Patriarchenteiche. – Nähere Erläuterungen zu Orts- und Personennamen, sprachlichen und (zeit)geschichtlichen Bezügen usw. finden sich in den Anmerkungen (S. 295–310). | 12 **па́ра:** hier: Herrenanzug. | 13 **упи́танный:** wohlgenährt. | 13 f. **свою́ прили́чную шля́пу пирожко́м нёс в руке́:** er hielt seinen ansehnlichen Hut wie eine kleine Pastete in der Hand, d. h. zusammengedrückt. | 16 **рогова́я опра́ва:** Brillenfasung aus Horn. | 17 **вихра́стый** (umg.): struppig. | 17 f. **заломи́ть на заты́лок:** in den Nacken schieben.

ленной на затылок клетчатой кепке – был в ковбойке, жеваных белых брюках и в черных тапочках.

Первый был не кто иной, как Михаил Александрович Берлиоз, редактор толстого художественного журнала и председатель правления одной из крупнейших московских литературных ассоциаций, сокращенно именуемой Массолит[2], а молодой спутник его – поэт Иван Николаевич Понырев, пишущий под псевдонимом Бездомный.

Попав в тень чуть зеленеющих лип, писатели первым долгом бросились к пестро раскрашенной будочке с надписью «Пиво и воды».

Да, следует отметить первую странность этого страшного майского вечера. Не только у будочки, но и во всей аллее, параллельной Малой Бронной улице, не оказалось ни одного человека. В тот час, когда уж, кажется, и сил не было дышать, когда солнце, раскалив Москву, в сухом тумане валилось куда-то за Садовое кольцо, – никто не пришел под липы, никто не сел на скамейку, пуста была аллея.

– Дайте нарзану[3], – попросил Берлиоз.

– Нарзану нету, – ответила женщина в будочке и почему-то обиделась.

– Пиво есть? – сиплым голосом осведомился Бездомный.

– Пиво привезут к вечеру, – ответила женщина.

– А что есть? – спросил Берлиоз.

– Абрикосовая, только теплая, – сказала женщина.

1 **ке́пка:** Schirmmütze. | **ковбо́йка:** kariertes Hemd. – Die Kleidung weist auf den Typ des Proletariers. | 2 **жёваный:** zerknittert. | 16 **раскали́ть:** durchglühen. | 17 **вали́ться:** fallen, stürzen; hier: sich neigen. | 23 **си́плый:** heiser. | **осве́домиться:** sich erkundigen.

– Ну давайте, давайте, давайте!..

Абрикосовая дала обильную желтую пену, и в воздухе запахло парикмахерской. Напившись, литераторы немедленно начали икать, расплатились и уселись на скамейке лицом к пруду и спиной к Бронной.

Тут приключилась вторая странность, касающаяся одного Берлиоза. Он внезапно перестал икать, сердце его стукнуло и на мгновенье куда-то провалилось, потом вернулось, но с тупой иглой, засевшей в нем. Кроме того, Берлиоза охватил необоснованный, но столь сильный страх, что ему захотелось тотчас же бежать с Патриарших без оглядки.

Берлиоз тоскливо оглянулся, не понимая, что его напугало. Он побледнел, вытер лоб платком, подумал: «Что это со мной? Этого никогда не было … сердце шалит … я переутомился … Пожалуй, пора бросить все к черту[4] и в Кисловодск[5] …»

И тут знойный воздух сгустился над ним, и соткался из этого воздуха прозрачный гражданин престранного вида. На маленькой головке жокейский картузик, клетчатый кургузый воздушный же пиджачок … Гражданин ростом в сажень, но в плечах узок, худ неимоверно, и физиономия, прошу заметить, глумливая.

2 **оби́льный:** ausgiebig. | **пе́на:** Schaum. | 4 **ика́ть:** Schluckauf haben (ико́та). | 9 **тупа́я игла́:** stumpfe Nadel. | **засе́сть:** sich festsetzen. | 11 f. **бежа́ть без огля́дки:** laufen, was das Zeug hält. | 15 f. **шали́ть:** Schabernack treiben. | 16 **переутоми́ться:** sich überanstrengen. | 18 **зно́йный:** drückend heiß (зно́й: Hitze). | **ротка́ться:** sich aus etw. zusammensetzen. | 20 **жоке́йский карту́зик:** Reitermütze. | 21 **кургу́зый:** knapp geschnitten. | 22 **ро́стом в са́жень:** langer Lulatsch (са́жень, f.: Längenmaß von 2,13 m). | 23 **глумли́вый:** spöttisch.

Жизнь Берлиоза складывалась так, что к необыкновенным явлениям он не привык. Еще более побледнев, он вытаращил глаза и в смятении подумал: «Этого не может быть!..»

Но это, увы, было, и длинный, сквозь которого видно, гражданин, не касаясь земли, качался перед ним и влево и вправо.

Тут ужас до того овладел Берлиозом, что он закрыл глаза. А когда он их открыл, увидел, что все кончилось, марево растворилось, клетчатый исчез, а заодно и тупая игла выскочила из сердца.

– Фу ты, черт! – воскликнул редактор. – Ты знаешь, Иван, у меня сейчас едва удар от жары не сделался! Даже что-то вроде галлюцинации было … – он попытался усмехнуться, но в глазах его еще прыгала тревога, и руки дрожали. Однако постепенно он успокоился, обмахнулся платком и, произнеся довольно бодро: «Ну-с, итак …» – повел речь, прерванную питьем абрикосовой.

Речь эта, как впоследствии узнали, шла об Иисусе Христе. Дело в том, что редактор заказал поэту для очередной книжки журнала большую антирелигиозную поэму. Эту поэму Иван Николаевич сочинил, и в очень короткий срок, но, к сожалению, ею редактора нисколько не удовлетворил. Очертил Бездомный главное действу-

3 **смяте́ние:** Verwirrung (смяте́нный). | 6 **каса́ться** (+ Gen.; к + Dat.): berühren (auch косну́ться, прикаса́ться, прикосну́ться). | **кача́ть(ся):** (sich) hin und her bewegen. | 10 **ма́рево:** Luftspiegelung. | **раство-ри́ться:** sich auflösen. | **заодно́:** gemeinsam. | 11 **вы́скочить:** heraus-springen. | 16 f. **обмахну́ться:** sich Luft zufächeln; маха́ть/махну́ть: winken, wedeln, schwenken. | 20 f. **очередна́я кни́жка:** hier: die nächste Buchausgabe.

ющее лицо своей поэмы, то есть Иисуса, очень черными красками, и тем не менее всю поэму приходилось, по мнению редактора, писать заново. И вот теперь редактор читал поэту нечто вроде лекции об Иисусе, с тем чтобы подчеркнуть основную ошибку поэта.

Трудно сказать, что именно подвело Ивана Николаевича – изобразительная ли сила его таланта или полное незнакомство с вопросом, по которому он писал, – но Иисус у него получился, ну совершенно живой, некогда существовавший Иисус, только, правда, снабженный всеми отрицательными чертами Иисус.

Берлиоз же хотел доказать поэту, что главное не в том, каков был Иисус, плох ли, хорош ли, а в том, что Иисуса-то этого как личности вовсе не существовало на свете и что все рассказы о нем – простые выдумки, самый обыкновенный миф.

Надо заметить, что редактор был человеком начитанным и очень умело указывал в своей речи на древних историков, например на знаменитого Филона Александрийского, на блестяще образованного Иосифа Флавия, никогда ни словом не упоминавших о существовании Иисуса.[6] Обнаруживая солидную эрудицию, Михаил Александрович сообщил поэту, между прочим, и о том, что то место в пятнадцатой книге, в главе 44-й знаменитых Тацитовых «Анналов», где говорится о казни

6 **подвести́** (umg.): in eine missliche Situation bringen. | 10 **снабжённый:** ausgestattet. | 19 f. **Фило́н Александри́йский:** Philon von Alexandria (15/10 v. Chr. – 40 n. Chr.), einflussreicher Philosoph und Theologe des jüdischen Hellenismus. | 22 **эруди́ция:** Gelehrsamkeit. | 25 **казнь** (f.): Hinrichtung (казни́ть).

Иисуса, – есть не что иное, как позднейшая поддельная вставка.[7]

Поэт, для которого все, сообщаемое редактором, являлось новостью, внимательно слушал Михаила Александровича, уставив на него свои бойкие зеленые глаза, и лишь изредка икал, шепотом ругая абрикосовую воду.

– Нет ни одной восточной религии, – говорил Берлиоз, – в которой, как правило, непорочная дева не произвела бы на свет бога. И христиане, не выдумав ничего нового, точно так же создали своего Иисуса, которого на самом деле никогда не было в живых. Вот на это-то и нужно сделать главный упор …

Высокий тенор Берлиоза разносился в пустынной аллее, и по мере того, как Михаил Александрович забирался в дебри, в которые может забираться, не рискуя свернуть себе шею, лишь очень образованный человек, – поэт узнавал все больше и больше интересного и полезного и про египетского Озириса, благостного бога и сына Неба и Земли, и про финикийского бога Фаммуза, и про Мардука, и даже про менее известного грозного бога Вицлипуцли,[8] которого весьма почитали некогда ацтеки в Мексике.

И вот как раз в то время, когда Михаил Александрович рассказывал поэту о том, как ацтеки лепили из теста фигурку Вицлипуцли, в аллее показался первый человек.

1 f. **поддéльная встáвка:** gefälschte Zutat. | 5 **устáвить глазá:** aufmerksam anblicken (устáвиться глазáми). | **бóйкий:** flink. | 8 **непорóчная дéва:** unbefleckte Jungfrau. | 12 **сдéлать упóр:** Nachdruck legen. | 15 **дéбри:** Dickicht, Wirrwarr. | 15 f. **свернýть шéю:** Genick brechen. | 18 **блáгостный:** gütig, gnädig. | 24 **лепи́ть:** formen, kneten.

Впоследствии, когда, откровенно говоря, было уже поздно, разные учреждения представили свои сводки с описанием этого человека. Сличение их не может не вызвать изумления. Так, в первой из них сказано, что человек этот был маленького роста, зубы имел золотые и хромал на правую ногу. Во второй – что человек был росту громадного, коронки имел платиновые, хромал на левую ногу. Третья лаконически сообщает, что особых примет у человека не было.

Приходится признать, что ни одна из этих сводок никуда не годится.

Раньше всего: ни на какую ногу описываемый не хромал, и росту был не маленького и не громадного, а просто высокого. Что касается зубов, то с левой стороны у него были платиновые коронки, а с правой – золотые. Он был в дорогом сером костюме, в заграничных, в цвет костюма, туфлях. Серый берет он лихо заломил на ухо, под мышкой нес трость с черным набалдашником в виде головы пуделя. По виду – лет сорока с лишним. Рот какой-то кривой. Выбрит гладко. Брюнет. Правый глаз черный, левый – почему-то зеленый. Брови черные, но одна выше другой. Словом – иностранец.[9]

Пройдя мимо скамьи, на которой помещались редак-

1 **открове́нный:** aufrichtig. | 2 **сво́дка:** Bericht. | 3 **сличе́ние:** Vergleich. | 6 **хрома́ть:** hinken, humpeln. | 7 **грома́дный:** riesenhaft (грома́да: Koloss) | **коро́нки пла́тиновые:** Platinkronen. | 9 **приме́та:** Merkmal. | 11 **годи́ться:** taugen. | 17 **бере́т:** Baskenmütze, Barett. | **лихо́й:** flott, verwegen. | **заломи́ть на у́хо:** aufs Ohr schieben. | 18 **мы́шка:** hier: Achsel. | **трость** (f.): Stock. | **набалда́шник:** Knauf. | 19 **пу́дель:** Pudel. Anspielung auf Goethes *Faust*, wo Mephisto in der Gestalt eines Pudels erscheint.

тор и поэт, иностранец покосился на них, остановился и вдруг уселся на соседней скамейке, в двух шагах от приятелей.

«Немец …» – подумал Берлиоз.

«Англичанин … – подумал Бездомный. – Ишь, и не жарко ему в перчатках».

А иностранец окинул взглядом высокие дома, квадратом окаймлявшие пруд, причем заметно стало, что видит это место он впервые и что оно его заинтересовало.

Он остановил взор на верхних этажах, ослепительно отражающих в стеклах изломанное и навсегда уходящее от Михаила Александровича солнце, затем перевел его вниз, где стекла начали предвечерне темнеть, чему-то снисходительно усмехнулся, прищурился, руки положил на набалдашник, а подбородок на руки.

– Ты, Иван, – говорил Берлиоз, – очень хорошо и сатирически изобразил, например, рождение Иисуса, сына Божия, но соль-то в том, что еще до Иисуса родился целый ряд сынов Божиих, как, скажем, финикийский Адонис, фригийский Аттис, персидский Митра.[10] Коротко же говоря, ни один из них не рождался и никого не было, в том числе и Иисуса, и необходимо, чтобы ты, вместо рождения или, предположим, прихода волхвов, изобразил бы нелепые слухи об этом приходе. А то

1 **покоси́ться** (umg.): einen Seitenblick werfen, schielen (коси́ть, скоси́ть). | 5 **ишь:** du liebe Güte. | 7 **оки́нуть взгля́дом:** mit einem Blick umfassen (auch: взо́ром). | 8 **окаймля́ть:** (um)säumen. | 11 **изло́манный:** gebrochen. | 14 **снисходи́тельный:** herablassend. | **прищу́риться:** die Augen zusammenkneifen (щу́риться). | 18 **соль** (f.): Salz; Pointe. | 23 f. **прихо́д волхво́в:** Ankunft der Wahrsager (волхв); hier: Anbetung der drei Könige/Weisen. | 24 **неле́пый:** unsinnig, absurd.

выходит по твоему рассказу, что он действительно родился!..

Тут Бездомный сделал попытку прекратить замучившую его икоту, задержав дыхание, отчего икнул мучительнее и громче, и в этот же момент Берлиоз прервал свою речь, потому что иностранец вдруг поднялся и направился к писателям.

Те поглядели на него удивленно.

– Извините меня, пожалуйста, – заговорил подошедший с иностранным акцентом, но не коверкая слов, – что я, не будучи знаком, позволяю себе … но предмет вашей ученой беседы настолько интересен, что …

Тут он вежливо снял берет, и друзьям ничего не оставалось, как приподняться и раскланяться.

«Нет, скорее, француз …» – подумал Берлиоз.

«Поляк?..» – подумал Бездомный.

Необходимо добавить, что на поэта иностранец с первых же слов произвел отвратительное впечатление, а Берлиозу скорее понравился, то есть не то чтобы понравился, а … как бы выразиться … заинтересовал, что ли.

– Разрешите мне присесть? – вежливо попросил иностранец, и приятели как-то невольно раздвинулись; иностранец ловко уселся между ними и тотчас вступил в разговор:

– Если я не ослышался, вы изволили говорить, что Иисуса не было на свете? – спросил иностранец, обращая к Берлиозу свой левый зеленый глаз.

3 f. **заму́чить:** quälen (му́чить, му́чать). | 10 **коверкать:** verunstalten. | 13 **ве́жливый:** höflich. | 20 **что ли** (umg.): vielleicht, etwa. | 23 **вступи́ть:** eintreten (ступи́ть/ступа́ть: treten, schreiten). | 25 **ослы́шаться:** sich verhören. | **изво́лить** (alt.): belieben, geruhen.

– Нет, вы не ослышались, – учтиво ответил Берлиоз, – именно это я и говорил.

– Ах, как интересно! – воскликнул иностранец.

«А какого черта ему надо?» – подумал Бездомный и нахмурился.

– А вы соглашались с вашим собеседником? – осведомился неизвестный, повернувшись вправо к Бездомному.

– На все сто! – подтвердил тот, любя выражаться вычурно и фигурально.

– Изумительно! – воскликнул непрошеный собеседник и, почему-то воровски оглянувшись и приглушив свой низкий голос, сказал: – Простите мою навязчивость, но я так понял, что вы, помимо всего прочего, еще и не верите в Бога? – Он сделал испуганные глаза и прибавил: – Клянусь, я никому не скажу.

– Да, мы не верим в Бога, – чуть улыбнувшись испугу интуриста, ответил Берлиоз, – но об этом можно говорить совершенно свободно.

Иностранец откинулся на спинку скамейки и спросил, даже привизгнув от любопытства:

– Вы – атеисты?!

– Да, мы – атеисты, – улыбаясь, ответил Берлиоз, а Бездомный подумал, рассердившись: «Вот прицепился, заграничный гусь!»

1 **учти́вый:** höflich. | 4 **А како́го чёрта ему́ на́до?:** Was zum Teufel will er eigentlich? | 9 **На всё сто!:** Hundert pro! | 10 **вы́чурный:** geziert. | 12 **воровски́** (Adv.; umg.): verstohlen. | 12 f. **приглуши́ть:** (Stimme) senken. | 13 f. **навя́зчивость:** Aufdringlichkeit. | 20 **отки́нуться:** sich zurücklehnen. | 21 **приви́згнуть:** hier: fast aufquieken. | 24 **прицепи́ться** (umg.): sich aufdrängen. | 25 **гусь** (m.): hier: Fatzke.

– Ох, какая прелесть! – вскричал удивительный иностранец и завертел головой, глядя то на одного, то на другого литератора.

– В нашей стране атеизм никого не удивляет, – дипломатически вежливо сказал Берлиоз, – большинство нашего населения сознательно и давно перестало верить сказкам о Боге.

Тут иностранец отколол такую штуку: встал и пожал изумленному редактору руку, произнеся при этом слова:

– Позвольте вас поблагодарить от всей души!

– За что это вы его благодарите? – заморгав, осведомился Бездомный.

– За очень важное сведение, которое мне, как путешественнику, чрезвычайно интересно, – многозначительно подняв палец, пояснил заграничный чудак.

Важное сведение, по-видимому, действительно произвело на путешественника сильное впечатление, потому что он испуганно обвел глазами дома, как бы опасаясь в каждом окне увидеть по атеисту.

«Нет, он не англичанин …» – подумал Берлиоз, а Бездомный подумал: «Где это он так наловчился говорить по-русски, вот что интересно!» – и опять нахмурился.

– Но, позвольте вас спросить, – после тревожного раздумья заговорил заграничный гость, – как же быть с доказательствами бытия Божия, коих, как известно, существует ровно пять?[11]

8 **отколо́ть шту́ку** (umg.): sich etw. (Verblüffendes) ›leisten‹ (auch: отмочи́ть шту́ку). | 11 **заморга́ть:** blinzeln. | 13 **сведе́ние:** Auskunft. | 18 **обвести́ глаза́ми:** den Blick über etw. schweifen lassen. | 21 **наловчи́ться** (umg.): sich eine Fertigkeit erwerben. | 25 **кой** (alt.): кото́рый.

– Увы! – с сожалением ответил Берлиоз. – Ни одно из этих доказательств ничего не стоит, и человечество давно сдало их в архив. Ведь согласитесь, что в области разума никакого доказательства существования Бога быть не может.

– Браво! – вскричал иностранец. – Браво! Вы полностью повторили мысль беспокойного старика Иммануила по этому поводу.[12] Но вот курьез: он начисто разрушил все пять доказательств, а затем, как бы в насмешку над самим собою, соорудил собственное шестое доказательство!

– Доказательство Канта, – тонко улыбнувшись, возразил образованный редактор, – также неубедительно. И недаром Шиллер говорил, что кантовские рассуждения по этому вопросу могут удовлетворить только рабов, а Штраус просто смеялся над этим доказательством.[13] Берлиоз говорил, а сам в это время думал: «Но, все-таки, кто же он такой? И почему он так хорошо говорит по-русски?»

– Взять бы этого Канта да за такие доказательства года на три в Соловки![14] – совершенно неожиданно бухнул Иван Николаевич.

– Иван! – сконфузившись, шепнул Берлиоз.

Но предложение отправить Канта в Соловки не только не поразило иностранца, но даже привело в восторг.

– Именно, именно, – закричал он, и левый зеленый глаз его, обращенный к Берлиозу, засверкал, – ему там самое место! Ведь говорил я ему тогда за завтраком: «Вы,

3 **сдать в архи́в:** ad acta legen. | 8 **на́чисто:** rundweg, restlos. | 10 **сооруди́ть** (umg.): fabrizieren. | 21 **бу́хнуть** (umg.): hier: mit etw. herausplatzen. | 25 **порази́ть:** erstaunen.

профессор, воля ваша, что-то нескладное придумали! Оно, может, и умно, но больно непонятно. Над вами потешаться будут».

Берлиоз выпучил глаза. «За завтраком … Канту?.. Что это он плетет?» – подумал он.

– Но, – продолжал иноземец, не смущаясь изумлением Берлиоза и обращаясь к поэту, – отправить его в Соловки невозможно по той причине, что он уже с лишком сто лет пребывает в местах значительно более отдаленных, чем Соловки, и извлечь его оттуда никоим образом нельзя, уверяю вас!

– А жаль! – отозвался задира-поэт.

– И мне жаль! – подтвердил неизвестный, сверкая глазом, и продолжал: – Но вот какой вопрос меня беспокоит: ежели Бога нет, то, спрашивается, кто же управляет жизнью человеческой и всем вообще распорядком на земле?

– Сам человек и управляет, – поспешил сердито ответить Бездомный на этот, признаться, не очень ясный вопрос.

– Виноват, – мягко отозвался неизвестный, – для того, чтобы управлять, нужно, как-никак, иметь точный план на некоторый, хоть сколько-нибудь приличный срок. Позвольте же вас спросить, как же может управлять че-

1 **во́ля ва́ша:** mit Verlaub. | **нескла́дный:** ungereimt. | 3 **потеша́ться** (umg.): sich lustig machen. | 4 **вы́пучить глаза́:** die Augen aufreißen. | 5 **плести́** (плету́) / сплести́ (umg.): faseln. | 10 **нико́им о́бразом:** auf keine Weise. | 12 **отозва́ться:** erwidern. | **зади́ра** (umg.): Streithammel. | 16 **распоря́док:** Ordnung. | 21 **винова́т:** Verzeihung! | 22 **как-ника́к:** schließlich, immerhin. | 23 **хоть:** wenigstens (auch: хотя́ бы). | **прили́чный срок:** angemessene Frist.

ловек, если он не только лишен возможности составить какой-нибудь план хотя бы на смехотворно короткий срок, ну, лет, скажем, в тысячу, но не может ручаться даже за свой собственный завтрашний день? И в самом деле, – тут неизвестный повернулся к Берлиозу, – вообразите, что вы, например, начнете управлять, распоряжаться и другими и собою, вообще, так сказать, входить во вкус, и вдруг у вас … кхе … кхе … саркома легкого … – тут иностранец сладко усмехнулся, как будто мысль о саркоме легкого доставила ему удовольствие, – да, саркома, – жмурясь, как кот, повторил он звучное слово, – и вот ваше управление закончилось! Ничья судьба, кроме своей собственной, вас более не интересует. Родные вам начинают лгать, вы, чуя неладное, бросаетесь к ученым врачам, затем к шарлатанам, а бывает, и к гадалкам. Как первое и второе, так и третье – совершенно бессмысленно, вы сами понимаете. И все это кончается трагически: тот, кто еще недавно полагал, что он чем-то управляет, оказывается вдруг лежащим неподвижно в деревянном ящике, и окружающие, понимая, что толку от лежащего нет более никакого, сжигают его в печи. А бывает и еще хуже: только что человек соберется съездить в Кисловодск, – тут иностранец прищурился на Берлиоза, – пустяковое, казалось бы, дело, но и этого совершить не может, так как неизвестно почему вдруг

1 **лиши́ть** (-ённый) / лиша́ть (+ Gen.): einer Sache berauben. | 2 **смехотво́рный:** lachhaft, lächerlich. | 3 **руча́ться:** garantieren, sich verbürgen. | 6 f. **распоряжа́ться** (+ Instr.): jdn. anleiten. | 8 **сарко́ма лёгкого:** Lungensarkom. | 11 **жму́риться:** blinzeln, zukneifen. | 14 **чу́ять:** spüren, wittern. | **нела́дный:** unangenehm. | 15 f. **гада́лка:** Wahrsagerin. | 20 f. **нет то́лку:** kein Nutzen.

возьмет – поскользнется и попадет под трамвай! Неужели вы скажете, что это он сам собою управлял так? Не правильнее ли думать, что управился с ним кто-то совсем другой? – и здесь незнакомец рассмеялся странным смешком.

Берлиоз с великим вниманием слушал неприятный рассказ про саркому и трамвай, и какие-то тревожные мысли начали мучить его. «Он не иностранец … он не иностранец … – думал он, – он престранный субъект … но позвольте, кто же он такой?..»

– Вы хотите курить, как я вижу? – неожиданно обратился к Бездомному неизвестный. – Вы какие предпочитаете?

– А у вас разные, что ли, есть? – мрачно спросил поэт, у которого папиросы кончились.

– Какие предпочитаете? – повторил неизвестный.

– Ну, «Нашу марку»[15], – злобно ответил Бездомный.

Незнакомец немедленно вытащил из кармана портсигар и предложил его Бездомному:

– «Наша марка».

И редактора и поэта не столько поразило то, что нашлась в портсигаре именно «Наша марка», сколько сам портсигар. Он был громадных размеров, червонного золота, и на крышке его при открывании сверкнул синим и белым огнем бриллиантовый треугольник[16].

Тут литераторы подумали разно. Берлиоз: «Нет, иностранец!», а Бездомный: «Вот черт его возьми, а!..»

1 **возьмёт – поскользнётся:** ganz plötzlich ausrutscht (скользи́ть: gleiten; rutschen; schlüpfen). | 9 **престра́нный:** höchst seltsam. | 18 **вы́тащить:** herausziehen (тащи́ть: ziehen, schleppen). | 22 **портсига́р:** Zigarettenetui. | 23 f. **черво́нное зо́лото:** pures Gold.

Поэт и владелец портсигара закурили, а некурящий Берлиоз отказался.

«Надо будет ему возразить так, – решил Берлиоз, – да, человек смертен, никто против этого и не спорит. Но дело в том, что …»

Однако он не успел выговорить этих слов, как заговорил иностранец:

– Да, человек смертен, но это было бы еще полбеды. Плохо то, что он иногда внезапно смертен, вот в чем фокус! И вообще не может сказать, что он будет делать в сегодняшний вечер.

«Какая-то нелепая постановка вопроса …» – помыслил Берлиоз и возразил:

– Ну, здесь уж есть преувеличение. Сегодняшний вечер мне известен более или менее точно. Само собою разумеется, что, если на Бронной мне свалится на голову кирпич …

– Кирпич ни с того ни с сего, – внушительно перебил неизвестный, – никому и никогда на голову не свалится. В частности же, уверяю вас, вам он ни в каком случае не угрожает. Вы умрете другою смертью.

– Может быть, вы знаете, какой именно? – с совершенно естественной иронией осведомился Берлиоз, вовлекаясь в какой-то действительно нелепый разговор. – И скажете мне?

– Охотно, – отозвался незнакомец. Он смерил Берлио-

8 **полбеды́** (umg.): halb so schlimm. | 9 f. **вот в чём фо́кус** (umg.): da liegt der Hase im Pfeffer. | 14 **преувеличе́ние:** Übertreibung. | 18 **ни с того́ ни с сего́:** mir nichts, dir nichts; aus heiterem Himmel. | **внуши́тельный:** nachdrücklich. | 23 f. **вовлека́ться:** sich einlassen, verstricken. | 26 **сме́рить:** mustern, messen.

за взглядом, как будто собирался сшить ему костюм, сквозь зубы пробормотал что-то вроде: «Раз, два … Меркурий во втором доме … луна ушла … шесть – несчастье … вечер – семь …» – и громко и радостно объявил: – Вам отрежут голову!

Бездомный дико и злобно вытаращил глаза на развязного неизвестного, а Берлиоз спросил, криво усмехнувшись:

– А кто именно? Враги? Интервенты?[17]

– Нет, – ответил собеседник, – русская женщина, комсомолка[18].

– Гм … – промычал раздраженный шуточкой неизвестного Берлиоз, – ну, это, извините, маловероятно.

– Прошу и меня извинить, – ответил иностранец, – но это так. Да, мне хотелось бы спросить вас, что вы будете делать сегодня вечером, если это не секрет?

– Секрета нет. Сейчас я зайду к себе на Садовую, а потом в десять часов вечера в Массолите состоится заседание, и я буду на нем председательствовать.

– Нет, этого быть никак не может, – твердо возразил иностранец.

– Это почему?

– Потому, – ответил иностранец и прищуренными глазами поглядел в небо, где, предчувствуя вечернюю прохладу, бесшумно чертили черные птицы, – что Аннушка уже купила подсолнечное масло, и не только купила, но даже и разлила. Так что заседание не состоится.

1 **собира́ться** (+ Inf.): sich anschicken, etw. zu tun. | 5 **отре́зать** (-жу): abtrennen (ре́зать: schneiden). | 6 f. **развя́зный:** respektlos, dreist. | 12 **промыча́ть:** murren. | **раздражи́ть** (-ённый): reizen, aufregen. | 26 **подсо́лнечное ма́сло:** Sonnenblumenöl. | 27 **разли́ть:** verschütten.

Тут, как вполне понятно, под липами наступило молчание.

– Простите, – после паузы заговорил Берлиоз, поглядывая на мелющего чепуху иностранца, – при чем здесь подсолнечное масло … и какая Аннушка?

– Подсолнечное масло здесь вот при чем, – вдруг заговорил Бездомный, очевидно, решив объявить незваному собеседнику войну, – вам не приходилось, гражданин[19], бывать когда-нибудь в лечебнице для душевнобольных?

– Иван!.. – тихо воскликнул Михаил Александрович.

Но иностранец ничуть не обиделся и превесело рассмеялся.

– Бывал, бывал, и не раз! – вскричал он, смеясь, но не сводя несмеющегося глаза с поэта. – Где я только не бывал! Жаль только, что я не удосужился спросить у профессора, что такое шизофрения. Так что вы уж сами узнайте это у него, Иван Николаевич!

– Откуда вы знаете, как меня зовут?

– Помилуйте, Иван Николаевич, кто же вас не знает? – Здесь иностранец вытащил из кармана вчерашний номер «Литературной газеты»[20], и Иван Николаевич увидел на первой же странице свое изображение, а под ним свои собственные стихи. Но вчера еще радовавшее доказательство славы и популярности на этот раз ничуть не обрадовало поэта.

4 **моло́ть** (мелю́, ме́лешь; umg.): faseln. | 7 f. **незва́ный:** ungebeten, ungeladen. | 9 f. **лече́бница для душевнобольны́х:** Klinik für Geistesgestörte. | 12 **ничу́ть не:** keineswegs. | 15 **своди́ть:** abwenden. | 16 **удосу́житься** (umg.): Zeit finden. | 20 **поми́луйте** (umg.): ich bitte Sie.

– Я извиняюсь, – сказал он, и лицо его потемнело, – вы не можете подождать минутку? Я хочу товарищу пару слов сказать.

– О, с удовольствием! – воскликнул неизвестный. – Здесь так хорошо под липами, а я, кстати, никуда и не спешу.

– Вот что, Миша, – зашептал поэт, оттащив Берлиоза в сторону, – он никакой не интурист, а шпион. Это русский эмигрант, перебравшийся к нам.[21] Спрашивай у него документы, а то уйдет …

– Ты думаешь? –встревоженно шепнул Берлиоз, а сам подумал: «А ведь он прав …»

– Уж ты мне верь, – засипел ему в ухо поэт, – он дурачком прикидывается, чтобы выспросить кое-что. Ты слышишь, как он по-русски говорит, – поэт говорил и косился, следя, чтобы неизвестный не удрал, – идем, задержим его, а то уйдет …

И поэт за руку потянул Берлиоза к скамейке. Незнакомец не сидел, а стоял возле нее, держа в руках какую-то книжечку в темно-сером переплете, плотный конверт хорошей бумаги и визитную карточку.

– Извините меня, что я в пылу нашего спора забыл представить себя вам. Вот моя карточка, паспорт и приглашение приехать в Москву для консультации, – веско проговорил неизвестный, проницательно глядя на обоих литераторов.

9 **перебра́ться:** herübergelangen. | 13 **засипе́ть:** zischen. | 13 f. **прики́дываться дурачко́м:** sich dumm stellen. | 16 **удра́ть** (umg.): sich davonmachen. | 18 **тяну́ть:** ziehen; strecken; dehnen. | 20 **переплёт:** Einband. | 22 **в пылу́:** im Eifer. | 24 **ве́ский:** gewichtig, bedeutungsvoll. | 25 **проница́тельный:** durchdringend.

Те сконфузились. «Черт, слышал все …» – подумал Берлиоз и вежливым жестом показал, что в предъявлении документов нет надобности. Пока иностранец совал их редактору, поэт успел разглядеть на карточке напечатанное иностранными буквами слово «профессор» и начальную букву фамилии – двойное «В» – «W».

– Очень приятно, – тем временем смущенно бормотал редактор, и иностранец спрятал документы в карман.

Отношения таким образом были восстановлены, и все трое вновь сели на скамью.

– Вы в качестве консультанта приглашены к нам, профессор? – спросил Берлиоз.

– Да, консультантом.

– Вы – немец? – осведомился Бездомный.

– Я-то?.. – переспросил профессор и вдруг задумался. – Да, пожалуй, немец … – сказал он.

– Вы по-русски здорово говорите, – заметил Бездомный.

– О, я вообще полиглот и знаю очень большое количество языков, – ответил профессор.

– А у вас какая специальность? – осведомился Берлиоз.

– Я – специалист по черной магии.

«На тебе!..» – стукнуло в голове у Михаила Александровича.

– И … и вас по этой специальности пригласили к нам? – заикнувшись, спросил он.

4 **сова́ть** (umg.): unter die Nase halten. | 8 **смути́ть**/смуща́ть: verwirren; смущённый: hier: verlegen. | 12 **консульта́нт:** Berater, Sachverständiger. | 24 **На́ тебе́!** (umg.): Du meine Güte!; du lieber Himmel! | 27 **заикну́ться:** stottern, stammeln.

– Да, по этой пригласили, – подтвердил профессор и пояснил: – Тут в государственной библиотеке обнаружены подлинные рукописи чернокнижника Герберта Аврилакского,[22] десятого века. Так вот требуется, чтобы я их разобрал. Я – единственный в мире специалист.

– А-а! Вы историк? – с большим облегчением и уважением спросил Берлиоз.

– Я – историк, – подтвердил ученый и добавил ни к селу ни к городу: – Сегодня вечером на Патриарших будет интересная история!

И опять крайне удивились и редактор и поэт, а профессор поманил обоих к себе и, когда они наклонились к нему, прошептал:

– Имейте в виду, что Иисус существовал.

– Видите ли, профессор, –принужденно улыбнувшись, отозвался Берлиоз, – мы уважаем ваши большие знания, но сами по этому вопросу придерживаемся другой точки зрения.

– А не надо никаких точек зрения,– ответил странный профессор, – просто он существовал, и больше ничего.

– Но требуется же какое-нибудь доказательство … – начал Берлиоз.

– И доказательств никаких не требуется, – ответил профессор и заговорил негромко, причем его акцент почему-то пропал: – Все просто: в белом плаще с кро-

3 **чернокни́жник:** Schwarzkünstler, Magier. | 5 **разобра́ть:** hier: entziffern. | 9 f. **ни к селу́ ни к го́роду** (umg.): unerwartet, nicht zur Situation passend. | 13 **помани́ть:** herbeiwinken.

вавым подбоем, шаркающей кавалерийской походкой, ранним утром четырнадцатого числа весеннего месяца нисана[23] …

Глава 2

Понтий Пилат

В белом плаще с кровавым подбоем, шаркающей кавалерийской походкой, ранним утром четырнадцатого числа весеннего месяца нисана в крытую колоннаду между двумя крыльями дворца Ирода Великого вышел прокуратор Иудеи Понтий Пилат.[24]

Более всего на свете прокуратор ненавидел запах розового масла, и все теперь предвещало нехороший день, так как запах этот начал преследовать прокуратора с рассвета. Прокуратору казалось, что розовый запах источают кипарисы и пальмы в саду, что к запаху кожаного снаряжения и пота от конвоя примешивается проклятая розовая струя. От флигелей в тылу дворца, где расположилась пришедшая с прокуратором в Ершалаим[25] первая когорта Двенадцатого Молниеносного легиона[26], заносило дымком в колоннаду через верхнюю

1 **подбо́й:** hier: Borte. Gemeint ist der Purpurstreifen, der bei höheren Rängen die weiße *toga praetexta* umbortete. | **ша́ркать:** schlurfen. | **похо́дка:** Gang, Schritt. | 8 **кры́тая колонна́да:** überdachter Säulengang. | 11 f. **ро́зовое ма́сло:** Rosenöl. | 12 **предвеща́ть:** vorhersagen. | 14 f. **источа́ть:** verströmen. | 15 **кипари́с:** Zypresse. | 15 f. **ко́жаное снаряже́ние:** Lederausrüstung. | 16 **конво́й:** Eskorte. | **приме́шиваться:** sich (bei)mischen. | 17 **струя́:** hier: Brise. | **в тылу́:** im Rücken. | 20 **заноси́ло дымко́м:** es wurde leichter Rauch herangeweht.

площадку сада, и к горьковатому дыму, свидетельствовавшему о том, что кашевары в кентуриях начали готовить обед, примешивался все тот же жирный розовый дух.

«О боги, боги,[27] за что вы наказываете меня?.. Да, нет сомнений, это она, опять она, непобедимая, ужасная болезнь … гемикрания, при которой болит полголовы … от нее нет средств, нет никакого спасения … попробую не двигать головой …»

На мозаичном полу у фонтана уже было приготовлено кресло, и прокуратор, не глядя ни на кого, сел в него и протянул руку в сторону. Секретарь почтительно вложил в эту руку кусок пергамента. Не удержавшись от болезненной гримасы, прокуратор искоса, бегло проглядел написанное, вернул пергамент секретарю и с трудом проговорил:

– Подследственный из Галилеи? К тетрарху дело посылали?

– Да, прокуратор, – ответил секретарь.

– Что же он?

– Он отказался дать заключение по делу и смертный приговор Синедриона[28] направил на ваше утверждение, – объяснил секретарь.

Прокуратор дернул щекой и сказал тихо:

2 **кашева́р** (alt.): Koch (beim Militär). | **кенту́рия:** Zenturie, im römischen Militär eine Abteilung von 100 Mann. | 6 **гемикра́ния:** Hemikranie; stechende Schmerzen an einer Seite des Kopfes. | 11 **почти́тельный:** ehrerbietig. | 12 **удержа́ться** (от + Gen.): etw. unterdrücken (können). | 13 **и́скоса:** von der Seite, schief. | **бе́глый:** flüchtig. | 16 **подсле́дственный:** Untersuchungsgefangener, Häftling. | 20 **дать заключе́ние по де́лу:** den Fall entscheiden. | 23 **дёрнуть:** hier: zucken (auch дёрнуться/дёргаться); дёрнуть/дёргать: ziehen, zerren.

– Приведите обвиняемого.

И сейчас же с площадки сада под колонны на балкон двое легионеров ввели и поставили перед креслом прокуратора человека лет двадцати семи. Этот человек был одет в старенький и разорванный голубой хитон. Голова его была прикрыта белой повязкой с ремешком вокруг лба, а руки связаны за спиной. Под левым глазом у человека был большой синяк, в углу рта – ссадина с запекшейся кровью. Приведенный с тревожным любопытством глядел на прокуратора.

Тот помолчал, потом тихо спросил по-арамейски.[29]

– Так это ты подговаривал народ разрушить ершалаимский храм?

Прокуратор при этом сидел как каменный, и только губы его шевелились чуть-чуть при произнесении слов. Прокуратор был как каменный, потому что боялся качнуть пылающей адской болью головой.

Человек со связанными руками несколько подался вперед и начал говорить:

– Добрый человек! Поверь мне …

Но прокуратор, по-прежнему не шевелясь и ничуть не повышая голоса, тут же перебил его:

– Это меня ты называешь добрым человеком? Ты ошибаешься. В Ершалаиме все шепчут про меня, что я сви-

2 **балко́н:** hier: Säulengang, Galerie. | 5 **разо́рванный:** zerrissen (рвать: reißen); hier: zerlumpt. | **хито́н:** Chiton; den Körper umhüllendes Gewand. | 6 **повя́зка:** Binde. | **ремешо́к:** kleiner Riemen. | 8 **синя́к:** blauer Fleck. | **сса́дина:** Hautabschürfung, Schramme. | 8 f. **запёкшийся:** verkrustet, geronnen. | 12 **подгова́ривать:** anstiften. | 15 **шевели́ть:** bewegen. | 17 **пыла́ть:** flammen, glühen, lodern. | 24 f. **свире́пое чудо́вище:** grimmiges Ungeheuer.

репое чудовище, и это совершенно верно, – и так же монотонно прибавил: – Кентуриона Крысобоя ко мне.

Всем показалось, что на балконе потемнело, когда кентурион первой кентурии Марк, прозванный Крысобоем, предстал перед прокуратором. Крысобой был на голову выше самого высокого из солдат легиона и настолько широк в плечах, что совершенно заслонил еще невысокое солнце.

Прокуратор обратился к кентуриону по-латыни:

– Преступник называет меня «добрый человек». Выведите его отсюда на минуту, объясните ему, как надо разговаривать со мной. Но не калечить.

И все, кроме неподвижного прокуратора, проводили взглядом Марка Крысобоя, который махнул рукою арестованному, показывая, что тот должен следовать за ним.

Крысобоя вообще все провожали взглядами, где бы он ни появлялся, из-за его роста, а те, кто видел его впервые, из-за того еще, что лицо кентуриона было изуродовано: нос его некогда был разбит ударом германской палицы.

Простучали тяжелые сапоги Марка по мозаике, связанный пошел за ним бесшумно, полное молчание настало в колоннаде, и слышно было, как ворковали голуби на площадке сада у балкона да еще вода пела замысловатую приятную песню в фонтане.

2 **кентурио́н Крысобо́й:** Zenturio »Rattenkiller«. | 7 **заслони́ть:** verdecken. | 12 **кале́чить:** zum Krüppel schlagen. | 19 f. **изуро́довать:** entstellen, verunstalten. | 21 **па́лица:** Keule, Streitkolben. | 24 **воркова́ть:** gurren. | 25 f. **замыслова́тый:** kompliziert, verschnörkelt.

Прокуратору захотелось подняться, подставить висок под струю и так замереть. Но он знал, что и это ему не поможет.

Выведя арестованного из-под колонн в сад, Крысобой вынул из рук у легионера, стоявшего у подножия бронзовой статуи, бич и, несильно размахнувшись, ударил арестованного по плечам. Движение кентуриона было небрежно и легко, но связанный мгновенно рухнул наземь, как будто ему подрубили ноги, захлебнулся воздухом, краска сбежала с его лица, и глаза обессмыслились.

Марк одною левой рукой, легко, как пустой мешок, вздернул на воздух упавшего, поставил его на ноги и заговорил гнусаво, плохо выговаривая арамейские слова:

– Римского прокуратора называть – игемон. Других слов не говорить. Смирно стоять. Ты понял меня или ударить тебя?

Арестованный пошатнулся, но совладал с собою, краска вернулась, он перевел дыхание и ответил хрипло:

– Я понял тебя. Не бей меня.

Через минуту он вновь стоял перед прокуратором.

Прозвучал тусклый, больной голос:

– Имя?

– Мое? – торопливо отозвался арестованный, всем су-

1 **висо́к:** Schläfe. | 2 **струя́:** Wasserstrahl. | 5 **подно́жие:** Sockel. | 6 **бич:** Peitsche. | **размахну́ться:** ausholen (разма́хивать); разма́х, мах: Schwung. | 8 f. **ру́хнуть на́земь:** zu Boden stürzen. | 9 **подруби́ть:** abschlagen, weghauen. | 9 f. **захлебну́ться во́здухом:** nach Luft schnappen. | 10 **обессмы́слиться:** hier: wirr, leer blicken. | 13 **гнуса́вый:** näselnd (прогнуси́ть). | 14 **игемо́н:** Hegemon. | 17 **пошатну́ться:** wanken, taumeln. | **совлада́ть с собо́ю:** sich zusammenreißen. | 21 **ту́склый:** matt, kraftlos.

ществом выражая готовность отвечать толково, не вызывать более гнева.

Прокуратор сказал негромко:

– Мое мне известно. Не притворяйся более глупым, чем ты есть. Твое.

– Иешуа, – поспешно ответил арестант.

– Прозвище есть?

– Га-Ноцри.

– Откуда ты родом?

– Из города Гамалы[30], – ответил арестант, головой показывая, что там, где-то далеко, направо от него, на севере, есть город Гамала.

– Кто ты по крови?

– Я точно не знаю, – живо ответил арестованный, – я не помню моих родителей. Мне говорили, что мой отец был сириец …

– Где ты живешь постоянно?

– У меня нет постоянного жилища, – застенчиво ответил арестант, – я путешествую из города в город.

– Это можно выразить короче, одним словом – бродяга, – сказал прокуратор и спросил: – Родные есть?

– Нет никого. Я один в мире.

– Знаешь ли грамоту?

– Да.

– Знаешь ли какой-либо язык, кроме арамейского?

– Знаю. Греческий.

2 **гнев:** Zorn (гнéваться). | 4 **притворя́ться/-и́ться** (+ Instr.): sich als jdn. ausgeben, sich verstellen, so tun, als ob. | 6/8 **Иешу́а Га-Но́цри:** Iešua Ha-Nozri, Jesus aus Nazareth. | 16 **сири́ец:** Syrer. | 18 **засте́нчивый:** verlegen. | 20f. **бродя́га:** Landstreicher.

Вспухшее веко приподнялось, подернутый дымкой страдания глаз уставился на арестованного. Другой глаз остался закрытым.

Пилат заговорил по-гречески:

– Так это ты собирался разрушить здание храма и призывал к этому народ?

Тут арестант опять оживился, глаза его перестали выражать испуг, и он заговорил по-гречески:

– Я, доб … – тут ужас мелькнул в глазах арестанта оттого, что он едва не оговорился, – я, игемон, никогда в жизни не собирался разрушать здание храма и никого не подговаривал на это бессмысленное действие.

Удивление выразилось на лице секретаря, сгорбившегося над низеньким столом и записывавшего показания. Он поднял голову, но тотчас же опять склонил ее к пергаменту.

– Множество разных людей стекается в этот город к празднику[31]. Бывают среди них маги, астрологи, предсказатели и убийцы, – говорил монотонно прокуратор, – а попадаются и лгуны. Ты, например, лгун. Записано ясно: подговаривал разрушить храм. Так свидетельствуют люди.

– Эти добрые люди, – заговорил арестант и, торопливо прибавив: – игемон, – продолжал: – ничему не учились и все перепутали, что я говорил. Я вообще начинаю

1 **вспýхнуть:** anschwellen; (рас-, о-)пýхнуть: anschwellen. | **вéко:** Augenlid. | **подёрнутый:** bedeckt, verschleiert. | **ды́мка:** Dunstschleier. | 6 **призывáть:** anstiften, aufwiegeln. | 10 **оговори́ться:** sich versprechen. | 13 f. **сгóрбиться:** sich krümmen. | 17 **стекáться:** zusammenströmen. | 20 **лгун:** Lügner. | 25 **перепýтать:** durcheinanderbringen (пýтаница: Verwirrung).

опасаться, что путаница эта будет продолжаться очень долгое время. И все из-за того, что он неверно записывает за мной.

Наступило молчание. Теперь уже оба больные глаза тяжело глядели на арестанта.

– Повторяю тебе, но в последний раз: перестань притворяться сумасшедшим, разбойник, – произнес Пилат мягко и монотонно, – за тобою записано немного, но записанного достаточно, чтобы тебя повесить.

– Нет, нет, игемон, – весь напрягаясь в желании убедить, говорил арестованный, – ходит, ходит один с козлиным пергаментом и непрерывно пишет. Но я однажды заглянул в этот пергамент и ужаснулся. Решительно ничего из того, что там записано, я не говорил. Я его умолял: сожги ты, бога ради, свой пергамент! Но он вырвал его у меня из рук и убежал.

– Кто такой? – брезгливо спросил Пилат и тронул висок рукой.

– Левий Матвей, – охотно объяснил арестант, – он был сборщиком податей, и я с ним встретился впервые на дороге в Виффагии[32], там, где углом выходит фиговый сад, и разговорился с ним. Первоначально он отнесся ко мне неприязненно и даже оскорблял меня, то есть думал, что оскорбляет, называя меня собакой, – тут арестант усмехнулся, – я лично не вижу ничего

7 **разбо́йник:** Räuber; hier: Halunke. | 10 **напряга́ться:** sich anstrengen. | 11 f. **козли́ный перга́мент:** Ziegenpergament. | 17 **брезгли́вый:** angewidert, widerstrebend. | 19 **Ле́вий Матве́й:** Levi Matthäus. | 20 **сбо́рщик по́датей** (alt.): Steuereintreiber. | 22 **фи́говый сад:** Feigengarten. | 23 **неприя́зненный:** feindselig, abweisend. | **оскорбля́ть:** beleidigen.

дурного в этом звере, чтобы обижаться на это слово …

Секретарь перестал записывать и исподтишка бросил удивленный взгляд, но не на арестованного, а на прокуратора.

– … однако, послушав меня, он стал смягчаться, – продолжал Иешуа, – наконец бросил деньги на дорогу и сказал, что пойдет со мною путешествовать …

Пилат усмехнулся одною щекой, оскалив желтые зубы, и промолвил, повернувшись всем туловищем к секретарю:

– О, город Ершалаим! Чего только не услышишь в нем! Сборщик податей, вы слышите, бросил деньги на дорогу!

Не зная, как ответить на это, секретарь счел нужным повторить улыбку Пилата.

– А он сказал, что деньги ему отныне стали ненавистны, – объяснил Иешуа странные действия Левия Матвея и добавил: – И с тех пор он стал моим спутником.

Все еще скалясь, прокуратор поглядел на арестованного, затем на солнце, неуклонно подымающееся вверх над конными статуями гипподрома, лежащего далеко внизу направо, и вдруг в какой-то тошной муке подумал о том, что проще всего было бы изгнать с балкона этого странного разбойника, произнеся только два слова: «Повесить его». Изгнать и конвой, уйти из колоннады внутрь дворца, велеть затемнить комнату, повалить-

3 **исподти́шка́** (umg.): verstohlen. | 9 f. **оска́лить зу́бы:** die Zähne fletschen. | 10 **ту́ловище:** Rumpf. | 15 **счесть** (счёл) **ну́жным:** für angebracht halten. | 17 **отны́не:** von nun an. | 21 **неукло́нный:** unabwendbar, unaufhaltsam. | 23 **то́шный:** widerlich.

ся на ложе, потребовать холодной воды, жалобным голосом позвать собаку Банга, пожаловаться ей на гемикранию. И мысль об яде вдруг соблазнительно мелькнула в больной голове прокуратора.

Он смотрел мутными глазами на арестованного и некоторое время молчал, мучительно вспоминая, зачем на утреннем безжалостном ершалаимском солнцепеке стоит перед ним арестант с обезображенным побоями лицом и какие еще никому не нужные вопросы ему придется задавать.

– Левий Матвей? – хриплым голосом спросил больной и закрыл глаза.

– Да, Левий Матвей, – донесся до него высокий, мучающий его голос.

– А вот что ты все-таки говорил про храм толпе на базаре?

Голос отвечавшего, казалось, колол Пилату в висок, был невыразимо мучителен, и этот голос говорил:

– Я, игемон, говорил о том, что рухнет храм старой веры и создастся новый храм истины. Сказал так, чтобы было понятнее.

– Зачем же ты, бродяга, на базаре смущал народ, рассказывая про истину, о которой ты не имеешь представления? Что такое истина?

И тут прокуратор подумал: «О боги мои! Я спрашиваю его о чем-то ненужном на суде … Мой ум не служит

1 **ло́же:** Ruhelager. | 2 **Банга́:** Banga-Ljubanga war ein Kosename für Bulgakovs zweite Ehefrau Ljubov' Belozerskaja. | 3 **соблазни́тельный:** verlockend, verführerisch. | 7 **солнцепёк:** Sonnenglut. | 8 **обезобра́зить** (-женный): verunstalten. | **побо́и:** Schläge, Prügel. | 17 **коло́ть:** stechen, (hinein)bohren.

мне больше …» И опять померещилась ему чаша с темною жидкостью. «Яду мне, яду …»

И вновь он услышал голос:

– Истина прежде всего в том, что у тебя болит голова, и болит так сильно, что ты малодушно помышляешь о смерти. Ты не только не в силах говорить со мной, но тебе трудно даже глядеть на меня. И сейчас я невольно являюсь твоим палачом, что меня огорчает. Ты не можешь даже и думать о чем-нибудь и мечтаешь только о том, чтобы пришла твоя собака, единственное, по-видимому, существо, к которому ты привязан. Но мучения твои сейчас кончатся, голова пройдет.

Секретарь вытаращил глаза на арестанта и не дописал слова.

Пилат поднял мученические глаза на арестанта и увидел, что солнце уже довольно высоко стоит над гипподромом, что луч пробрался в колоннаду и подползает к стоптанным сандалиям Иешуа, что тот сторонится от солнца.

Тут прокуратор поднялся с кресла, сжал голову руками, и на желтоватом бритом лице его выразился ужас. Но он тотчас же подавил его своею волей и вновь опустился в кресло.

Арестант же тем временем продолжал свою речь, но секретарь ничего более не записывал, а только, вытя-

1 **помере́щиться** (umg.): vorschweben, erscheinen. | 5 **малоду́шный:** kleinmütig. | 8 **пала́ч:** Henker. | **огорча́ть:** betrüben. | 15 **му́ченический:** Märtyrer-; zermartert. | 17 **подполза́ть:** herankriechen (по́лзать/ползти́: kriechen). | 18 **сто́птанный:** abgetreten (топта́ть: treten, stampfen). | **сторони́ться:** zur Seite weichen. | 20 **сжать:** (zusammen)pressen. | 22 **подави́ть:** unterdrücken, bezwingen.

нув шею, как гусь, старался не проронить ни одного слова.

– Ну вот, все и кончилось, – говорил арестованный, благожелательно поглядывая на Пилата, – и я чрезвычайно этому рад. Я советовал бы тебе, игемон, оставить на время дворец и погулять пешком где-нибудь в окрестностях, ну хотя бы в садах на Елеонской горе[33]. Гроза начнется … – арестант повернулся, прищурился на солнце, – … позже, к вечеру. Прогулка принесла бы тебе большую пользу, а я с удовольствием сопровождал бы тебя. Мне пришли в голову кое-какие новые мысли, которые могли бы, полагаю, показаться тебе интересными, и я охотно поделился бы ими с тобой, тем более что ты производишь впечатление очень умного человека.

Секретарь смертельно побледнел и уронил свиток на пол.

– Беда в том, – продолжал никем не останавливаемый связанный, – что ты слишком замкнут и окончательно потерял веру в людей. Ведь нельзя же, согласись, поместить всю свою привязанность в собаку. Твоя жизнь скудна, игемон, – и тут говорящий позволил себе улыбнуться.

Секретарь думал теперь только об одном, верить ли ему ушам своим или не верить. Приходилось верить. Тогда он постарался представить себе, в какую именно причудливую форму выльется гнев вспыльчивого про-

1 f. **пророни́ть ни одного́ сло́ва:** sich kein einziges Wort entgehen lassen. | 15 **урони́ть:** fallen lassen. | **сви́ток:** (Pergament)rolle. | 19 f. **помести́ть привя́занность:** Zuneigung schenken. | 21 **ску́дный:** dürftig. | 26 **причу́дливый:** absonderlich. | **вспы́льчивый:** aufbrausend (вспыли́ть).

куратора при этой неслыханной дерзости арестованного. И этого секретарь представить себе не мог, хотя и хорошо знал прокуратора.

Тогда раздался сорванный, хрипловатый голос прокуратора, по-латыни сказавшего:

– Развяжите ему руки.

Один из конвойных легионеров стукнул копьем, передал его другому, подошел и снял веревки с арестанта. Секретарь поднял свиток, решил пока что ничего не записывать и ничему не удивляться.

– Сознайся, – тихо по-гречески спросил Пилат, – ты великий врач?

– Нет, прокуратор, я не врач, – ответил арестант, с наслаждением потирая измятую и опухшую багровую кисть руки.

Круто исподлобья Пилат буравил глазами арестанта, и в этих глазах уже не было мути, в них появились всем знакомые искры.

– Я не спросил тебя, – сказал Пилат, – ты, может быть, знаешь и латинский язык?

– Да, знаю, – ответил арестант.

Краска выступила на желтоватых щеках Пилата, и он спросил по-латыни:

– Как ты узнал, что я хотел позвать собаку?

– Это очень просто, – ответил арестант по-латыни, – ты водил рукой по воздуху, – и арестант повторил жест Пилата, – как будто хотел погладить, и губы …

4 **со́рванный го́лос:** brüchige Stimme. | 7 **копьё:** Lanze. | 9 **пока́ что:** vorläufig. | 14 **измя́тый:** gequetscht. | 16 **исподло́бья** (Adv.): finster, mürrisch. | **бура́вить:** durchbohren. | 17 **муть** (f.; umg.): Trübnis. | 27 **погла́дить**/гла́дить: streicheln.

– Да, – сказал Пилат.

Помолчали. Потом Пилат задал вопрос по-гречески:

– Итак, ты врач?

– Нет, нет, – живо отозвался арестант, – поверь мне, я не врач.

– Ну, хорошо. Если хочешь это держать в тайне, держи. К делу это прямого отношения не имеет. Так ты утверждаешь, что не призывал разрушить … или поджечь, или каким-либо иным способом уничтожить храм?

– Я, игемон, никого не призывал к подобным действиям, повторяю. Разве я похож на слабоумного?

– О да, ты не похож на слабоумного, – тихо ответил прокуратор и улыбнулся какой-то страшной улыбкой, – так поклянись, что этого не было.

– Чем хочешь ты, чтобы я поклялся? – спросил, очень оживившись, развязанный.

– Ну, хотя бы жизнью твоею, – ответил прокуратор, – ею клясться самое время, так как она висит на волоске, знай это.

– Не думаешь ли ты, что ты ее подвесил, игемон? – спросил арестант. – Если это так, ты очень ошибаешься.

Пилат вздрогнул и ответил сквозь зубы:

– Я могу перерезать этот волосок.

– И в этом ты ошибаешься, – светло улыбаясь и заслоняясь рукой от солнца, возразил арестант, – согласись, что перерезать волосок уж наверно может лишь тот, кто подвесил?

– Так, так, – улыбнувшись, сказал Пилат, – теперь я не

8 **поджéчь:** niederbrennen. | 18 **сáмое врéмя:** hier: höchste Zeit. | 24 f. **заслоня́ться:** sich schützen.

сомневаюсь в том, что праздные зеваки в Ершалаиме ходили за тобою по пятам. Не знаю, кто подвесил твой язык, но подвешен он хорошо. Кстати, скажи: верно ли, что ты явился в Ершалаим через Сузские ворота[34] верхом на осле, сопровождаемый толпою черни, кричавшей тебе приветствия как бы некоему пророку? – тут прокуратор указал на свиток пергамента.

Арестант недоуменно поглядел на прокуратора.

– У меня и осла-то никакого нет, игемон, – сказал он. – Пришел я в Ершалаим точно через Сузские ворота, но пешком, в сопровождении одного Левия Матвея, и никто мне ничего не кричал, так как никто меня тогда в Ершалаиме не знал.

– Не знаешь ли ты таких, – продолжал Пилат, не сводя глаз с арестанта, – некоего Дисмаса, другого – Гестаса и третьего – Вар-раввана?[35]

– Этих добрых людей я не знаю, – ответил арестант.

– Правда?

– Правда.

– А теперь скажи мне, что это ты все время употребляешь слова «добрые люди»? Ты всех, что ли, так называешь?

– Всех, – ответил арестант, – злых людей нет на свете.

– Впервые слышу об этом, – сказал Пилат, усмехнувшись, – но, может быть, я мало знаю жизнь!.. Можете дальнейшее не записывать, – обратился он к секретарю, хотя тот и так ничего не записывал, и продолжал гово-

1 **пра́здный:** müßig. | **зева́ка** (umg.): Schaulustiger. | 2 **ходи́ть по пята́м** (umg.): auf Schritt und Tritt folgen. | 3 **язы́к:** hier: Zunge. | 5 **чернь** (f.; alt.): Pöbel. | 8 **недоуме́нный:** verdutzt.

рить арестанту: – В какой-нибудь из греческих книг ты прочел об этом?

– Нет, я своим умом дошел до этого.

– И ты проповедуешь это?

– Да.

– А вот, например, кентурион Марк, его прозвали Крысобоем, – он – добрый?

– Да, – ответил арестант, – он, правда, несчастливый человек. С тех пор как добрые люди изуродовали его, он стал жесток и черств. Интересно бы знать, кто его искалечил?

– Охотно могу сообщить это, – отозвался Пилат, – ибо я был свидетелем этого. Добрые люди бросались на него, как собаки на медведя. Германцы вцепились ему в шею, в руки, в ноги. Пехотный манипул попал в мешок, и, если бы не врубилась с фланга кавалерийская турма,[36] а командовал ею я, – тебе, философ, не пришлось бы разговаривать с Крысобоем. Это было в бою при Идиставизо, в Долине Дев[37].

– Если бы с ним поговорить, – вдруг мечтательно сказал арестант, – я уверен, что он резко изменился бы.

– Я полагаю, – отозвался Пилат, – что мало радости ты доставил бы легату легиона, если бы вздумал разговаривать с кем-нибудь из его офицеров или солдат. Впрочем, этого и не случится, к общему счастью, и первый, кто об этом позаботится, буду я.

В это время в колоннаду стремительно влетела лас-

4 **пропове́довать:** predigen, verkündigen. | 10 **чёрствый:** hier: hartherzig. | 10 f. **искале́чить:** entstellen. | 14 **вцепи́ться:** sich an-, festklammern; hier: sich verbeißen. | 15 **мешо́к:** hier: Hinterhalt. | 16 **вруби́ться:** sich einhauen, kämpfend eingreifen.

точка[38], сделала под золотым потолком круг, снизилась, чуть не задела острым крылом лица медной статуи в нише и скрылась за капителью колонны. Быть может, ей пришла мысль вить там гнездо.

В течение ее полета в светлой теперь и легкой голове прокуратора сложилась формула. Она была такова: игемон разобрал дело бродячего философа Иешуа, по кличке Га-Ноцри, и состава преступления в нем не нашел. В частности, не нашел ни малейшей связи между действиями Иешуа и беспорядками, происшедшими в Ершалаиме недавно. Бродячий философ оказался душевнобольным. Вследствие этого смертный приговор Га-Ноцри, вынесенный Малым Синедрионом, прокуратор не утверждает. Но ввиду того, что безумные, утопические речи Га-Ноцри могут быть причиною волнений в Ершалаиме, прокуратор удаляет Иешуа из Ершалаима и подвергнет его заключению в Кесарии Стратоновой[39] на Средиземном море, то есть именно там, где резиденция прокуратора. Оставалось это продиктовать секретарю.

Крылья ласточки фыркнули над самой головой игемона, птица метнулась к чаше фонтана и вылетела на волю. Прокуратор поднял глаза на арестанта и увидел, что возле того столбом загорелась пыль.

– Всё о нем? – спросил Пилат у секретаря.

2 **чуть не:** fast. | **заде́ть:** streifen, leicht berühren. | 7 f. **по кли́чке:** genannt (кли́чка: Beiname). | 8 **соста́в преступле́ния:** Tatbestand einer Straftat. | 14 **ввиду́:** in Anbetracht. | **безу́мный:** verrückt (обезу́меть: von Sinnen geraten) | 16 **удаля́ть:** entfernen. | 16 f. **подверга́ть заключе́нию:** zur Haft verurteilen. | 18 **Средизе́мное мо́ре:** Mittelmeer. | 20 **фы́ркнуть:** fauchen. | 21 **метну́ться:** hier: hinflitzen. | **ча́ша:** Schale, Becken. | 23 **загоре́ться:** erstrahlen.

– Нет, к сожалению, – неожиданно ответил секретарь и подал Пилату другой кусок пергамента.

– Что еще там? – спросил Пилат и нахмурился.

Прочитав поданное, он еще более изменился в лице. Темная ли кровь прилила к шее и лицу или случилось что-либо другое, но только кожа его утратила желтизну, побурела, а глаза как будто провалились.

Опять-таки виновата была, вероятно, кровь, прилившая к вискам и застучавшая в них, только у прокуратора что-то случилось со зрением. Так, померещилось ему, что голова арестанта уплыла куда-то, а вместо нее появилась другая. На этой плешивой голове сидел редкозубый золотой венец[40]. На лбу была круглая язва, разъедающая кожу и смазанная мазью. Запавший беззубый рот с отвисшей нижней капризной губой. Пилату показалось, что исчезли розовые колонны балкона и кровли Ершалаима вдали, внизу за садом, и все утонуло вокруг в густейшей зелени капрейских садов[41]. И со слухом совершилось что-то странное – как будто вдали проиграли негромко и грозно трубы и очень явственно послышался носовой голос, надменно тянущий слова: «Закон об оскорблении величества …»

4 **по́данное:** hier: das vorgelegte Dokument. | 7 **побуре́ть:** braun werden. | **провали́ться:** einfallen. | 12 **плеши́вый:** kahl(köpfig). | 12 f. **редкозу́бый вене́ц:** hier: Krone mit wenigen Zacken. | 13 **я́зва:** Geschwür. | 13 f. **разъеда́ть:** zerfressen. | 14 **смаза́ть:** einschmieren (мазь, f.: Salbe). | **запа́вший:** eingefallen. | 16 **капри́зный:** eigensinnig, launisch. | 16 **кро́вля:** Dach. | 20 **я́вственный:** deutlich, klar. | 21 **носово́й го́лос:** näselnde Stimme. – Anspielung auf den auf Capri weilenden Kaiser Tiberius, den Pilatus fürchtet. | **надме́нный:** hochmütig. | 22 **оскорбле́ние вели́чества:** Majestätsbeleidigung.

Мысли понеслись короткие, бессвязные и необыкновенные: «Погиб!..», потом: «Погибли!..» И какая-то совсем нелепая среди них о каком-то бессмертии, причем бессмертие почему-то вызвало нестерпимую тоску.

Пилат напрягся, изгнал видение, вернулся взором на балкон, и опять перед ним оказались глаза арестанта.

– Слушай, Га-Ноцри, – заговорил прокуратор, глядя на Иешуа как-то странно: лицо прокуратора было грозно, но глаза тревожны, – ты когда-либо говорил что-нибудь о великом кесаре? Отвечай! Говорил?.. Или … не … говорил? – Пилат протянул слово «не» несколько больше, чем это полагается на суде, и послал Иешуа в своем взгляде какую-то мысль, которую как бы хотел внушить арестанту.

– Правду говорить легко и приятно, – заметил арестант.

– Мне не нужно знать, – придушенным, злым голосом отозвался Пилат, – приятно или неприятно тебе говорить правду. Но тебе придется ее говорить. Но, говоря, взвешивай каждое слово, если не хочешь не только неизбежной, но и мучительной смерти.

Никто не знает, что случилось с прокуратором Иудеи, но он позволил себе поднять руку, как бы заслоняясь от солнечного луча, и за этой рукой, как за щитом, послать арестанту какой-то намекающий взор.

– Итак, – говорил он, – отвечай, знаешь ли ты некоего

5 **напря́чься** (-пря́гся): sich zusammenreißen. | **виде́ние:** Erscheinung. | 13 **внуши́ть:** einreden, einflößen. | 17 **приду́шенный:** gepresst. | 20 **взве́шивать:** abwägen. | 24 **щит:** Schild. | 25 **намека́ющий:** bedeutungsvoll.

Иуду из Кириафа и что именно ты говорил ему, если говорил, о кесаре?

– Дело было так, – охотно начал рассказывать арестант, – позавчера вечером я познакомился возле храма с одним молодым человеком, который назвал себя Иудой из города Кириафа. Он пригласил меня к себе в дом в Нижнем Городе и угостил …

– Добрый человек? – спросил Пилат, и дьявольский огонь сверкнул в его глазах.

– Очень добрый и любознательный человек, – подтвердил арестант, – он выказал величайший интерес к моим мыслям, принял меня весьма радушно …

– Светильники зажег … – сквозь зубы в тон арестанту проговорил Пилат, и глаза его при этом мерцали.

– Да, – немного удивившись осведомленности прокуратора, продолжал Иешуа[42], – попросил меня высказать свой взгляд на государственную власть. Его этот вопрос чрезвычайно интересовал.

– И что же ты сказал? – спросил Пилат. – Или ты ответишь, что ты забыл, что говорил? – но в тоне Пилата была уже безнадежность.

– В числе прочего я говорил, – рассказывал арестант, – что всякая власть является насилием над людьми и что настанет время, когда не будет власти ни кесарей, ни какой-либо иной власти. Человек перейдет в царство истины и справедливости, где вообще не будет надобна никакая власть.

1 **Иу́да из Кириа́фа:** Judas aus Kirjath, Judas Ischariot. | 14 **мерца́ть:** leuchten, glitzern. | 15 **осведомлённость:** Kenntnis, Informiertheit. | 22 **в числе́ про́чего:** unter anderem. | 26 **на́добный** (volkst.): notwendig.

– Далее!

– Далее ничего не было, – сказал арестант, – тут вбежали люди, стали вязать меня и повели в тюрьму.

Секретарь, стараясь не проронить ни слова, быстро чертил на пергаменте слова.

– На свете не было, нет и не будет никогда более великой и прекрасной для людей власти, чем власть императора Тиверия! – сорванный и больной голос Пилата разросся.

Прокуратор с ненавистью почему-то глядел на секретаря и конвой.

– И не тебе, безумный преступник, рассуждать о ней! – Тут Пилат вскричал: – Вывести конвой с балкона! – И, повернувшись к секретарю, добавил: – Оставьте меня с преступником наедине, здесь государственное дело.

Конвой поднял копья и, мерно стуча подкованными калигами, вышел с балкона в сад, а за конвоем вышел и секретарь.

Молчание на балконе некоторое время нарушала только песня воды в фонтане. Пилат видел, как вздувалась над трубочкой водяная тарелка, как отламывались ее края, как падали струйками.

Первым заговорил арестант:

– Я вижу, что совершилась какая-то беда из-за того, что я говорил с этим юношей из Кириафа. У меня, иге-

3 **вяза́ть:** binden, fesseln. | 8 f. **разрасти́сь** (-ро́сся) / разраста́ться: zunehmen, anwachsen. | 15 **наедине́:** unter vier Augen. | 16 **ме́рный:** rhythmisch, im Takt. | **подко́ванный:** beschlagen. | 17 **ка́лиги** (Pl.): (lat. *caligae*) sandalenartige, mit Nägeln beschlagene Marschschuhe der römischen Legionäre. | 20 f. **вздува́ться:** anschwellen. | 21 **отла́мываться:** abbrechen.

мон, есть предчувствие, что с ним случится несчастье, и мне его очень жаль.

– Я думаю, – странно усмехнувшись, ответил прокуратор, – что есть еще кое-кто на свете, кого тебе следовало бы пожалеть более, чем Иуду из Кириафа, и кому придется гораздо хуже, чем Иуде!.. Итак, Марк Крысобой, холодный и убежденный палач, люди, которые, как я вижу, – прокуратор указал на изуродованное лицо Иешуа, – тебя били за твои проповеди, разбойники Дисмас и Гестас, убившие со своими присными четырех солдат, и, наконец, грязный предатель Иуда – все они добрые люди?

– Да, – ответил арестант.

– И настанет царство истины?

– Настанет, игемон, – убежденно ответил Иешуа.

– Оно никогда не настанет! – вдруг закричал Пилат таким страшным голосом, что Иешуа отшатнулся. Так много лет тому назад в Долине Дев кричал Пилат своим всадникам слова: «Руби их! Руби их! Великан Крысобой попался!» Он еще повысил сорванный командами голос, выкликая слова так, чтобы их слышали в саду: – Преступник! Преступник! Преступник!

А затем, понизив голос, он спросил:

– Иешуа Га-Ноцри, веришь ли ты в каких-нибудь богов?

– Бог один, – ответил Иешуа, – в него я верю.

– Так помолись ему! Покрепче помолись! Впрочем … – тут голос Пилата сел, – это не поможет. Жены нет? –

10 **при́сные** (umg.): Gesinnungsgenossen. | 17 **отшатну́ться:** zurückweichen. | 19 **вса́дник:** Reiter. | 20 **попа́сться:** hier: in Gefahr sein.

почему-то тоскливо спросил Пилат, не понимая, что с ним происходит.

– Нет, я один.

– Ненавистный город … – вдруг почему-то пробормотал прокуратор и передернул плечами, как будто озяб, а руки потер, как бы обмывая их, – если бы тебя зарезали перед твоим свиданием с Иудою из Кириафа, право, это было бы лучше.

– А ты бы меня отпустил, игемон, – неожиданно попросил арестант, и голос его стал тревожен, – я вижу, что меня хотят убить.

Лицо Пилата исказилось судорогой, он обратил к Иешуа воспаленные, в красных жилках белки глаз и сказал:

– Ты полагаешь, несчастный, что римский прокуратор отпустит человека, говорившего то, что говорил ты? О, боги, боги! Или ты думаешь, что я готов занять твое место? Я твоих мыслей не разделяю! И слушай меня: если с этой минуты ты произнесешь хотя бы слово, заговоришь с кем-нибудь, берегись меня! Повторяю тебе: берегись!

– Игемон …

– Молчать! – вскричал Пилат и бешеным взором проводил ласточку, опять впорхнувшую на балкон. – Ко мне! – крикнул Пилат.

И когда секретарь и конвой вернулись на свои места, Пилат объявил, что утверждает смертный приговор, вынесенный в собрании Малого Синедриона преступнику

5 **передёрнуть:** zucken. | **озя́бнуть:** frieren, frösteln. | 6 **заре́зать:** erstechen. | 12 **искази́ть:** verzerren. | **су́дорога:** Krampf. | 13 **жи́лка:** feine Ader. | **бело́к:** Augapfel. | 24 **впорхну́ть:** hineinflattern.

Иешуа Га-Ноцри, и секретарь записал сказанное Пилатом.

Через минуту перед прокуратором стоял Марк Крысобой. Ему прокуратор приказал сдать преступника начальнику тайной службы и при этом передать ему распоряжение прокуратора о том, чтобы Иешуа Га-Ноцри был отделен от других осужденных, а также о том, чтобы команде тайной службы было под страхом тяжкой кары запрещено о чем бы то ни было разговаривать с Иешуа или отвечать на какие-либо его вопросы.

По знаку Марка вокруг Иешуа сомкнулся конвой и вывел его с балкона.

Затем перед прокуратором предстал светлобородый красавец с орлиными перьями в гребне шлема, со сверкающими на груди золотыми львиными мордами, с золотыми же бляшками на портупее меча, в зашнурованной до колен обуви на тройной подошве и в наброшенном на левое плечо багряном плаще. Это был командующий легионом легат.

Его прокуратор спросил о том, где сейчас находится себастийская когорта. Легат сообщил, что себастийцы держат оцепление на площади перед гипподромом, где будет объявлен народу приговор над преступниками.

8 f. **под стра́хом тя́жкой ка́ры:** bei schwerer Strafe. | 11 **сомкну́ться:** sich gruppieren. | 14 **орли́ные пе́рья:** Adlerfedern. | **гре́бень шле́ма:** Helmbusch. | 15 **льви́ная мо́рда:** Löwenmaul. | | 16 **бля́шка:** Dim. zu бля́ха: Platte, Schild. | **портупе́я меча́:** Schwertgehänge. | 17 **подо́шва:** Schuhsohle. Römisches Schuhwerk – hier dreifach besohlt – wurde bisweilen bis zu den Knien geschnürt. | 18 **багря́ный плащ:** Purpurmantel. | 21 **себасти́йская кого́рта:** Sebaster Kohorte. | 22 **оцепле́ние:** Abriegelung.

Тогда прокуратор распорядился, чтобы легат выделил из римской когорты две кентурии. Одна из них, под командою Крысобоя, должна будет конвоировать преступников, повозки с приспособлениями для казни и палачей при отправлении на Лысую Гору[43], а при прибытии на нее войти в верхнее оцепление. Другая же должна быть сейчас же отправлена на Лысую Гору и начинать оцепление немедленно. Для этой же цели, то есть для охраны Горы, прокуратор попросил легата отправить вспомогательный кавалерийский полк – сирийскую алу.

Когда легат покинул балкон, прокуратор приказал секретарю пригласить во дворец президента Синедриона, двух членов его и начальника храмовой стражи Ершалаима, но при этом добавил, что просит устроить так, чтобы до совещания со всеми этими людьми он мог говорить с президентом раньше и наедине.

Приказания прокуратора были исполнены быстро и точно, и солнце, с какою-то необыкновенною яростью сжигавшее в эти дни Ершалаим, не успело еще приблизиться к своей наивысшей точке, когда на верхней террасе сада у двух мраморных белых львов, стороживших лестницу, встретились прокуратор и исполняющий обязанности президента Синедриона первосвященник иудейский Иосиф Каифа.

4 **пово́зка:** Wagen, Karre. | **приспособле́ния для ка́зни:** Hinrichtungswerkzeuge. | 10 **вспомога́тельный кавалери́йский полк:** zusätzliches Kavallerieregiment. | **сири́йская а́ла:** syrische Ala. Eine Ala (lat., ›Flügel‹), bestand aus ca. 500–1000 Reitern. | 11 **поки́нуть:** verlassen. | 13 **храмова́я стра́жа:** Tempelwache. | 15 **совеща́ние:** Beratung. | 18 **я́рость:** Wut, Wucht. | 23 **первосвяще́нник:** Hohepriester. | 24 **Ио́сиф Каи́фа:** Kajaphas (Kaiphas), jüdischer Hohepriester.

В саду было тихо. Но, выйдя из-под колоннады на заливаемую солнцем верхнюю площадь сада с пальмами на чудовищных слоновых ногах, площадь, с которой перед прокуратором развернулся весь ненавистный ему Ершалаим с висячими мостами, крепостями и, самое главное, с не поддающейся никакому описанию глыбой мрамора с золотою драконовой чешуею вместо крыши – храмом Ершалаимским, – острым слухом уловил прокуратор далеко и внизу, там, где каменная стена отделяла нижние террасы дворцового сада от городской площади, низкое ворчание, над которым взмывали по временам слабенькие, тонкие не то стоны, не то крики.

Прокуратор понял, что там на площади уже собралась несметная толпа взволнованных последними беспорядками жителей Ершалаима, что эта толпа в нетерпении ожидает вынесения приговора и что в ней кричат беспокойные продавцы воды.

Прокуратор начал с того, что пригласил первосвященника на балкон, с тем чтобы укрыться от безжалостного зноя, но Каифа вежливо извинился[44] и объяснил, что сделать этого не может в канун праздника. Пилат накинул капюшон на свою чуть лысеющую голову и начал разговор. Разговор этот шел по-гречески.

Пилат сказал, что он разобрал дело Иешуа Га-Ноцри и утвердил смертный приговор.

6 **не поддаю́щийся никако́му описа́нию:** jeder Beschreibung trotzend. | 6 f. **глы́ба мра́мора:** Marmorblock. | 7 **драко́новая чешуя́:** Drachenschuppen. | 11 **ворча́ние:** Grollen. | **взмыва́ть:** aufsteigen. | 12 **не то … не то:** halb … halb; wie … oder wie. | 14 **несме́тный:** riesig. | 19 **укры́ться:** sich bedecken, Schutz suchen. | 21 f. **наки́нуть:** überwerfen (ки́нуть: werfen). | 22 **капюшо́н:** Kapuze.

Таким образом, к смертной казни, которая должна совершиться сегодня, приговорены трое разбойников: Дисмас, Гестас, Вар-равван и, кроме того, этот Иешуа Га-Ноцри. Первые двое, вздумавшие подбивать народ на бунт против кесаря, взяты с боем римскою властью, числятся за прокуратором, и, следовательно, о них здесь речь идти не будет. Последние же, Вар-равван и Га-Ноцри, схвачены местной властью и осуждены Синедрионом. Согласно закону, согласно обычаю, одного из этих двух преступников нужно будет отпустить на свободу в честь наступающего сегодня великого праздника пасхи.

Итак, прокуратор желает знать, кого из двух преступников намерен освободить Синедрион: Вар-раввана или Га-Ноцри?

Каифа склонил голову в знак того, что вопрос ему ясен, и ответил:

– Синедрион просит отпустить Вар-раввана.

Прокуратор хорошо знал, что именно так ему ответит первосвященник, но задача его заключалась в том, чтобы показать, что такой ответ вызывает его изумление.

Пилат это и сделал с большим искусством. Брови на надменном лице поднялись, прокуратор прямо в глаза поглядел первосвященнику с удивлением.

– Признаюсь, этот ответ меня поразил, – мягко заговорил прокуратор, – боюсь, нет ли здесь недоразумения.

Пилат объяснился. Римская власть ничуть не покушается на право духовной местной власти, первосвящен-

4 f. **подбива́ть на бунт:** zum Aufruhr anstiften. | 5 f. **чи́слиться** (за + Instr.): hier: in jds. Zuständigkeit fallen. | 25 **недоразуме́ние:** Missverständnis. | 26 f. **покуша́ться** (на + Akk.): hier: etw. antasten, in Frage stellen.

нику это хорошо известно, но в данном случае налицо явная ошибка. И в исправлении этой ошибки римская власть, конечно, заинтересована.

В самом деле: преступления Вар-раввана и Га-Ноцри совершенно не сравнимы по тяжести. Если второй, явно сумасшедший человек, повинен в произнесении нелепых речей, смущавших народ в Ершалаиме и других некоторых местах, то первый отягощен гораздо значительнее. Мало того, что он позволил себе прямые призывы к мятежу, но он еще убил стража при попытке брать его. Вар-равван несравненно опаснее, нежели Га-Ноцри.

В силу всего изложенного прокуратор просит первосвященника пересмотреть решение и оставить на свободе того из двух осужденных, кто менее вреден, а таким, без сомнения, является Га-Ноцри. Итак?..

Каифа сказал тихим, но твердым голосом, что Синедрион внимательно ознакомился с делом и вторично сообщает, что намерен освободить Вар-раввана.

– Как? Даже после моего ходатайства? Ходатайства того, в лице которого говорит римская власть? Первосвященник, повтори в третий раз.

– И в третий раз сообщаю, что мы освобождаем Вар-раввана, – тихо сказал Каифа.

Все было кончено, и говорить более было не о чем. Га-Ноцри уходил навсегда, и страшные, злые боли прокуратора некому излечить; от них нет средства, кроме смерти. Но не эта мысль поразила сейчас Пилата. Все та

1 **налицó:** vorliegend. | 2 **я́вный:** offensichtlich. | 8 **отяготи́ть** (-щённый): belasten. | 9 **ма́ло того́, что:** nicht genug, dass. | 10 **мяте́ж:** Aufruhr, Rebellion. | 14 **вре́дный:** schädlich; hier: gefährlich. | 17 **втори́чно:** abermals. | 19 **хода́тайство:** Fürsprache.

же непонятная тоска, что уже приходила на балконе, пронизала все его существо. Он тотчас постарался ее объяснить, и объяснение было странное: показалось смутно прокуратору, что он чего-то не договорил с осужденным, а может быть, чего-то не дослушал.

Пилат прогнал эту мысль, и она улетела в одно мгновение, как и прилетела. Она улетела, а тоска осталась необъясненной, ибо не могла же ее объяснить мелькнувшая, как молния, и тут же погасшая какая-то короткая другая мысль: «Бессмертие … пришло бессмертие …» Чье бессмертие пришло? Этого не понял прокуратор, но мысль об этом загадочном бессмертии заставила его похолодеть на солнцепеке.

– Хорошо, – сказал Пилат, – да будет так.

Тут он оглянулся, кинул взором видимый ему мир и удивился происшедшей перемене. Пропал отягощенный розами куст, пропали кипарисы, окаймляющие верхнюю террасу, и гранатовое дерево, и белая статуя в зелени, да и сама зелень. Поплыла вместо этого всего какая-то багровая гуща, в ней закачались водоросли и двинулись куда-то, а вместе с ними двинулся и сам Пилат. Теперь его уносил, удушая и обжигая, самый страшный гнев, гнев бессилия.

– Тесно мне, – вымолвил Пилат, – тесно мне!

Он холодною влажной рукой рванул пряжку с ворота плаща, и та упала на песок.

– Сегодня душно, где-то идет гроза, – отозвался Каи-

4 **сму́тный:** verworren, unklar. | 6 **прогна́ть:** vertreiben. | 8 f. **мелькну́ть:** aufblitzen, auftauchen. | 16 **переме́на:** Veränderung. | 20 **гу́ща:** Dickicht; Schlamm. | **во́доросль** (f.): Alge, Tang. | 22 **удуши́ть:** ersticken. | 25 **пря́жка с воро́та:** Kragenschnalle.

фа, не сводя глаз с покрасневшего лица прокуратора и предвидя все муки, которые еще предстоят. «О, какой страшный месяц нисан в этом году!»

– Нет, – сказал Пилат, – это не оттого, что душно, а тесно мне стало с тобой, Каифа. – И, сузив глаза, Пилат улыбнулся и добавил: – Побереги себя, первосвященник.

Темные глаза первосвященника блеснули, и, не хуже, чем ранее прокуратор, он выразил на своем лице удивление.

– Что слышу я, прокуратор? – гордо и спокойно ответил Каифа. – Ты угрожаешь мне после вынесенного приговора, утвержденного тобою самим? Может ли это быть? Мы привыкли к тому, что римский прокуратор выбирает слова, прежде чем что-нибудь сказать. Не услышал бы нас кто-нибудь, игемон?

Пилат мертвыми глазами поглядел на первосвященника и, оскалившись, изобразил улыбку.

– Что ты, первосвященник! Кто же может услышать нас сейчас здесь? Разве я похож на юного бродячего юродивого[45], которого сегодня казнят? Мальчик ли я, Каифа? Знаю, что говорю и где говорю. Оцеплен сад, оцеплен дворец, так что мышь не проникнет ни в какую щель! Да не только мышь, не проникнет даже этот, как его … из города Кириафа. Кстати, ты знаешь такого, первосвященник? Да … если бы такой проник сюда, он горько пожалел бы себя, в этом ты мне, конечно, поверишь? Так знай же, что не будет тебе, первосвященник, отныне покоя! Ни тебе, ни народу твоему, – и Пилат ука-

5 **су́зить:** verengen. | 22 **прони́кнуть**/-ника́ть: eindringen. | 23 **щель** (f.): Ritze, Spalte.

зал вдаль направо, туда, где в высоте пылал храм, – это я говорю тебе – Пилат Понтийский, всадник Золотое Копье!

– Знаю, знаю! – бесстрашно ответил чернобородый Каифа, и глаза его сверкнули. Он вознес руку к небу и продолжал: – Знает народ иудейский, что ты ненавидишь его лютою ненавистью и много мучений ты ему причинишь, но вовсе ты его не погубишь! Защитит его Бог! Услышит нас, услышит всемогущий кесарь, укроет нас от губителя Пилата!

– О нет! – воскликнул Пилат, и с каждым словом ему становилось легче и легче: не нужно было больше притворяться, не нужно было подбирать слова. – Слишком много ты жаловался кесарю на меня, и настал теперь мой час, Каифа! Теперь полетит весть от меня, да не наместнику в Антиохию и не в Рим, а прямо на Капрею, самому императору, весть о том, как вы заведомых мятежников в Ершалаиме прячете от смерти. И не водою из Соломонова пруда[46], как хотел я для вашей пользы, напою я тогда Ершалаим! Нет, не водою! Вспомни, как мне пришлось из-за вас снимать щиты с вензелями императора со стен, перемещать войска, пришлось, видишь, самому приехать, глядеть, что у вас тут творится! Вспомни мое слово: увидишь ты здесь, первосвященник, не одну когорту в Ершалаиме, нет! Придет под стены го-

2 **Пила́т Понти́йский:** Pontius Pilatus. | 2 f. **вса́дник Золото́е Копьё:** Reiter der Goldenen Lanze. | 7 **лю́тый:** grausam. | 10 **губи́тель:** Vernichter, Verderber. | 15 f. **наме́стник:** Statthalter. | 16 **Ка́прея:** Capri. | 17 f. **заве́домые мяте́жники:** offenkundige Rebellen. | 21 **ве́нзель** (m.; Pl. -ля́): Monogramm, Emblem. | 22 **перемеща́ть:** verlegen. | 23 **твори́ться** (umg.): vor sich gehen, passieren.

рода полностью легион Фульмината, подойдет арабская конница, тогда услышишь ты горький плач и стенания! Вспомнишь ты тогда спасенного Вар-раввана и пожалеешь, что послал на смерть философа с его мирною проповедью!

Лицо первосвященника покрылось пятнами, глаза горели. Он, подобно прокуратору, улыбнулся, скалясь, и ответил:

– Веришь ли ты, прокуратор, сам тому, что сейчас говоришь? Нет, не веришь! Не мир, не мир принес нам обольститель народа в Ершалаим, и ты, всадник, это прекрасно понимаешь. Ты хотел его выпустить затем, чтобы он смутил народ, над верою надругался и подвел народ под римские мечи! Но я, первосвященник иудейский, покуда жив, не дам на поругание веру и защищу народ! Ты слышишь, Пилат? – И тут Каифа грозно поднял руку: – Прислушайся, прокуратор!

Каифа смолк, и прокуратор услыхал опять как бы шум моря, подкатывающего к самым стенам сада Ирода Великого. Этот шум поднимался снизу к ногам и в лицо прокуратору. А за спиною у него, там, за крыльями дворца, слышались тревожные трубные сигналы, тяжкий хруст сотен ног, железное бряцание, – тут прокуратор понял, что римская пехота уже выходит, согласно его приказу, стремясь на страшный для бунтовщиков и разбойников предсмертный парад.

2 **стена́ние:** Gestöhn. | 11 **обольсти́тель:** Verführer. | 13 **надруга́ться:** spotten. | 15 **поруга́ние:** Lästerung. | 19 **подка́тывать:** heranrollen. | 23 **хруст:** Knirschen, Knarren. | **со́тни:** Hunderte (со́тня). | **бряца́ние:** Geklirr, Geschepper.

– Ты слышишь, прокуратор? – тихо повторил первосвященник. – Неужели ты скажешь мне, что все это, – тут первосвященник поднял обе руки, и темный капюшон свалился с его головы, – вызвал жалкий разбойник Вар-равван?

Прокуратор тыльной стороной кисти руки вытер мокрый, холодный лоб, поглядел в землю, потом, прищурившись в небо, увидел, что раскаленный шар почти над самой его головою, а тень Каифы совсем съежилась у львиного хвоста, и сказал тихо и равнодушно:

– Дело идет к полудню. Мы увлеклись беседою, а между тем надо продолжать.

В изысканных выражениях извинившись перед первосвященником, он попросил его присесть на скамью в тени магнолии и обождать, пока он вызовет остальных лиц, нужных для последнего краткого совещания, и отдаст еще одно распоряжение, связанное с казнью.

Каифа вежливо поклонился, приложив руку к сердцу, и остался в саду, а Пилат вернулся на балкон. Там ожидавшему его секретарю он велел пригласить в сад легата легиона, трибуна когорты, а также двух членов Синедриона и начальника храмовой стражи, ожидавших вызова на нижней террасе сада в круглой беседке с фонтаном. К этому Пилат добавил, что он тотчас выйдет в сад и сам, и удалился внутрь дворца.

Пока секретарь собирал совещание, прокуратор в затененной от солнца темными шторами комнате имел

6 **ты́льная сторона́ ки́сти:** Handrücken. | 8 **раскалённый:** glühend. | 9 **съёжиться:** sich zusammenziehen. | 11 **увле́чься:** sich mitreißen lassen. | 13 **изы́сканный:** vornehm, erlesen. | 23 **бесе́дка:** Pavillon, Laube. | 27 **што́ра:** Vorhang.

свидание с каким-то человеком, лицо которого было наполовину прикрыто капюшоном, хотя в комнате лучи солнца и не могли его беспокоить. Свидание это было чрезвычайно кратко. Прокуратор тихо сказал человеку несколько слов, после чего тот удалился, а Пилат через колоннаду прошел в сад.

Там в присутствии всех, кого он желал видеть, прокуратор торжественно и сухо подтвердил, что он утверждает смертный приговор Иешуа Га-Ноцри, и официально осведомился у членов Синедриона о том, кого из преступников угодно оставить в живых. Получив ответ, что это – Вар-равван, прокуратор сказал:

– Очень хорошо, – и велел секретарю тут же занести это в протокол, сжал в руке поднятую секретарем с песка пряжку и торжественно сказал: – Пора!

Тут все присутствующие тронулись вниз по широкой мраморной лестнице меж стен роз, источавших одуряющий аромат, спускаясь все ниже и ниже к дворцовой стене, к воротам, выводящим на большую, гладко вымощенную площадь, в конце которой виднелись колонны и статуи ершалаимского ристалища.

Лишь только группа, выйдя из сада на площадь, поднялась на обширный, царящий над площадью каменный помост, Пилат, оглядываясь сквозь прищуренные веки, разобрался в обстановке. То пространство, которое он только что прошел, то есть пространство от дворцовой стены до помоста, было пусто, но зато впереди себя Пи-

17 **меж:** ме́жду. | 17 f. **одуря́ющий:** betäubend. | 19 f. **вы́мостить** (-щенный): pflastern. | 21 **риста́лище:** Rennbahn, Arena. | 23 **царя́щий:** beherrschend. | 24 **помо́ст:** Tribüne. | 25 **разобра́ться в обстано́вке:** die Lage überblicken.

лат площади уже не увидел – ее съела толпа. Она залила бы и самый помост, и то очищенное пространство, если бы тройной ряд себастийских солдат по левую руку Пилата и солдат итурейской вспомогательной когорты[47] по правую – не держал ее.

Итак, Пилат поднялся на помост, сжимая машинально в кулаке ненужную пряжку и щурясь. Щурился прокуратор не оттого, что солнце жгло ему глаза, нет! Он не хотел почему-то видеть группу осужденных, которых, как он это прекрасно знал, сейчас вслед за ним возводят на помост.

Лишь только белый плащ с багряной подбивкой возник в высоте на каменном утесе над краем человеческого моря, незрячему Пилату в уши ударила звуковая волна: «Га-а-а ...» Она началась негромко, зародившись где-то вдали у гипподрома, потом стала громоподобной и, продержавшись несколько секунд, начала спадать. «Увидели меня», – подумал прокуратор. Волна не дошла до низшей точки и неожиданно стала опять вырастать и, качаясь, поднялась выше первой, и на второй волне, как на морском валу вскипает пена, вскипел свист и отдельные, сквозь гром различимые, женские стоны. «Это их ввели на помост ... – подумал Пилат, – а стоны оттого, что задавили нескольких женщин, когда толпа подалась вперед».

Он выждал некоторое время, зная, что никакою си-

1 **съесть:** hier: verschlucken. | 2 **очи́стить** (-щенный): leeren, freiräumen. | 12 **подби́вка:** Futter (Kleidung); Borte. | 13 **утёс:** Klippe. | 21 **вал:** Welle, Woge. | **вскипа́ть:** aufschäumen. | **свист:** Pfiff (свисте́ть, свистну́ть). | 24 **задави́ть:** zerquetschen (дави́ть: drücken, quetschen).

лой нельзя заставить умолкнуть толпу, пока она не выдохнет все, что накопилось у нее внутри, и не смолкнет сама.

И когда этот момент наступил, прокуратор выбросил вверх правую руку, и последний шум сдуло с толпы.

Тогда Пилат набрал, сколько мог, горячего воздуху в грудь и закричал, и сорванный его голос понесло над тысячами голов:

– Именем кесаря императора!..

Тут в уши ему ударил несколько раз железный рубленый крик – в когортах, взбросив вверх копья и значки, страшно прокричали солдаты:

– Да здравствует кесарь!!

Пилат задрал голову и уткнул ее прямо в солнце. Под веками у него вспыхнул зеленый огонь, от него загорелся мозг, и над толпою полетели хриплые арамейские слова:

– Четверо преступников, арестованных в Ершалаиме за убийства, подстрекательства к мятежу и оскорбление законов и веры, приговорены к позорной казни – повешению на столбах! И эта казнь сейчас совершится на Лысой Горе! Имена преступников – Дисмас, Гестас, Вар-равван и Га-Ноцри. Вот они перед вами!

1 f. **вы́дохнуть:** ausatmen. | 2 **накопи́ться:** sich anstauen, ansammeln. | 5 **шум сду́ло:** der Lärm war wie weggeblasen. | 6 **набра́ть во́здуху:** Luft holen. | 10 f. **ру́бленый:** abgehackt. | 11 **значо́к:** Abzeichen, hier: Feldzeichen. | 14 **уткну́ть** (umg.): hier: entgegenstemmen; ткнуть: stecken, stoßen. | 15 **вспы́хнуть:** auflodern, -blitzen. | 19 **подстрека́тельство:** Anstiftung. | 20 **позо́рный:** schmachvoll. | 20 f. **пове́шение на столба́х:** Erhängen an den Pfählen.

Пилат указал вправо рукой, не видя никаких преступников, но зная, что они там, на месте, где им нужно быть.

Толпа ответила длинным гулом как бы удивления или облегчения. Когда же он потух, Пилат продолжал:

– Но казнены из них будут только трое, ибо, согласно закону и обычаю, в честь праздника Пасхи одному из осужденных, но выбору Малого Синедриона и по утверждению римской власти, великодушный кесарь император возвращает его презренную жизнь!

Пилат выкрикивал слова и в то же время слушал, как на смену гулу идет великая тишина. Теперь ни вздоха, ни шороха не доносилось до его ушей, и даже настало мгновение, когда Пилату показалось, что все кругом вообще исчезло. Ненавидимый им город умер, и только он один стоит, сжигаемый отвесными лучами, упершись лицом в небо. Пилат еще придержал тишину, а потом начал выкрикивать:

– Имя того, кого сейчас при вас отпустят на свободу …

Он сделал еще одну паузу, задерживая имя, проверяя, все ли сказал, потому что знал, что мертвый город воскреснет после произнесения имени счастливца и никакие дальнейшие слова слышны быть не могут.

«Всё? – беззвучно шепнул себе Пилат. – Всё. Имя!»

И, раскатив букву «р» над молчащим городом, он прокричал:

4 **гул:** dumpfes Getöse. | 5 **поту́хнуть**/-туха́ть: verlöschen. | 10 **презре́нный:** erbärmlich, verächtlich. | 12 **на сме́ну** (+ Dat.): anstelle. | 16 **отве́сный:** senkrecht, steil. | **упере́ться** (umg.): starren. | 17 **придержа́ть:** fest-, zurückhalten, in die Länge ziehen. | 25 **раскати́ть:** (hin)rollen.

– Вар-равван!

Тут ему показалось, что солнце, зазвенев, лопнуло над ним и залило ему огнем уши. В этом огне бушевали рев, визги, стоны, хохот и свист.

Пилат повернулся и пошел по помосту назад к ступеням, не глядя ни на что, кроме разноцветных шашек настила под ногами, чтобы не оступиться. Он знал, что теперь у него за спиною на помост градом летят бронзовые монеты, финики, что в воющей толпе люди, давя друг друга, лезут на плечи, чтобы увидеть своими глазами чудо – как человек, который уже был в руках смерти, вырвался из этих рук! Как легионеры снимают с него веревки, невольно причиняя ему жгучую боль в вывихнутых на допросе руках, как он, морщась и охая, все же улыбается бессмысленной сумасшедшей улыбкой.

Он знал, что в это же время конвой уже ведет к боковым ступеням трех со связанными руками, чтобы выводить их на дорогу, ведущую на запад, за город, к Лысой Горе. Лишь оказавшись за помостом, в тылу его, Пилат открыл глаза, зная, что он теперь в безопасности – осужденных он видеть уже не мог.

К стону начинавшей утихать толпы приметались и были различимы пронзительные выкрики глашатаев, повторявших одни на арамейском, другие на греческом

2 **зазвене́ть:** ertönen, schallen, dröhnen. | **ло́пнуть**/ло́паться: zerbersten. | 3 **бушева́ть:** tosen, toben. | 4 **визг:** Gekreisch (ви́згнуть, визжа́ть). | 6 **ша́шка:** hier: Schachbrettmuster. | 7 **насти́л:** Belag, Pflaster. | 9 **фи́ник:** Dattel. | **выть** (во́ю): heulen; hier: grölen. | 13 **жгу́чий:** brennend. | 13 f. **вы́вихнутый:** ausgerenkt. | 14 **допро́с:** Verhör. | **мо́рщиться:** das Gesicht verziehen. | **о́хать:** stöhnen, ächzen. | 23 **пронзи́тельный:** durchdringend. | **глаша́тай:** Ausrufer.

языках все то, что прокричал с помоста прокуратор. Кроме того, до слуха его долетел дробный, стрекочущий и приближающийся конский топот и труба, что-то коротко и весело прокричавшая. Этим звукам ответил сверлящий свист мальчишек с кровель домов улицы, выводящей с базара на гипподромскую площадь, и крики «берегись!».

Солдат, одиноко стоявший в очищенном пространстве площади со значком в руке, тревожно взмахнул им, и тогда прокуратор, легат легиона, секретарь и конвой остановились.

Кавалерийская ала, забирая все шире рыси, вылетела на площадь, чтобы пересечь ее в сторонке, минуя скопище народа, и по переулку под каменной стеной, по которой стлался виноград, кратчайшей дорогой проскакать к Лысой Горе.

Летящий рысью маленький, как мальчик, темный, как мулат, командир алы – сириец, равняясь с Пилатом, что-то тонко крикнул и выхватил из ножен меч. Злая вороная взмокшая лошадь шарахнулась, поднялась на дыбы. Бросив меч в ножны, командир ударил плетью лошадь по шее, выровнял ее и поскакал в переулок, переходя в

2 **дрóбный:** fein, sublim. | **стрекотáть:** trappeln. | 3 **кóнский тóпот:** Pferdegetrappel. | 5 **сверлáщий:** durchdringend. | 11 **рысь** (f.): Trab (рысцá: leichter Trab; рысúть: traben). | 12 **пересéчь:** überqueren. | **миновáть:** hier: meiden. | 13 f. **скóпище:** Ansammlung. | 14 **стлáться:** hier: sich ranken. | 14 f. **проскакáть:** hier: im Galopp durchreiten. скакáть: springen; (beim Reiten:) galoppieren. | 17 **равня́ться** (с + Instr.): hier: jdn. erreichen. | 18 **нóжны:** Scheide. | 18 f. **воронáя лóшадь:** Rappe. | 19 **взмóкший:** (schweiß)nass. | **шарáхнуться:** zurückschrecken (шарáхаться). | **подня́ться на дыбы́:** sich aufbäumen. | 20 **плеть** (f.): Peitsche. | 21 **вы́ровнять:** ausrichten.

галоп. За ним по три в ряд полетели всадники в туче пыли, запрыгали кончики легких бамбуковых пик, мимо прокуратора понеслись казавшиеся особенно смуглыми под белыми тюрбанами лица с весело оскаленными, сверкающими зубами.

Поднимая до неба пыль, ала ворвалась в переулок, и мимо Пилата последним проскакал солдат с пылающей на солнце трубою за спиной.

Закрываясь от пыли рукой и недовольно морща лицо, Пилат двинулся дальше, устремляясь к воротам дворцового сада, а за ним двинулся легат, секретарь и конвой.

Было около десяти часов утра.

Глава 3

Седьмое доказательство

– Да, было около десяти часов утра, досточтимый Иван Николаевич, – сказал профессор.

Поэт провел рукою по лицу, как человек, только что очнувшийся, и увидел, что на Патриарших вечер.

Вода в пруде почернела, и легкая лодочка уже скользила по ней, и слышался плеск весла и смешки какой-то гражданки в лодочке. В аллеях на скамейках появилась публика, но опять-таки на всех трех сторонах квадрата, кроме той, где были наши собеседники.

2 **ко́нчик:** Spitze. | **бамбу́ковая пи́ка:** Bambuslanze. | 3 **сму́глый:** braungebrannt, dunkelhäutig. | 6 **ворва́ться:** hineinstürmen (рва́ться). | 10 **устреми́ться** (к + Dat.): auf etw. zusteuern. | 15 **досточти́мый** (alt.): hochverehrter. | 18 **очну́ться:** zu sich kommen. | 19 **ло́дочка:** Dim. von ло́дка; Bötchen. | 20 **плеск:** Plätschern.

Небо над Москвой как бы выцвело, и совершенно отчетливо была видна в высоте полная луна, но еще не золотая, а белая. Дышать стало гораздо легче, и голоса под липами теперь звучали мягче, по-вечернему.

«Как же это я не заметил, что он успел сплести целый рассказ?.. – подумал Бездомный в изумлении. – Ведь вот уже и вечер! А может быть, это и не он рассказывал, а просто я заснул и все это мне приснилось?»

Но надо полагать, что все-таки рассказывал профессор, иначе придется допустить, что то же самое приснилось и Берлиозу, потому что тот сказал, внимательно всматриваясь в лицо иностранца:

– Ваш рассказ чрезвычайно интересен, профессор, хотя он и совершенно не совпадает с евангельскими рассказами.

– Помилуйте, – снисходительно усмехнувшись, отозвался профессор, – уж кто-кто, а вы-то должны знать, что ровно ничего из того, что написано в Евангелиях, не происходило на самом деле никогда, и если мы начнем ссылаться на Евангелия как на исторический источник … – Он еще раз усмехнулся, и Берлиоз осекся, потому что буквально то же самое он говорил Бездомному, идя с тем по Бронной к Патриаршим прудам.

– Это так, – ответил Берлиоз, – но боюсь, что никто не может подтвердить, что и то, что вы нам рассказывали, происходило на самом деле.

– О нет! Это может кто подтвердить! – начиная го-

1 **вы́цвести:** aus-, verbleichen. | 14 **совпада́ть:** übereinstimmen. | 17 **уж кто-кто, а вы-то:** wenn jemand, dann Sie. | 20 **ссыла́ться:** sich auf etw. berufen. | 21 **осе́чься** (осёкся; umg.): stocken.

ворить ломаным языком, чрезвычайно уверенно отозвался тпрофессор и неожиданно таинственно поманил обоих приятелей к себе поближе.

Те наклонились к нему с обеих сторон, и он сказал, но уже без всякого акцента, который у него, черт знает почему, то пропадал, то появлялся:

– Дело в том … – тут профессор пугливо оглянулся и заговорил шепотом, – что я лично присутствовал при всем этом. И на балконе был у Понтия Пилата, и в саду, когда он с Каифой разговаривал, и на помосте, но только тайно, инкогнито, так сказать, так что прошу вас – никому ни слова и полнейший секрет!.. Тс!

Наступило молчание, и Берлиоз побледнел.

– Вы … вы сколько времени в Москве? – дрогнувшим голосом спросил он.

– А я только что сию минуту приехал в Москву, – растерянно ответил профессор, и тут только приятели догадались заглянуть ему как следует в глаза и убедились в том, что левый, зеленый, у него совершенно безумен, а правый – пуст, черен и мертв.

«Вот тебе все и объяснилось! – подумал Берлиоз в смятении. – Приехал сумасшедший немец или только что спятил на Патриарших. Вот так история!»

Да, действительно, объяснилось все: и страннейший завтрак у покойного философа Канта, и дурацкие речи про подсолнечное масло и Аннушку, и предсказания о том, что голова будет отрублена, и все прочее – профессор был сумасшедший.

1 **ло́маный:** gebrochen. | 7 **пугли́вый:** ängstlich. | 16 f. **расте́рянный:** hier: zerstreut. | 17 f. **догада́ться:** hier: auf den Gedanken kommen. | 23 **спя́тить:** hier: überschnappen.

Берлиоз тотчас сообразил, что следует делать. Откинувшись на спинку скамьи, он за спиною профессора замигал Бездомному – не противоречь, мол, ему, – но растерявшийся поэт этих сигналов не понял.

– Да, да, да, – возбужденно говорил Берлиоз, – впрочем, все это возможно!.. Даже очень возможно, и Понтий Пилат, и балкон, и тому подобное … А вы одни приехали или с супругой?

– Один, один, я всегда один, – горько ответил профессор.

– А где же ваши вещи, профессор? – вкрадчиво спрашивал Берлиоз. – В «Метрополе»?[48] Вы где остановились?

– Я? Нигде, – ответил полоумный немец, тоскливо и дико блуждая зеленым глазом по Патриаршим прудам.

– Как? А … где же вы будете жить?

– В вашей квартире, – вдруг развязно ответил сумасшедший и подмигнул.

– Я … я очень рад, – забормотал Берлиоз, – но, право, у меня вам будет неудобно … А в «Метрополе» чудесные номера, это первоклассная гостиница …

– А дьявола тоже нет? – вдруг весело осведомился больной у Ивана Николаевича.

– И дьявола …

– Не противоречь! – одними губами шепнул Берлиоз, обрушиваясь за спину профессора и гримасничая.

3 **замига́ть:** zublinzeln, -zwinkern (auch подмигну́ть). | **мол** (Part., umg.): sagt er. | 5 **возбуждённый:** erregt. | 11 **вкра́дчивый:** einschmeichelnd. | 14 **полоу́мный:** geistesschwach. | 15 **ди́кий:** hier: menschenscheu. | **блужда́ть:** umherschweifen. | 26 **обру́шиваться:** hier: sich rasch zurücklehnen.

– Нету никакого дьявола! – растерявшись от всей этой муры, вскричал Иван Николаевич не то, что нужно. – Вот наказание! Перестаньте вы психовать!

Тут безумный расхохотался так, что из липы над головами сидящих выпорхнул воробей.

– Ну, уж это положительно интересно, – трясясь от хохота, проговорил профессор, – что же это у вас, чего ни хватишься, ничего нет! – Он перестал хохотать внезапно и, что вполне понятно при душевной болезни, после хохота впал в другую крайность – раздражился и крикнул сурово: – Так, стало быть, так-таки и нету?

– Успокойтесь, успокойтесь, успокойтесь, профессор, – бормотал Берлиоз, опасаясь волновать больного, – вы посидите минуточку здесь с товарищем Бездомным, а я только сбегаю на угол, звякну по телефону, а потом мы вас и проводим, куда вы хотите. Ведь вы не знаете города …

План Берлиоза следует признать правильным: нужно было добежать до ближайшего телефона-автомата и сообщить в бюро иностранцев о том, что вот, мол, приезжий из-за границы консультант сидит на Патриарших прудах в состоянии явно ненормальном. Так вот, необходимо принять меры, а то получается какая-то неприятная чепуха.

– Позвонить? Ну что же, позвоните, – печально согласился больной и вдруг страстно попросил: – Но умоляю вас на прощанье, поверьте хоть в то, что дьявол суще-

2 **мура́** (umg.): Humbug. | 3 **психова́ть:** hier: verrückt spielen. | 4 **расхохота́ться:** in Gelächter ausbrechen. | 8 **хвати́ться:** hier: als Thema anpacken. | 10 **кра́йность:** Extrem. | 11 **та́к-таки:** trotz alle(de)m. | 15 **звя́кнуть по телефо́ну:** kurz telefonieren.

ствует! О большем я уж вас и не прошу. Имейте в виду, что на это существует седьмое доказательство, и уж самое надежное! И вам оно сейчас будет предъявлено.

– Хорошо, хорошо, – фальшиво-ласково говорил Берлиоз и, подмигнув расстроенному поэту, которому вовсе не улыбалась мысль караулить сумасшедшего немца, устремился к тому выходу с Патриарших, что находится на углу Бронной и Ермолаевского переулка.

А профессор тотчас же как будто выздоровел и посветлел.

– Михаил Александрович! – крикнул он вдогонку Берлиозу.

Тот вздрогнул, обернулся, но успокоил себя мыслью, что его имя и отчество известны профессору также из каких-нибудь газет. А профессор прокричал, сложив руки рупором:

– Не прикажете ли, я велю сейчас дать телеграмму вашему дяде в Киев?

И опять передернуло Берлиоза. Откуда же сумасшедший знает о существовании киевского дяди? Ведь об этом ни в каких газетах уж наверно ничего не сказано. Эге-ге, уж не прав ли Бездомный? А ну как документы эти липовые? Ах, до чего странный субъект … Звонить, звонить! Сейчас же звонить! Его быстро разъяснят!

И, ничего не слушая более, Берлиоз побежал дальше.

Тут у самого выхода на Бронную со скамейки навстречу редактору поднялся в точности тот самый гражда-

5 **расстрóенный:** verstimmt. | 6 **карау́лить:** bewachen. | 11 **вдогóнку** (Adv.): hinterher, nach. | 16 **ру́пор:** Sprachrohr. | 17 **велéть:** befehlen. | 19 **передёрнуло Берлиóза:** Berlioz zuckte zusammen. | 22 **эгé-ге:** sieh mal einer an! | 23 **ли́повый** (umg.): gefälscht.

нин, что тогда при свете солнца вылепился из жирного зноя.

Только сейчас он был уже не воздушный, а обыкновенный, плотский, и в начинающихся сумерках Берлиоз отчетливо разглядел, что усишки у него как куриные перья, глазки маленькие, иронические и полупьяные, а брючки клетчатые, подтянутые настолько, что видны грязные белые носки.

Михаил Александрович так и попятился, но утешил себя тем соображением, что это глупое совпадение и что вообще сейчас об этом некогда размышлять.

– Турникет ищете, гражданин? – треснувшим тенором осведомился клетчатый тип. – Сюда пожалуйте! Прямо и выйдете куда надо. С вас бы за указание на четверть литра … поправиться … бывшему регенту! – кривляясь, субъект наотмашь снял жокейский свой картузик.

Берлиоз не стал слушать попрошайку и ломаку регента, подбежал к турникету и взялся за него рукой. Повернув его, он уже собирался шагнуть на рельсы, как в лицо ему брызнул красный и белый свет: загорелась в стеклянном ящике надпись «Берегись трамвая!».

Тотчас и подлетел этот трамвай,[49] поворачивающий по новопроложенной линии с Ермолаевского на Бронную. Повернув и выйдя на прямую, он внезапно осветился изнутри электричеством, взвыл и наддал.

4 **пло́тский:** leibhaftig. | 9 **попя́титься:** zurückweichen. | 12 **турнике́т:** Tourniquet, Ausgang (mit Drehkreuz). | **тре́снувший:** hier: brüchig. | 15 **ре́гент:** Kantor, Chorleiter. | **кривля́ться:** Grimassen schneiden. | 16 **нао́тмашь:** schwungvoll. | 17 **попроша́йка:** Schnorrer. | **лома́ка:** (umg.): Fatzke. | 20 **бры́знуть:** spritzen, sprühen (бры́згать). | 25 **надда́ть** (umg.): an Tempo zulegen.

Осторожный Берлиоз, хоть и стоял безопасно, решил вернуться за рогатку, переложил руку на вертушке, сделал шаг назад. И тотчас рука его скользнула и сорвалась, нога неудержимо, как по льду, поехала по булыжнику, откосом сходящему к рельсам, другую ногу подбросило, и Берлиоза выбросило на рельсы.

Стараясь за что-нибудь ухватиться, Берлиоз упал навзничь, несильно ударившись затылком о булыжник, и успел увидеть в высоте, но справа или слева – он уже не сообразил, – позлащенную луну[50]. Он успел повернуться на бок, бешеным движением в тот же миг подтянув ноги к животу, и, повернувшись, разглядел несущееся на него с неудержимой силой совершенно белое от ужаса лицо женщины-вагоновожатой и ее алую повязку[51]. Берлиоз не вскрикнул, но вокруг него отчаянными женскими голосами завизжала вся улица. Вожатая рванула электрический тормоз, вагон сел носом в землю, после этого мгновенно подпрыгнул, и с грохотом и звоном из окон полетели стекла. Тут в мозгу у Берлиоза кто-то отчаянно крикнул: «Неужели?..» Еще раз, и в последний раз, мелькнула луна, но уже разваливаясь на куски, и затем стало темно.

Трамвай накрыл Берлиоза, и под решетку Патриаршей аллеи выбросило на булыжный откос круглый темный предмет. Скатившись с этого откоса, он запрыгал по булыжникам Бронной.

Это была отрезанная голова[52] Берлиоза.

2 **рога́тка:** hier: Sperre. | **верту́шка:** hier: Drehkreuz. | 4 **неудержи́мый:** unaufhaltsam. | **булы́жник** (alt.): Steinpflaster. | 5 **отко́сом:** schräg (отко́с: Abhang, Böschung). | 7 f. **на́взничь** (Adv.): auf dem/den Rücken. | 10 **позлащённый:** vergoldet. | 14 **же́нщина-вагоновожа́тая:** Straßenbahnführerin. | 18 **гро́хот:** Getöse.

Глава 4
Погоня

Hektik. Berlioz' Leichnam wird abtransportiert. Sonnenblumenöl, so stellt sich heraus, aus einer zerschellten Flasche (einer Frau namens Annuška entfallen), hat zu dem unglücklichen Ausrutschen geführt. Der verstörte Ivan Bezdomnyj ist zunächst paralysiert, versucht aber dann mit einer »gewaltigen Kraftanstrengung« den mysteriösen, verdächtigen Ausländer zur Rede zu stellen und der Polizei zu übergeben – ohne Erfolg, denn der ist lautlos verschwunden. Der seltsame Kantor, den Bezdomnyj um Hilfe bittet, lässt mit einem Trick den verwirrten Poeten als besoffenen Deppen erscheinen und macht sich ebenfalls aus dem Staub. Doch …

Иван ахнул, глянул вдаль и увидел ненавистного неизвестного. Тот был уже у выхода в Патриарший переулок, и притом не один. Более чем сомнительный регент успел присоединиться к нему. Но это еще не все: третьим в этой компании оказался неизвестно откуда взявшийся кот, громадный, как боров, черный, как сажа или грач, и с отчаянными кавалерийскими усами. Тройка двинулась в Патриарший, причем кот тронулся на задних лапах.

Иван устремился за злодеями вслед и тотчас убедился, что догнать их будет очень трудно.

Тройка мигом проскочила по переулку и оказалась на

19 **бо́ров:** Eber. | **са́жа:** Ruß. | **грач:** Krähe. | 20 **отча́янные кавалери́йские усы́:** tollkühner Husarenschnurrbart. | 23 **злоде́й:** Bösewicht, Halunke. | 25 **проскочи́ть:** vorübersprengen.

Спиридоновке. Сколько Иван ни прибавлял шагу, расстояние между преследуемыми и им ничуть не сокращалось. И не успел поэт опомниться, как после тихой Спиридоновки очутился у Никитских ворот, где положение его ухудшилось. Тут уж была толчея, Иван налетел на кой-кого из прохожих, был обруган. Злодейская же шайка к тому же здесь решила применить излюбленный бандитский прием – уходить врассыпную.

Регент с великою ловкостью на ходу ввинтился в автобус, летящий к Арбатской площади, и ускользнул. Потеряв одного из преследуемых, Иван сосредоточил свое внимание на коте и видел, как этот странный кот подошел к подножке моторного вагона «А»[53], стоявшего на остановке, нагло отсадил взвизгнувшую женщину, уцепился за поручень и даже сделал попытку всучить кондукторше гривенник через открытое по случаю духоты окно.

Поведение кота настолько поразило Ивана, что он в неподвижности застыл у бакалейного магазина на углу и тут вторично, но гораздо сильнее, был поражен поведе-

1 **Спиридо́новка:** Straße, die von der Kleinen Nikitskaja-Straße zum Gartenring führt. | 3 **опо́мниться:** zur Besinnung kommen. | 4 **очути́ться:** sich (plötzlich) befinden. | **Ники́тские воро́та:** Nikitskij-Tor. Platz an der Kreuzung zwischen Boulevardring und Großer Nikitskaja-Straße. | 5 **толчея́:** Gedränge. | 6 f. **ша́йка:** hier: Bande. | 7 f. **излю́бленный банди́тский приём:** beliebter Gaunertrick. | 8 **уходи́ть врассыпну́ю:** auseinanderlaufen. | 9 **на ходу́:** während der Fahrt. | **ввинти́ться** (umg.): sich schmeißen. | 11 **сосредото́чить** (на + Präp.): auf etw. konzentrieren. | 14 **на́глый:** frech, unverschämt (нагле́ц). | 15 **по́ручень** (m.): Haltegriff. | **всучи́ть:** andrehen, zustecken. | 16 **гри́венник:** Zehnkopekenstück. | 19 **бакале́йный магази́н:** Lebensmittelladen für Gewürze, Zucker, Teigwaren usw.

нием кондукторши. Та, лишь только увидела кота, лезущего в трамвай, со злобой, от которой даже тряслась, закричала:

– Котам нельзя! С котами нельзя! Брысь! Слезай, а то милицию позову!

Ни кондукторшу, ни пассажиров не поразила самая суть дела: не то, что кот лезет в трамвай, в чем было бы еще полбеды, а то, что он собирается платить!

Кот оказался не только платежеспособным, но и дисциплинированным зверем. При первом же окрике кондукторши он прекратил наступление, снялся с подножки и сел на остановке, потирая гривенником усы. Но лишь кондукторша рванула веревку и трамвай тронулся, кот поступил как всякий, кого изгоняют из трамвая, но которому все-таки ехать-то надо. Пропустив мимо себя все три вагона, кот вскочил на заднюю дугу последнего, лапой вцепился в какую-то кишку, выходящую из стенки, и укатил, сэкономив таким образом гривенник.

Weitere seltsame und unerklärliche Ereignisse geschehen mit Ivan. Der Professor entwischt ihm. Bezdomnyj stürmt in seiner Verwirrung und einer rätselhaften Eingebung folgend in eine ihm unbekannte Wohnung, in der er den Professor vermutet. Dort stößt der Dichter nicht nur auf ein nacktes Fräulein im Badezimmer – beide sind gleichermaßen erschro-

4 **брысь!:** Ksch!; weg hier! | 7 **суть** (f.): Wesen, Kern. | 11 **наступле́ние:** Vorstoß. | 14 **поступи́ть:** handeln, vorgehen (посту́пок). | 16 **дуга́:** hier: Anhängerkupplung. | 17 **кишка́:** hier: (Kabel-)Schlauch. | 18 **укати́ть** (umg.): sich fortmachen.

cken –, sondern auch auf eine Papier-Ikone und eine Hochzeitskerze, die er an sich nimmt. Mit diesen Objekten rennt er zur Moskva, wo er wiederum den Professor wähnt. Nach einem kühlen Bad im Fluss muss er den Verlust seiner Kleidung feststellen, die er einem bärtigen Mann anvertraut hatte, und…

Точно на том месте, где была груда платья, остались полосатые кальсоны, рваная толстовка, свеча, иконка и коробка спичек. Погрозив в бессильной злобе кому-то вдаль кулаком, Иван облачился в то, что было оставлено.

Тут его стали беспокоить два соображения: первое, это то, что исчезло удостоверение Массолита, с которым он никогда не расставался, и второе, удастся ли ему в таком виде беспрепятственно пройти по Москве? Все-таки в кальсонах … Правда, кому какое дело, а все же не случилось бы какой-нибудь придирки или задержки.

Иван оборвал пуговицы с кальсон там, где те застегивались у щиколотки, в расчете на то, что, может быть, в таком виде они сойдут за летние брюки, забрал иконку, свечу и спички и тронулся, сказав самому себе:

– К Грибоедову[54]! Вне всяких сомнений, он там.

7 **гру́да:** Haufen. | 8 **толсто́вка:** Bauernkittel, wie ihn Lev Tolstoj getragen hat. | 10 **облачи́ться:** sich bekleiden. | 15 **беспрепя́тственный:** ungehindert. | 17 **приди́рка:** das Anstoßnehmen. | 17 f. **заде́ржка:** Verzögerung. | 19 f. **застёгивать:** zuknöpfen. | 20 **щи́колотка:** Knöchel. | **в расчёте:** hier: in der Hoffnung.

Глава 5
Было дело в Грибоедове

Da Ivan in seinem seltsamen Outfit auffällt, meidet er auf dem Weg zum »Griboedov-Haus« belebte Straßen. Das »Griboedov« steht ausschließlich privilegierten Mitgliedern des Schriftstellerverbandes »Massolit« zum Amüsement und zum Erhalt von Begünstigungen – etwa der Zuteilung einer Datscha oder eines außergewöhnlichen Urlaubsortes – zur Verfügung. Darüber hinaus bietet das Restaurant des »Griboedov«, das der diabolische, mit einem Piraten verglichene Arčibal'd Arčibal'dovič leitet, auserlesene kulinarische Köstlichkeiten für wenig Geld, von denen der ›normale‹ Sowjetbürger nur träumen kann. Der Erzähler nimmt den Leser an die Hand (»читатель! За мной!..«), führt ihn durch die Räumlichkeiten und stellt einige Schriftsteller vor, darunter zwölf Literaten, die vergebens auf eine Besprechung mit Berlioz warten. Eine religiöse Anspielung auf die zwölf Jünger beim Abendmahl mit Christus ist vom Autor gewollt. Überhaupt spart Bulgakov in diesem Kapitel nicht an ironischen Untertönen und satirischen Mitteln, um eine groteske Atmosphäre zu schaffen, die das dekadente Leben der privilegierten Literaten- und Intellektuellenwelt entlarvt. So tragen etwa die erwähnten Schriftsteller sprechende Namen, wie Pavianov, Podložnaja – von подлог: (Ver-)Fälschung –, Poklëvkina (von клевать: picken, hacken), Glucharëv (von глухóй: taub) oder Bogochul'ski (von богохýльный: ketzerisch, gotteslästerlich); der Ort Perelygino ist eine Verballhornung von Peredelkino, der berühmten und bevorzugten Literatensiedlung außerhalb Moskaus. Eine ausschweifende Riesenparty der Schriftsteller beginnt mit einem »Halleluja«-Ruf um Mitter-

nacht in dem als Hölle dargestellten Restaurant – gleichsam eine Vorausdeutung auf den Großen Satansball in Kapitel 23. Die Nachricht von Berlioz' Tod schreckt die ekstatisch feiernde Gesellschaft für einen Moment hoch, doch …

А ресторан зажил своей обычной ночной жизнью и жил бы ею до закрытия, то есть до четырех часов утра, если бы не произошло нечто, уже совершенно из ряду вон выходящее и поразившее ресторанных гостей гораздо больше, чем известие о гибели Берлиоза.

Первыми заволновались лихачи, дежурившие у ворот грибоедовского дома. Слышно было, как один из них, приподнявшись на козлах, прокричал:

– Тю! Вы только поглядите!

Вслед за тем, откуда ни возьмись, у чугунной решетки вспыхнул огонечек и стал приближаться к веранде. Сидящие за столиками стали приподниматься и всматриваться и увидели, что вместе с огонечком шествует к ресторану белое привидение. Когда оно приблизилось к самому трельяжу, все как закостенели за столиками с кусками стерлядки на вилках и вытаращив глаза. Швейцар, вышедший в этот момент из дверей ресторанной вешалки во двор, чтобы покурить, затоптал папиросу и двинулся было к привидению с явной целью преградить

10 **лиха́ч:** Kutscher. | 12 **ко́злы:** Kutschbock. | 13 **Тю** (umg.): Donnerwetter! | 14 **отку́да ни возьми́сь** (umg.): wie aus dem Nichts. | 18 **привиде́ние:** Gespenst. | 19 **трелья́ж:** Spalier, Gitterwerk. | **закостене́ть:** erstarren. | 20 **стерля́дка:** Sterlet (eine Stör-Art). | 22 **ве́шалка:** Garderobe. | 23 **бы́ло:** Die Partikel бы́ло bezeichnet eine vorgehabte oder begonnene, aber nicht ausgeführte Handlung. | **прегради́ть:** versperren, verwehren.

ему доступ в ресторан, но почему-то не сделал этого и остановился, глуповато улыбаясь.

И привидение, пройдя в отверстие трельяжа, беспрепятственно вступило на веранду. Тут все увидели, что это – никакое не привидение, а Иван Николаевич Бездомный – известнейший поэт.

Он был бос, в разодранной беловатой толстовке, к коей на груди английской булавкой была приколота бумажная иконка со стершимся изображением неизвестного святого, и в полосатых белых кальсонах. В руке Иван Николаевич нес зажженную венчальную свечу. Правая щека Ивана Николаевича была свеже изодрана. Трудно даже измерить глубину молчания, воцарившегося на веранде. Видно было, как у одного из официантов пиво течет из покосившейся набок кружки на пол.

Поэт поднял свечу над головой и громко сказал:

– Здорово, други! – после чего заглянул под ближайший столик и воскликнул тоскливо: – Нет, его здесь нет!

Послышались два голоса. Бас сказал безжалостно:

– Готово дело. Белая горячка.

А второй, женский, испуганный, произнес слова:

– Как же милиция-то пропустила его по улицам в таком виде?

Это Иван Николаевич услыхал и отозвался:

– Дважды хотели задержать, в Скатертном и здесь,

3 **отве́рстие:** Öffnung. | 7 **разо́дранный:** zerrissen. | 8 **була́вка:** (Sicherheits-)Nadel. | 9 **стёршийся:** verwaschen, kaum erkennbar. | 12 **изодра́ть** (изо́дранный): hier: zerkratzen. | 15 **покоси́вшийся:** schräg geneigt. | 20 **бе́лая горя́чка:** Delirium tremens, Säuferwahnsinn. | 25 **Ска́тертный:** Gasse im Moskauer Stadtzentrum.

на Бронной, да я махнул через забор и, видите, щеку изорвал! – Тут Иван Николаевич поднял свечу и вскричал: – Братья во литературе! – Осипший голос его окреп и стал горячей. – Слушайте меня все! Он появился! Ловите же его немедленно, иначе он натворит неописуемых бед!

– Что? Что? Что он сказал? Кто появился? – понеслись голоса со всех сторон.

– Консультант! – ответил Иван. – И этот консультант сейчас убил на Патриарших Мишу Берлиоза.

Здесь из внутреннего зала повалил на веранду народ, вокруг Иванова огня сдвинулась толпа.

– Виноват, виноват, скажите точнее, – послышался над ухом Ивана Николаевича тихий и вежливый голос, – скажите, как это убил? Кто убил?

– Иностранный консультант, профессор и шпион! – озираясь, отозвался Иван.

– А как его фамилия? – тихо спросили на ухо.

– То-то фамилия! – в тоске крикнул Иван. – Кабы я знал фамилию! Не разглядел я фамилию на визитной карточке … Помню только первую букву «Ве», на «Ве» фамилия! Какая же это фамилия на «Ве»? – схватившись рукою за лоб, сам у себя спросил Иван и вдруг забормотал: – Ве, ве, ве… Ва… Во… Вагнер? Вагнер? Вайнер? Вегнер? Винтер? – волосы на голове Ивана стали ездить от напряжения.

1 **махну́ть** (umg.): hier: springen. | 3 **оси́пший:** heiser. | 5 **натвори́ть** (umg.): anstellen, anrichten. | 17 **озира́ться:** nach allen Seiten umschauen. | 19 **кабы́** (volkst.): wenn doch nur. | 24 **Ва́гнер:** Anspielung auf Fausts wissbegierigen, aber bornierten Famulus Wagner.

– Вульф? – жалостно выкрикнула какая-то женщина.

Иван рассердился.

– Дура! – прокричал он, ища глазами женщину. – При чем тут Вульф? Вульф ни в чем не виноват! Во, во … Нет! Так не вспомню! Ну вот что, граждане: звоните сейчас в милицию, чтобы выслали пять мотоциклетов с пулеметами, профессора ловить. Да не забудьте сказать, что с ним еще двое: какой-то длинный, клетчатый … пенсне треснуло … и кот черный, жирный. А я пока что обыщу Грибоедова … Я чую, что он здесь!

Иван впал в беспокойство, растолкал окружающих, начал размахивать свечой, заливая себя воском, и заглядывать под столы. Тут послышалось слово: «Доктора!» – и чье-то ласковое мясистое лицо, бритое и упитанное, в роговых очках, появилось перед Иваном.

– Товарищ Бездомный, – заговорило это лицо юбилейным голосом, – успокойтесь! Вы расстроены смертью всеми нами любимого Михаила Александровича … нет, просто Миши Берлиоза. Мы все это прекрасно понимаем. Вам нужен покой. Сейчас товарищи проводят вас в постель, и вы забудетесь …

– Ты, – оскалившись, перебил Иван, – понимаешь ли, что надо поймать профессора? А ты лезешь ко мне со своими глупостями! Кретин!

– Товарищ Бездомный, помилуйте, – ответило лицо, краснея, пятясь и уже раскаиваясь, что ввязалось в это дело.

9 **пенсне́:** Kneifer (bügellose Brille). | 10 **обыска́ть** (-щу́): durchsuchen. | 11 **растолка́ть:** wegschubsen (толка́ть: stoßen; schubsen; schieben; drängen). | 12 **воск:** Wachs. | 21 **забы́ться:** einschlummern. | 24 **крети́н:** Volltrottel, Kretin. | 26 **ввяза́ться:** sich einmischen.

– Нет, уж кого-кого, а тебя-то я не помилую, – с тихой ненавистью сказал Иван Николаевич.

Судорога исказила его лицо, он быстро переложил свечу из правой руки в левую, широко размахнулся и ударил участливое лицо по уху.

Тут догадались броситься на Ивана – и бросились. Свеча погасла, и очки, соскочившие с лица, были мгновенно растоптаны. Иван испустил страшный боевой вопль, слышный, к общему соблазну, даже на бульваре, и начал защищаться. Зазвенела падающая со столов посуда, закричали женщины.

In der folgenden Szene handelt sich der Portier vom Chef des Restaurants einen Rüffel wegen Unachtsamkeit ein. Ivan Bezdomnyj wird nach einer Schlägerei und dem »ekligen, abstoßenden, verlockenden, schweinischen Skandal« (»гадкий, гнусный, соблазнительный, свинский скандал«) überwältigt und auf einem Lastwagen fortgebracht …

… in eine – so beschreibt es Kapitel 6 (»Шизофрения, как и было сказано« – »Schizophrenie, wie bereits gesagt«) – psychiatrische Klinik, das »Haus des Jammers« (»дом скорби«, wie es später heißt), wo ihn der Klinikleiter Dr. Stravinskij nach einer ersten Untersuchung als schweren schizophrenen Fall, verbunden mit Alkoholabhängigkeit, einbehält.

In den folgenden Kapiteln wird der Leser unter anderem Zeuge der unheimlich-dämonischen Machenschaften der Woland-

1 **поми́ловать:** verschonen. | 5 **уча́стливый:** teilnahmsvoll. | 9 **вопль** (m.): Geschrei. | **собла́зн:** hier: Reiz, Freude.

Truppe. Zunächst, in Kapitel 7 (»Нехорошая квартира« – »Die unheimliche Wohnung«), wird der Direktor des Variété-Theaters Stepan (Stëpa) Bogdanovič Lichodeev übertölpelt mit der Unterstellung, angeblich einen hochdotierten Vertrag für sieben Auftritte Wolands, des Professors für Schwarze Magie, unterschrieben zu haben. Darüber hinaus wird er, der Nachbar von Michail Aleksandrovič Berlioz, von dem Gaunerquartett Woland, Korov'ev, Begemot und Azazello wegen Nichtstuns, Alkoholismus, Bevorteilung und Amtsmissbrauch kurzerhand aus seiner »unheimlichen Wohnung« Nr. 50 in der Sadovaja 302 a (»№ 302-бис«; heute Nr. 10) gekegelt, aus der regelmäßig auf mysteriöse Weise Menschen spurlos verschwinden – ein nicht zu ignorierender (und im Roman wiederholter) Hinweis auf die zahllosen Verhaftungen unschuldiger Bürger durch den sowjetischen Geheimdienst in den dreißiger Jahren. Kurz darauf findet sich Stëpa in Jalta wieder. Es sollte an dieser Stelle nicht unerwähnt bleiben, dass Bulgakov ironisch auf die Lebensbedingungen in seiner Wohnung in der Sadovaja 10 anspielt: Von 1921 bis 1924 lebte er mit seiner ersten Frau Tat'jana Lappa hier in einer Kommunalwohnung, die er aufs tiefste verabscheute und unter anderem zum spöttischen Ziel seines Prosabandes »D'javoliada« (»Teufeliaden«, 1925) machte.

Das nächste Opfer von Korov'evs Streichen (штуки) wird der Vorsitzende der Wohnungsgenossenschaft des Hauses Nr. 302 a Nikanor Ivanovič Bosoj, der sich für die Vermietung der Berliozschen Wohnung bestechen lässt und auf Wolands ›Weisung‹ (»Er ist ein Gauner und Schurke«, »выжига и плут«) von Geheimagenten wegen des (unerlaubten) Devisenbesitzes überführt wird (Kapitel 9: »Коровьевские штуки«).

Auch der Finanzdirektor des Varietétheaters Rimskij und der Administrator Varenucha werden vom üblen Schabernack der Woland-Gang nicht verschont. Beide sind erzürnt über das Nichterscheinen des Theaterdirektors; außerdem missfällt ihnen der relativ spontan angesetzte Auftritt des seltsamen Magiers. Ihre Verwirrung (und die des Lesers) wird durch vier Telegramme des Direktors, abgesandt aus Jalta auf der Krim, noch gesteigert: wie hat der Direktor diese riesige Entfernung in so kurzer Zeit zurücklegen können? Auf eine falsche Fährte führt sie ein Telefongespräch mit Korov'ev: es sei zu vermuten, Lichodeev befinde sich nicht im Kurort Jalta, sondern in betrunkenem Zustand an der Imbissbude »Jalta« in Puškino unweit von Moskau und betreibe von dort aus seine Bubenstreiche. Der pfiffige Rimskij kommt allerdings Lichodeevs Bitte in einem der Telegramme nach, Woland beschatten zu lassen, und fordert Varenucha auf, die Telegrammkorrespondenz unverzüglich zu den entsprechenden Behörden zu bringen. Weil er die Warnung der Woland-Clique, die Telegramme nicht auszuliefern, ignoriert, wird Varenucha von Azazello und Begemot brutal niedergeschlagen und in die Lichodeevsche Wohnung 302a geschleppt, wo er, bevor er das Bewusstsein verliert, von einer splitternackten Frau – der Vampirschönheit Gella – geküsst wird (Kapitel 10: »Вести из Ялты« – »Nachrichten aus Jalta«).

Wie so häufig im Roman, untermalt Bulgakov die Handlung mit Natur- und Wettersymbolen. Die letzte Szene ereignet sich bei einem schrecklichen Unwetter.

Ivan Bezdomnyj wird nach einer weiteren Untersuchung und einem intensiven Gespräch mit dem Professor davon überzeugt, als Patient in der Klinik zu bleiben, wo man ihm Hilfe und vor allem Ruhe verspricht (Kapitel 8: »Поединок [Duell] между профессором и поэтом«). Seine vergeblichen Versuche, die Erlebnisse mit dem Teufel an den Patriarchenteichen schriftlich zu fixieren, bleiben wirr und unverständlich. Eine Spritze beruhigt den deprimierten und schwermütigen Ivan. Im Halbschlaf erblickt er die nebelhafte Gestalt (»таинственная фигура«) eines Mannes auf dem Balkon seines Zimmers (Kapitel 11: »Раздвоение Ивана« – »Die Spaltung Ivans«), der ihn – »Psst!« – zum Stillhalten mahnt. Hier bricht das Kapitel cliffhangerartig ab; und bevor die Leser erfahren, um wen es sich handelt – im Kapitel 13: »Явление героя«, »Das Erscheinen des Helden« –, schiebt sich erst einmal, fulminant, eines der Hauptkapitel des ersten Teils dazwischen:

Глава 12
Черная магия и ее разоблачение

Woland gibt im Variété eine Probe seiner magischen Kunstfertigkeit. Die Vorstellung wird von der beeindruckenden Fahrrad-Virtuosität der Giulli-Familie eingeleitet, um das Publikum in Stimmung zu versetzen. Der Finanzdirektor Rimskij sitzt derweil niedergedrückt und apathisch in seinem Büro und ist perplex über das unvorhersehbare Verschwinden des Administrators Varenucha. Zudem sind Telefone und andere Geräte im Gebäude ausgefallen. Zufall oder eine »übernatürliche Erscheinung« (»сверхъестественное событие«)?

16 **разоблаче́ние:** Entlarvung (разоблача́ть/-и́ть).

В то время как над головой финдиректора вспыхнула и замигала красная лампочка, возвещавшая начало антракта, вошел курьер и сообщил, что приехал иностранный артист. Финдиректора почему-то передернуло, и, став уж совсем мрачнее тучи, он отправился за кулисы, чтобы принимать гастролера, так как более принимать было некому.

В большую уборную из коридора, где уже трещали сигнальные звонки, под разными предлогами заглядывали любопытные. Тут были фокусники в ярких халатах и в чалмах, конькобежец в белой вязаной куртке, бледный от пудры рассказчик и гример.

Прибывшая знаменитость поразила всех своим невиданным по длине фраком дивного покроя и тем, что явилась в черной полумаске. Но удивительнее всего были двое спутников черного мага: длинный клетчатый в треснувшем пенсне и черный жирный кот, который, войдя в уборную на задних лапах, совершенно непринужденно сел на диван, щурясь на оголенные гримировальные лампионы.

Римский постарался изобразить на лице улыбку, от чего оно сделалось кислым и злым, и раскланялся с безмолвным магом, сидящим рядом с котом на диване. Рукопожатия не было. Зато развязный клетчатый сам

2 **возвещáть:** ankündigen. | 8 **убóрная:** hier: Künstlergarderobe. | **трещáть:** hier: ertönen. | 10 **фóкусник:** Zauberkünstler (фóкус: Zaubertrick). | 11 **чалмá:** Turban. | 12 **расскáзчик:** Conférencier. | **гримёр:** Maskenbildner. | 14 **покрóй:** Schnitt (der Kleidung). | 18 f. **непринуждённый:** ungezwungen. | 19 f. **оголённые гримировáльные лампиóны:** nackte Schminklämpchen. | 22 f. **безмóлвный:** schweigend.

отрекомендовался финдиректору, назвав себя «ихний помощник». Это обстоятельство удивило финдиректора, и опять-таки неприятно: в контракте решительно ничего не упоминалось ни о каком помощнике.

Весьма принужденно и сухо Григорий Данилович осведомился у свалившегося ему на голову клетчатого о том, где аппаратура артиста.

– Алмаз вы наш небесный, драгоценнейший господин директор, – дребезжащим голосом ответил помощник мага, – наша аппаратура всегда при нас. Вот она! Эйн, цвей, дрей! – И, повертев перед глазами Римского узловатыми пальцами, внезапно вытащил из-за уха у кота собственные Римского золотые часы с цепочкой, которые до этого были у финдиректора в жилетном кармане под застегнутым пиджаком и с продетой в петлю цепочкой.

Римский невольно ухватился за живот, присутствующие ахнули, а гример, заглядывающий в дверь, одобрительно крякнул.

– Ваши часики? Прошу получить, – развязно улыбаясь, сказал клетчатый и на грязной ладони подал растерянному Римскому его собственность.

– С таким в трамвай не садись, – тихо и весело шепнул рассказчик гримеру.

Но кот отмочил штуку почище номера с чужими часами. Неожиданно поднявшись с дивана, он на задних ла-

1 **отрекомендова́ться:** sich jdm. vorstellen. | 1 f. **и́хний помо́щник:** der Assistent von dem da; и́хний (volkst.): deren, »denen ihr«. | 9 **дребезжа́щий:** scheppernd. | 11 f. **узлова́тый:** knotig (у́зел). | 15 **проде́ть:** durchfädeln. | **пе́тля:** hier: Knopfloch. | 18 f. **одобри́тельный:** beifällig. | 19 **кря́кнуть:** krächzen.

пах подошел к подзеркальному столику, передней лапой вытащил пробку из графина, налил воды в стакан, выпил ее, водрузил пробку на место и гримировальной тряпкой вытер усы.

Тут никто даже и не ахнул, только рты раскрыли, а гример восхищенно шепнул:

– Ах, класс!

В это время в третий раз тревожно загремели звонки, и все, возбужденные и предвкушающие интересный номер, повалили из уборной вон.

Через минуту в зрительном зале погасли шары, вспыхнула и дала красноватый отблеск на низ занавеса рампа, и в освещенной щели занавеса предстал перед публикой полный, веселый, как дитя, человек с бритым лицом, в помятом фраке и несвежем белье. Это был хорошо знакомый всей Москве конферансье Жорж Бенгальский.

– Итак, граждане, – заговорил Бенгальский, улыбаясь младенческой улыбкой, – сейчас перед вами выступит … – Тут Бенгальский прервал сам себя и заговорил с другими интонациями: – Я вижу, что количество публики к третьему отделению еще увеличилось. У нас сегодня половина города! Как-то на днях встречаю я приятеля и говорю ему: «Отчего не заходишь к нам? Вчера у нас была половина города». А он мне отвечает: «А я живу в другой половине!» – Бенгальский сделал паузу, ожидая, что произойдет взрыв смеха, но так как никто не засмеялся, то он продолжал: – … Итак, выступит знаменитый иностранный артист мосье Воланд с сеансом черной ма-

3 **водрузи́ть:** hier: hineinstecken.

гии! Ну, мы-то с вами понимаем, – тут Бенгальский улыбнулся мудрой улыбкой, – что ее вовсе не существует на свете и что она не что иное, как суеверие, а просто маэстро Воланд в высокой степени владеет техникой фокуса, что и будет видно из самой интересной части, то есть разоблачения этой техники, а так как мы все как один и за технику, и за ее разоблачение, то попросим господина Воланда!

Произнеся всю эту ахинею, Бенгальский сцепил обе руки ладонь к ладони и приветственно замахал ими в прорез занавеса, отчего тот, тихо шумя, и разошелся в стороны.

Выход мага с его длинным помощником и котом, вступившим на сцену на задних лапах, очень понравился публике.

– Кресло мне, – негромко приказал Воланд, и в ту же секунду, неизвестно как и откуда, на сцене появилось кресло, в которое и сел маг. – Скажи мне, любезный Фагот, – осведомился Воланд у клетчатого гаера, носившего, по-видимому, и другое наименование, кроме «Коровьев», – как по-твоему, ведь московское народонаселение значительно изменилось?

Маг поглядел на затихшую, пораженную появлением кресла из воздуха публику.

– Точно так, мессир, – негромко ответил Фагот-Коровьев.

– Ты прав. Горожане сильно изменились, внешне, я говорю, как и сам город, впрочем. О костюмах нечего уж и

9 **ахине́я** (umg.): Humbug. | **сцепи́ть:** zusammenhaken. | 11 **проре́з:** Spalt. | 19 **га́ер:** Possenreißer.

говорить, но появились эти … как их … трамваи, автомобили …

– Автобусы, – почтительно подсказал Фагот.

Публика внимательно слушала этот разговор, полагая, что он является прелюдией к магическим фокусам. Кулисы были забиты артистами и рабочими сцены, и между их лицами виднелось напряженное, бледное лицо Римского.

Физиономия Бенгальского, приютившегося сбоку сцены, начала выражать недоумение. Он чуть-чуть приподнял бровь и, воспользовавшись паузой, заговорил:

– Иностранный артист выражает свое восхищение Москвой, выросшей в техническом отношении, а также и москвичами, – тут Бенгальский дважды улыбнулся, сперва партеру, а потом галерее.

Воланд, Фагот и кот повернули головы в сторону конферансье.

– Разве я выразил восхищение? – спросил маг у Фагота.

– Никак нет, мессир, вы никакого восхищения не выражали, – ответил тот.

– Так что же говорит этот человек?

– А он попросту соврал! – звучно, на весь театр сообщил клетчатый помощник и, обратясь к Бенгальскому, прибавил: – Поздравляю вас, гражданин, соврамши[55]!

С галереи плеснуло смешком, а Бенгальский вздрогнул и выпучил глаза.

– Но меня, конечно, не столько интересуют автобусы, телефоны и прочая …

6 **заби́ть:** hier: vollstopfen. | 9 **приюти́ться:** unterkommen (приют: Obdach). | 25 **плесну́ло смешко́м:** ertönte ein kurzes Lachen.

– Аппаратура! – подсказал клетчатый.

– Совершенно верно, благодарю, – медленно говорил маг тяжелым басом, – сколько гораздо более важный вопрос: изменились ли эти горожане внутренне?

– Да, это важнейший вопрос, сударь[56].

В кулисах стали переглядываться и пожимать плечами, Бенгальский стоял красный, а Римский был бледен. Но тут, как бы отгадав начинающуюся тревогу, маг сказал:

– Однако мы заговорились, дорогой Фагот, а публика начинает скучать. Покажи нам для начала что-нибудь простенькое.

Зал облегченно шевельнулся. Фагот и кот разошлись в разные стороны по рампе. Фагот щелкнул пальцами, залихватски крикнул:

– Три, четыре! – поймал из воздуха колоду карт, стасовал ее и лентой пустил коту. Кот ленту перехватил и пустил ее обратно. Атласная змея фыркнула, Фагот раскрыл рот, как птенец, и всю ее, карту за картой, заглотал. После этого кот раскланялся, шаркнув правой задней лапой, и вызвал неимоверный аплодисмент.

– Класс! Класс! – восхищенно кричали за кулисами.

А Фагот тыкнул пальцем в партер и объявил:

– Колода эта таперича, уважаемые граждане, находится в седьмом ряду у гражданина Парчевского, как раз

8 **отгада́ть:** erraten; auch: угада́ть, догада́ться, дога́дываться. | 10 **заговори́ться:** die Zeit verplaudern. | 14 **щёлкать:** schnippen (щёлкнуть). | 15 **залихва́тский:** forsch. | 18 **атла́сный:** seiden. | 19 **птене́ц:** Vogeljunges. | 20 **ша́ркнуть:** hier: einen Kratzfuß machen. | 23 **ты́кнуть:** strecken (ты́кать). | 24 **тапе́рича** (volkst.): тепе́рь.

между трехрублевкой и повесткой о вызове в суд по делу об уплате алиментов гражданке Зельковой.

В партере зашевелились, начали привставать, и, наконец, какой-то гражданин, которого, точно, звали Парчевским, весь пунцовый от изумления, извлек из бумажника колоду и стал тыкать ею в воздухе, не зная, что с нею делать.

– Пусть она останется у вас на память! – прокричал Фагот. – Недаром же вы говорили вчера за ужином, что кабы не покер, то жизнь ваша в Москве была бы совершенно несносна.

– Стара шутка, – послышалось с галерки, – этот в партере из той же компании.

– Вы полагаете? – заорал Фагот, прищуриваясь на галерею. – В таком случае, и вы в одной шайке с нами, потому что она у вас в кармане!

На галерке произошло движение, и послышался радостный голос:

– Верно! У него! Тут, тут … Стой! Да это червонцы!

Сидящие в партере повернули головы. На галерее какой-то смятенный гражданин обнаружил у себя в кармане пачку, перевязанную банковским способом и с надписью на обложке: «Одна тысяча рублей».

Соседи наваливались на него, а он в изумлении ковырял ногтем обложку, стараясь дознаться, настоящие ли это червонцы или какие-нибудь волшебные.

1 **пове́стка:** Vorladung. | 5 **пунцо́вый:** hochrot. | 14 **заора́ть:** losbrüllen (ора́ть). | 19 **черво́нец:** Zehnrubelschein (in Umlauf 1922–47). | 22 **па́чка:** Packen. | **ба́нковский спо́соб:** Banderole der Bank. | 24 f. **ковыря́ть:** stochern, rubbeln, reiben.

– Ей-богу, настоящие! Червонцы! – кричали с галерки радостно.

– Сыграйте и со мной в такую колоду, – весело попросил какой-то толстяк в средине партера.

– Авек плезир! – отозвался Фагот. – Но почему же с вами одним? Все примут горячее участие! – И скомандовал: – Прошу глядеть вверх!.. Раз! – В руке у него оказался пистолет, он крикнул: – Два! – Пистолет вздернулся кверху. Он крикнул: – Три! – Сверкнуло, бухнуло, и тотчас же из-под купола, ныряя между трапециями, начали падать в зал белые бумажки.

Они вертелись, их разносило в стороны, забивало на галерею, откидывало в оркестр и на сцену. Через несколько секунд денежный дождь, все густея, достиг кресел, и зрители стали бумажки ловить.

Поднимались сотни рук, зрители сквозь бумажки глядели на освещенную сцену и видели самые верные и праведные водяные знаки. Запах также не оставлял никаких сомнений: это был ни с чем по прелести не сравнимый запах только что отпечатанных денег. Сперва веселье, а потом изумление охватило весь театр. Всюду гудело слово «червонцы, червонцы», слышались вскрикивания «ах, ах!» и веселый смех. Кое-кто уже ползал в проходе, шаря под креслами. Многие стояли на сиденьях, ловя вертлявые, капризные бумажки.

На лицах милиции помаленьку стало выражаться не-

9 **бу́хнуть:** hier: knallen. | 10 **ныря́ть:** untertauchen. | 12 **их разноси́ло … забива́ло:** es wehte sie …, trieb sie heftig empor. | 22 **гуде́ть:** summen. | 24 **ша́рить** (umg.): (tastend) suchen. | 25 **вертля́вый:** wirbelig.

доумение, а артисты без церемонии начали высовываться из кулис.

В бельэтаже послышался голос: «Ты чего хватаешь? Это моя! Ко мне летела!» – и другой голос: «Да ты не толкайся, я тебя сам так толкану!» И вдруг послышалась плюха. Тотчас в бельэтаже появился шлем милиционера, из бельэтажа кого-то повели.

Вообще возбуждение возрастало, и неизвестно, во что бы все это вылилось, если бы Фагот не прекратил денежный дождь, внезапно дунув в воздух.

Двое молодых людей, обменявшись многозначительным и веселым взглядом, снялись с мест и прямехонько направились в буфет. В театре стоял гул, у всех зрителей возбужденно блестели глаза. Да, да, неизвестно, во что бы все это вылилось, если бы Бенгальский не нашел в себе силы и не шевельнулся бы. Стараясь покрепче овладеть собой, он по привычке потер руки и голосом наибольшей звучности заговорил так:

– Вот, граждане, мы с вами видели сейчас случай так называемого массового гипноза. Чисто научный опыт, как нельзя лучше доказывающий, что никаких чудес и магии не существует. Попросим же маэстро Воланда разоблачить нам этот опыт. Сейчас, граждане, вы увидите, как эти якобы денежные бумажки исчезнут так же внезапно, как и появились.

Тут он зааплодировал, но в совершенном одиночестве, и на лице при этом у него играла уверенная улыбка, но в глазах этой уверенности отнюдь не было, и скорее в них выражалась мольба.

1 f. **высо́вываться:** hier: herausschauen. | 3 **Ты чего́ хвата́ешь** (umg.): hier: Flossen weg! | 6 **плю́ха** (volkst.): Ohrfeige. | 29 **мольба́:** Flehen.

Публике речь Бенгальского не понравилась. Наступило полное молчание, которое было прервано клетчатым Фаготом.

– Это опять-таки случай так называемого вранья, – объявил он громким козлиным тенором, – бумажки, граждане, настоящие!

– Браво! – отрывисто рявкнул бас где-то в высоте.

– Между прочим, этот, – тут Фагот указал на Бенгальского, – мне надоел. Суется все время, куда его не спрашивают, ложными замечаниями портит сеанс! Что бы нам такое с ним сделать?

– Голову ему оторвать! – сказал кто-то сурово на галерке.

– Как вы говорите? Ась? – тотчас отозвался на это безобразное предложение Фагот. – Голову оторвать? Это идея! Бегемот! – закричал он коту. – Делай! Эйн, цвей, дрей!!

И произошла невиданная вещь. Шерсть на черном коте встала дыбом, и он раздирающе мяукнул. Затем сжался в комок и, как пантера, махнул прямо на грудь Бенгальскому, а оттуда перескочил на голову. Урча, пухлыми лапами кот вцепился в жидкую шевелюру конферансье и, дико взвыв, в два поворота сорвал эту голову с полной шеи.

Две с половиной тысячи человек в театре вскрикнули как один. Кровь фонтанами из разорванных артерий на

4 **враньё** (umg.): Geschwätz. | 7 **отры́вистый:** kurz und heftig. | 9 **сова́ться** (umg): sich einmischen. | 14 **ась** (umg.): was? wie? | 19 **раздира́ющий:** hier: durchdringend. | **мяу́кнуть:** miauen. | 20 **комо́к:** Knäuel. | 21 **урча́ть:** knurren. | 22 **шевелю́ра:** Haarschopf.

шее ударила вверх и залила и манишку и фрак. Безглавое тело как-то нелепо загребло ногами и село на пол. В зале послышались истерические крики женщин. Кот передал голову Фаготу, тот за волосы поднял ее и показал публике, и голова эта отчаянно крикнула на весь театр:

– Доктора!

– Ты будешь в дальнейшем молоть всякую чушь? – грозно спросил Фагот у плачущей головы.

– Не буду больше! – прохрипела голова.

– Ради бога, не мучьте его! – вдруг, покрывая гам, прозвучал из ложи женский голос, и маг повернул в сторону этого голоса лицо.

– Так что же, граждане, простить его, что ли? – спросил Фагот, обращаясь к залу.

– Простить! Простить! – раздались вначале отдельные и преимущественно женские голоса, а затем они слились в один хор с мужскими.

– Как прикажете, мессир? – спросил Фагот у замаскированного.

– Ну что же, – задумчиво отозвался тот, – они – люди как люди. Любят деньги, но ведь это всегда было … Человечество любит деньги, из чего бы те ни были сделаны, из кожи ли, из бумаги ли, из бронзы или золота. Ну, легкомысленны … ну, что ж … и милосердие иногда стучится в их сердца … обыкновенные люди … В общем, напоминают прежних … квартирный вопрос толь-

1 **мани́шка:** Hemdbrust unterm Frack. | 2 **загрести́** (-грёб, -гребло́): hier: taumeln. | 7 **моло́ть … чушь** (umg.): dummes Zeug reden. | 10 **гам** (umg.): Lärm. | 26 **кварти́рный вопро́с:** Wohnungsfrage. Anspielung auf die desolate Wohnungssituation in der Sowjetunion.

ко испортил их … – И громко приказал: – Наденьте голову.

Кот, прицелившись поаккуратнее, нахлобучил голову на шею, и она точно села на свое место, как будто никуда и не отлучалась. И главное, даже шрама на шее никакого не осталось. Кот лапами обмахнул фрак Бенгальского и пластрон, и с них исчезли следы крови. Фагот поднял сидящего Бенгальского на ноги, сунул ему в карман фрака пачку червонцев и выпроводил со сцены со словами:

– Катитесь отсюда! Без вас веселей.

Бессмысленно оглядываясь и шатаясь, конферансье добрел только до пожарного поста, и там с ним сделалось худо. Он жалобно вскрикнул:

– Голова моя, голова!

В числе прочих к нему бросился Римский. Конферансье плакал, ловил в воздухе что-то руками, бормотал:

– Отдайте мою голову! Голову отдайте! Квартиру возьмите, картины возьмите, только голову отдайте!

Курьер побежал за врачом. Бенгальского пробовали уложить на диван в уборной, но он стал отбиваться, сделался буен. Пришлось вызывать карету. Когда несчастного конферансье увезли, Римский побежал обратно на сцену и увидел, что на ней происходят новые чудеса. Да, кстати, в это ли время или немножко раньше, но только маг, вместе со своим полинялым креслом, исчез со сцены, причем надо сказать, что публика совершенно этого

3 **нахлобу́чить** (umg.): aufstülpen. | 5 **отлуча́ться:** sich entfernen. | 7 **пластро́н:** Vorhemd. | 8 **су́нуть:** hineinstecken. | 10 **Кати́тесь отсю́да!** (umg.): Scheren Sie sich fort! | 21 **бу́йный:** heftig, stürmisch (бу́йствовать); hier: tobsüchtig. | **каре́та:** hier: Krankenwagen. | 25 **полиня́лый:** ausgebleicht.

не заметила, увлеченная теми чрезвычайными вещами, которые развернул на сцене Фагот.

А Фагот, спровадив пострадавшего конферансье, объявил публике так:

– Таперича, когда этого надоедалу сплавили, давайте откроем дамский магазин!

И тотчас пол сцены покрылся персидскими коврами, возникли громадные зеркала, с боков освещенные зеленоватыми трубками, а меж зеркал – витрины, и в них зрители в веселом ошеломлении увидели разных цветов и фасонов парижские женские платья. Это в одних витринах. А в других появились сотни дамских шляп, и с перышками, и без перышек, и с пряжками, и без них, сотни же туфель – черных, белых, желтых, кожаных, атласных, замшевых, и с ремешками, и с камушками. Между туфель появились футляры духов, горы сумочек из антилоповой кожи, из замши, из шелка, а между ними – целые груды чеканных золотых продолговатых футлярчиков, в которых бывает губная помада.

Черт знает откуда взявшаяся рыжая девица в вечернем черном туалете, всем хорошая девица, кабы не портил ее причудливый шрам на шее, заулыбалась у витрин хозяйской улыбкой.

Фагот, сладко ухмыляясь, объявил, что фирма совершенно бесплатно производит обмен старых дамских

3 **спрова́дить** (umg.): abfertigen. | 5 **надоеда́ла** (umg.): Nervtöter. | **спла́вить:** hier: (umg.) abschieben. | 10 **ошеломле́ние:** Verblüffung. | 15 **за́мшевый:** aus Wildleder. | 16 **футля́ры духо́в:** Parfüm-Etuis. | 18 **чека́нные золоты́е продолгова́тые футля́рчики:** verzierte, goldene, längliche Hülsen. | 20 **взя́ться** (umg.): hier: auftauchen. | 24 **ухмыля́ться** (umg.): grinsen.

платьев и обуви на парижские модели и парижскую же обувь. То же самое он добавил относительно сумочек, духов и прочего.

Кот начал шаркать задней лапой, передней и в то же время выделывая какие-то жесты, свойственные швейцарам, открывающим дверь.

Девица хоть и с хрипотцой, но сладко запела, картавя, что-то малопонятное, но, судя по женским лицам в партере, очень соблазнительное:

– Герлэн, Шанель номер пять, Мицуко, Нарсис Нуар, вечерние платья, платья коктейль …

Фагот извивался, кот кланялся, девица открывала стеклянные витрины.

– Прошу! – орал Фагот. – Без всякого стеснения и церемоний!

Публика волновалась, но идти на сцену пока никто не решался. Но наконец какая-то брюнетка вышла из десятого ряда партера и, улыбаясь так, что ей, мол, решительно все равно и в общем наплевать, прошла и по боковому трапу поднялась на сцену.

– Браво! – вскричал Фагот. – Приветствую первую посетительницу! Бегемот, кресло! Начнем с обуви, мадам.

Брюнетка села в кресло, и Фагот тотчас вывалил на ковер перед нею целую груду туфель. Брюнетка сняла свою

7 **хрипотца́:** Heiserkeit. | **карта́вить:** hier: mit einem Akzent sprechen. | 10 **Герлэ́н, Шане́ль но́мер пять, Мицу́ко, Нарси́с Нуа́р:** Guerlain, Chanel Nr. 5, Mitsouko, Narcisse Noir: Parfümsorten. | 12 **извива́ться:** sich winden. | 19 **наплева́ть** (umg.): ›auf etw. pfeifen‹; плева́ть(ся), отплёвываться: (aus)spucken. | 20 **боково́й трап:** Seitentreppe.

правую туфлю, примерила сиреневую, потопала в ковер, осмотрела каблук.

– А они не будут жать? – задумчиво спросила она.

На это Фагот обиженно воскликнул:

– Что вы, что вы! – и кот от обиды мяукнул.

– Я беру эту пару, мосье, – сказала брюнетка с достоинством, надевая и вторую туфлю.

Старые туфли брюнетки были выброшены за занавеску, и туда же проследовала и сама она в сопровождении рыжей девицы и Фагота, несшего на плечиках несколько модельных платьев. Кот суетился, помогал и для пущей важности повесил себе на шею сантиметр.

Через минуту из-за занавески вышла брюнетка в таком платье, что по всему партеру прокатился вздох. Храбрая женщина, до удивительности похорошевшая, остановилась у зеркала, повела обнаженными плечами, потрогала волосы на затылке и изогнулась, стараясь заглянуть себе за спину.

– Фирма просит вас принять это на память, – сказал Фагот и подал брюнетке открытый футляр с флаконом.

– Мерси, – надменно ответила брюнетка и пошла по трапу в партер. Пока она шла, зрители вскакивали, прикасались к футляру.

И вот тут прорвало начисто, и со всех сторон на сцену пошли женщины. В общем возбужденном говоре, смешках и вздохах слышался мужской голос: «Я не позволяю

2 **каблу́к:** Schuhabsatz. | 10 **пле́чики:** Kleiderbügel. | 11 f. **для пу́щей ва́жности** (umg.): um mehr Eindruck zu machen. | 16 **обнажи́ть** (-ённый) / обнажа́ть: entblößen. | 17 **изогну́ться:** sich verbiegen. | 22 f. **прикаса́ться:** streifen, leicht berühren. | 24 **про́рвало на́чисто:** hier: der Bann war gänzlich gebrochen.

тебе!» – и женский: «Деспот и мещанин! Не ломайте мне руку!» Женщины исчезали за занавеской, оставляли там свои платья и выходили в новых. На табуретках с золочеными ножками сидел целый ряд дам, энергично топая в ковер заново обутыми ногами. Фагот становился на колени, орудовал металлическим рожком, кот, изнемогая под грудами сумочек и туфель, таскался от витрины к табуреткам и обратно, девица с изуродованной шеей то появлялась, то исчезала и дошла до того, что уж полностью стала тарахтеть по-французски, и удивительно было то, что ее с полуслова понимали все женщины, даже те из них, что не знали ни одного французского слова.

Общее изумление вызвал мужчина, затесавшийся на сцену. Он объявил, что у супруги его грипп и что поэтому он просит передать ей что-нибудь через него. В доказательство же того, что он действительно женат, гражданин готов был предъявить паспорт. Заявление заботливого мужа было встречено хохотом, Фагот проорал, что верит, как самому себе, и без паспорта, и вручил гражданину две пары шелковых чулок, кот от себя добавил футлярчик с помадой.

Опоздавшие женщины рвались на сцену, со сцены текли счастливицы в бальных платьях, в пижамах с драконами, в строгих визитных костюмах, в шляпочках, надвинутых на одну бровь.

Тогда Фагот объявил, что за поздним временем магазин закрывается до завтрашнего вечера ровно через одну минуту, и неимоверная суета поднялась на сцене.

3 **табуре́тка:** Hocker. | 6 **ору́довать** (+ Instr.): handhaben. | **рожо́к:** hier: Schuhlöffel. | 6 f. **изнемога́ть:** erschöpft sein. | 10 **тарахте́ть:** hier: schwatzen. | 22 **рва́ться:** rennen, stürmen. | 28 **суета́:** Hektik.

Женщины наскоро, без всякой примерки, хватали туфли. Одна, как буря, ворвалась за занавеску, сбросила там свой костюм и овладела первым, что подвернулось, – шелковым, в громадных букетах, халатом и, кроме того, успела подцепить два футляра духов.

Ровно через минуту грянул пистолетный выстрел, зеркала исчезли, провалились витрины и табуретки, ковер растаял в воздухе так же, как и занавеска. Последней исчезла высоченная гора старых платьев и обуви, и стала сцена опять строга, пуста и гола.

И вот здесь в дело вмешалось новое действующее лицо.

Приятный, звучный и очень настойчивый баритон послышался из ложи № 2:

– Все-таки желательно, гражданин артист, чтобы вы незамедлительно разоблачили бы перед зрителями технику ваших фокусов, в особенности фокус с денежными бумажками. Желательно также и возвращение конферансье на сцену. Судьба его волнует зрителей.

Баритон принадлежал не кому иному, как почетному гостю сегодняшнего вечера Аркадию Аполлоновичу Семплеярову, председателю Акустической комиссии московских театров[57].

Аркадий Аполлонович помещался в ложе с двумя дамами: пожилой, дорого и модно одетой, и другой – молоденькой и хорошенькой, одетой попроще. Первая из них, как вскоре выяснилось при составлении протокола, была супругой Аркадия Аполлоновича, а вторая – дальней родственницей его, начинающей и подающей на-

1 **приме́рка:** Anprobe. | 3 **подверну́ться** (umg.): in die Hände geraten. | 5 **подцепи́ть** (umg.): sich schnappen, mitgehen lassen. | 6 **гря́нуть:** erkrachen, erdröhnen.

дежды актрисой, приехавшей из Саратова и проживающей в квартире Аркадия Аполлоновича и его супруги.

– Пардон! – отозвался Фагот. – Я извиняюсь, здесь разоблачать нечего, все ясно.

– Нет, виноват! Разоблачение совершенно необходимо. Без этого ваши блестящие номера оставят тягостное впечатление. Зрительская масса требует объяснения.

– Зрительная масса, – перебил Семплеярова наглый гаер, – как будто ничего не заявляла? Но, принимая во внимание ваше глубокоуважаемое желание, Аркадий Аполлонович, я, так и быть, произведу разоблачение. Но для этого разрешите еще один крохотный номерок?

– Отчего же, – покровительственно ответил Аркадий Аполлонович, – но непременно с разоблачением!

– Слушаюсь, слушаюсь. Итак, позвольте вас спросить, где вы были вчера вечером, Аркадий Аполлонович?

При этом неуместном и даже, пожалуй, хамском вопросе лицо Аркадия Аполлоновича изменилось, и весьма сильно изменилось.

– Аркадий Аполлонович вчера вечером был на заседании Акустической комиссии, – очень надменно заявила супруга Аркадия Аполлоновича, – но я не понимаю, какое отношение это имеет к магии.

– Уй, мадам! – подтвердил Фагот. – Натурально, вы не понимаете. Насчет же заседания вы в полном заблуждении. Выехав на упомянутое заседание, каковое, к слову говоря, и назначено-то вчера не было, Аркадий Аполлонович отпустил своего шофера у здания Акустической

1 **Сара́тов:** Saratov, Stadt an der mittleren Wolga. | 12 **кро́хотный** (umg.): winzig. | 13 **покрови́тельственный:** gönnerhaft. | 17 **ха́мский** (umg.): flegelhaft. | 24 **Уй:** Oui (frz.): Ja.

комиссии на Чистых прудах, – весь театр затих, – а сам в автобусе поехал на Елоховскую улицу в гости к артистке разъездного районного театра Милице Андреевне Покобатько и провел у нее в гостях около четырех часов.

– Ой! – страдальчески воскликнул кто-то в полной тишине.

Молодая же родственница Аркадия Аполлоновича вдруг расхохоталась низким и страшным смехом.

– Все понятно! – воскликнула она. – И я давно уже подозревала это. Теперь мне ясно, почему эта бездарность получила роль Луизы![58]

И, внезапно размахнувшись, коротким и толстым лиловым зонтиком она ударила Аркадия Аполлоновича по голове.

Подлый же Фагот, и он же Коровьев, прокричал:

– Вот, почтенные граждане, один из случаев разоблачения, которого так назойливо добивался Аркадий Аполлонович!

– Как смела ты, негодяйка, коснуться Аркадия Аполлоновича? – грозно спросила супруга Аркадия Аполлоновича, поднимаясь в ложе во весь свой гигантский рост.

Второй короткий прилив сатанинского смеха овладел молодой родственницей.

– Уж кто-кто, – ответила она, хохоча, – а уж я-то смею коснуться! – и второй раз раздался сухой треск зонтика, отскочившего от головы Аркадия Аполлоновича.

1 **Чи́стые пруды́:** »Saubere Teiche«, eine Teichanlage am Moskauer Boulevardring. | 3 **разъе́здный райо́нный теа́тр:** Bezirkswandertheater. | 10 **безда́рность:** talentlose Person. | 17 **назо́йливый:** zudringlich. | 23 **прили́в:** Anfall.

– Милиция! Взять ее! – таким страшным голосом прокричала супруга Семплеярова, что у многих похолодели сердца.

А тут еще кот выскочил к рампе и вдруг рявкнул на весь театр человеческим голосом:

– Сеанс окончен! Маэстро! Урежьте марш!!

Ополоумевший дирижер, не отдавая себе отчета в том, что делает, взмахнул палочкой, и оркестр не заиграл, и даже не грянул, и даже не хватил, а именно, по омерзительному выражению кота, урезал какой-то невероятный, ни на что не похожий по развязности своей, марш.

На мгновенье почудилось, что будто слышны были некогда, под южными звездами, в кафешантане[59], какие-то малопонятные, полуслепые, но разудалые слова этого марша:

Его превосходительство
Любил домашних птиц
И брал под покровительство
Хорошеньких девиц!!![60]

А может быть, не было никаких этих слов, а были другие на эту же музыку, какие-то неприличные крайне. Важно не это, а важно то, что в Варьете после всего этого началось что-то вроде столпотворения вавилонского. К сем-

6 **урéзать:** hier: (umg.) hinfetzen. | 9 **хвати́ть** (umg.): hier: loslegen. | 10 **омерзи́тельный:** scheußlich. | 13 **почу́диться** (umg.): erscheinen. | 15 **разуда́лый** (umg.): verwegen. | 17 **Его́ превосходи́тельство:** Ihre Exzellenz. | 22 **неприли́чный:** unanständig. | 24 **столпотворе́ние вавило́нское** (umg.): heilloses Durcheinander.

плеяровской ложе бежала милиция, на барьер лезли любопытные, слышались адские взрывы хохота, бешеные крики, заглушаемые золотым звоном тарелок из оркестра.

И видно было, что сцена внезапно опустела и что надувало Фагот, равно как и наглый котяра Бегемот, растаяли в воздухе, исчезли, как раньше исчез маг в кресле с полинявшей обивкой.

Глава 13
Явление героя

Итак, неизвестный погрозил Ивану пальцем и прошептал: «Тсс!»

Иван спустил ноги с постели и всмотрелся. С балкона осторожно заглядывал в комнату бритый, темноволосый, с острым носом, встревоженными глазами и со свешивающимся на лоб клоком волос человек примерно лет тридцати восьми.[61]

Убедившись в том, что Иван один, и прислушавшись, таинственный посетитель осмелел и вошел в комнату. Тут увидел Иван, что пришедший одет в больничное. На нем было белье, туфли на босу ногу, на плечи наброшен бурый халат.

Пришедший подмигнул Ивану, спрятал в карман связку ключей, шепотом осведомился: «Можно при-

3 **заглуша́ть:** übertönen. | **таре́лка:** hier: Becken (Instrument). | 6 **надува́ло** (umg.): Schwindler. | **котя́ра** (umg.): Katzenvieh. | 8 **оби́вка:** Stoffbezug. | 15 **встрево́женный:** unruhig. | 16 **клок:** Büschel, Strähne (Pl.: кло́чья).

сесть?» – и, получив утвердительный кивок, поместился в кресле.

– Как же вы сюда попали? – повинуясь сухому грозящему пальцу, шепотом спросил Иван. – Ведь балконные-то решетки на замках?

– Решетки-то на замках, – подтвердил гость, – но Прасковья Федоровна – милейший, но, увы, рассеянный человек. Я стащил у нее месяц тому назад связку ключей и, таким образом, получил возможность выходить на общий балкон, а он тянется вокруг всего этажа, и, таким образом, иногда навестить соседа.

– Раз вы можете выходить на балкон, то вы можете удрать. Или высоко? – заинтересовался Иван.

– Нет, – твердо ответил гость, – я не могу удрать отсюда не потому, что высоко, а потому, что мне удирать некуда. – И после паузы он добавил: – Итак, сидим?

– Сидим, – ответил Иван, вглядываясь в карие и очень беспокойные глаза пришельца.

Ivan stellt sich dem Unbekannten – ja: es ist der Мастер –, der Gewalt und Tobsucht verabscheut, mit umgangssprachlichen Wendungen als miserablen Poeten vor. Auf seine Bitten verspricht er, sich in Zukunft nie mehr zu schlagen und ganz auf das Dichten zu verzichten. Nebenbei erfährt Ivan von der Einlieferung eines »Dicken mit rotem Gesicht«: des Vorsitzenden der Wohnungsgenossenschaft Nikanor Ivanovič Bosoj.

1 **киво́к:** Kopfnicken. | 3 **повинова́ться:** gehorchen. | 3 f. **грозя́щий па́лец:** hier: erhobener Zeigefinger. | 8 **стащи́ть** (umg.): stibitzen. | 11 **навести́ть:** besuchen.

Успокоившись, он сел, сказал: – А впрочем, бог с ним, – и продолжал беседу с Иваном: – Так из-за чего же вы попали сюда?

– Из-за Понтия Пилата, – хмуро глянув в пол, ответил Иван.

– Как?! – забыв осторожность, крикнул гость и сам себе зажал рот рукой. – Потрясающее совпадение! Умоляю, умоляю, расскажите!

Почему-то испытывая доверие к неизвестному, Иван, первоначально запинаясь и робея, а потом осмелев, начал рассказывать вчерашнюю историю на Патриарших прудах. Да, благодарного слушателя получил Иван Николаевич в лице таинственного похитителя ключей! Гость не рядил Ивана в сумасшедшие, проявил величайший интерес к рассказываемому и по мере развития этого рассказа, наконец, пришел в восторг. Он то и дело прерывал Ивана восклицаниями:

– Ну, ну, дальше, дальше, умоляю вас! Но только, ради всего святого, не пропускайте ничего!

Иван ничего и не пропускал, ему самому было так легче рассказывать, и постепенно добрался до того момента, как Понтий Пилат в белой мантии с кровавым подбоем вышел на балкон.

Тогда гость молитвенно сложил руки и прошептал:

– О, как я угадал! О, как я все угадал!

Описание ужасной смерти Берлиоза слушающий сопроводил загадочным замечанием, причем глаза его вспыхнули злобой:

10 **запина́ться:** hier: stocken. | 13 **похити́тель:** Dieb (похити́ть). | 14 **ряди́ть** (в + Nom. Pl.; alt.): hier: als jdn. abstempeln. | 22 **ма́нтия:** Mantel; weiter, langer Umhang; Toga.

– Об одном жалею, что на месте этого Берлиоза не было критика Латунского или литератора Мстислава Лавровича[62]. – И исступленно, но беззвучно вскричал: – Дальше!

Кот, плативший кондукторше, чрезвычайно развеселил гостя, и он давился от тихого смеха, глядя, как взволнованный успехом своего повествования Иван тихо прыгал на корточках, изображая кота с гривенником возле усов.

– И вот, – рассказав про происшествие в Грибоедове, загрустив и затуманившись, Иван закончил: – я и оказался здесь.

Гость сочувственно положил руку на плечо бедного поэта и сказал так:

– Несчастный поэт! Но вы сами, голубчик, во всем виноваты. Нельзя было держать себя с ним столь развязно и даже нагловато. Вот вы и поплатились. И надо еще сказать спасибо, что все это обошлось вам сравнительно дешево.

– Да кто же он, наконец, такой? – в возбуждении потрясая кулаками, спросил Иван.

Гость вгляделся в Ивана и ответил вопросом:

– А вы не впадете в беспокойство? Мы все здесь люди ненадежные … Вызова врача, уколов и прочей возни не будет?

– Нет, нет! – воскликнул Иван. – Скажите, кто он такой?

– Ну хорошо, – ответил гость и веско и раздельно ска-

3 **исступлённый:** ekstatisch. | 8 **пры́гать на ко́рточках:** in der Hocke hüpfen. | 28 **разде́льный:** hier: deutlich artikuliert.

зал: – Вчера на Патриарших прудах вы встретились с сатаной.

Иван не впал в беспокойство, как и обещал, но был все-таки сильнейшим образом ошарашен.

– Не может этого быть! Его не существует!

– Помилуйте! Уж кому-кому, но не вам это говорить. Вы были одним, по-видимому, из первых, кто от него пострадал. Сидите, как сами понимаете, в психиатрической лечебнице, а все толкуете о том, что его нет. Право, это странно!

Сбитый с толку Иван замолчал.

– Лишь только вы начали его описывать, – продолжал гость, – я уже стал догадываться, с кем вы вчера имели удовольствие беседовать. И, право, я удивляюсь Берлиозу! Ну вы, конечно, человек девственный, – тут гость опять извинился, – но тот, сколько я о нем слышал, все-таки хоть что-то читал! Первые же речи этого профессора рассеяли всякие мои сомнения. Его нельзя не узнать, мой друг! Впрочем, вы … вы меня опять-таки извините, ведь я не ошибаюсь, вы человек невежественный?

– Бесспорно, – согласился неузнаваемый Иван.

– Ну вот … ведь даже лицо, которое вы описывали … разные глаза, брови! Простите, может быть, впрочем, вы даже оперы «Фауст» не слыхали?[63]

Иван почему-то страшнейшим образом сконфузился и с пылающим лицом что-то начал бормотать про какую-то поездку в санаторию в Ялту …

4 **ошара́шить** (umg.): verblüffen. | 11 **сбить с то́лку:** verwirren, aus der Fassung bringen. | 15 **де́вственный:** jungfräulich, unerfahren. | 20 f. **невéжественный:** ungebildet.

– Ну вот, ну вот … неудивительно! А Берлиоз, повторяю, меня поражает … Он человек не только начитанный, но и очень хитрый. Хотя в защиту его я должен сказать, что, конечно, Воланд может запорошить глаза и человеку похитрее.

– Как?! – в свою очередь крикнул Иван.

– Тише!

Иван с размаху шлепнул себя ладонью по лбу и засипел:

– Понимаю, понимаю. У него буква «В» была на визитной карточке. Ай-яй-яй, вот так штука! – Он помолчал некоторое время в смятении, всматриваясь в луну, плывущую за решеткой, и заговорил: – Так он, стало быть, действительно мог быть у Понтия Пилата? Ведь он уже тогда родился? А меня сумасшедшим называют! – прибавил Иван, в возмущении указывая на дверь.

Горькая складка обозначилась у губ гостя.

– Будем глядеть правде в глаза, – и гость повернул свое лицо в сторону бегущего сквозь облако ночного светила. – И вы и я – сумасшедшие, что отпираться! Видите ли, он вас потряс – и вы свихнулись, так как у вас, очевидно, подходящая для этого почва. Но то, что вы рассказываете, бесспорно было в действительности. Но это так необыкновенно, что даже Стравинский, гениальный психиатр, вам, конечно, не поверил. Он смотрел вас? – Иван кивнул. – Ваш собеседник был и у Пилата, и на завтраке у Канта, а теперь он навестил Москву.

– Да ведь он тут черт знает чего натворит! Как-нибудь

4 **запороши́ть глаза́:** den Blick trüben. | 17 **скла́дка:** Falte. | **обозна́читься:** sichtbar werden. | 20 **отпира́ться** (umg.): leugnen. | 21 **свихну́ться** (umg.): einen Knacks bekommen.

его надо изловить? – не совсем уверенно, но все же поднял голову в новом Иване прежний, еще не окончательно добитый Иван.

– Вы уже попробовали, и будет с вас, – иронически отозвался гость, – другим тоже пробовать не советую. А что натворит, это уж будьте благонадежны. Ах, ах! Но до чего мне досадно, что встретились с ним вы, а не я! Хоть все и перегорело и угли затянулись пеплом, все же клянусь, что за эту встречу я отдал бы связку ключей Прасковьи Федоровны, ибо мне больше нечего отдавать. Я – нищий!

– А зачем он вам понадобился?

Гость долго грустил и дергался, но наконец заговорил:

– Видите ли, какая странная история, я сижу здесь из-за того же, что и вы, именно из-за Понтия Пилата. – Тут гость пугливо оглянулся и сказал: – Дело в том, что год тому назад я написал о Пилате роман.

– Вы – писатель? – с интересом спросил поэт.

Гость потемнел лицом и погрозил Ивану кулаком, потом сказал:

– Я – мастер, – он сделался суров и вынул из кармана халата совершенно засаленную черную шапочку с вышитой на ней желтым шелком буквой «М». Он надел эту шапочку и показался Ивану и в профиль и в фас, чтобы доказать, что он – мастер. – Она своими руками сшила ее мне, – таинственно добавил он.

– А как ваша фамилия?

– У меня нет больше фамилии, – с мрачным презрени-

1 **излови́ть** (umg.): erwischen. | 4 **бу́дет с вас** (umg.): hier: das reicht erst mal. | 12 **заче́м он вам пона́добился?:** was wollen Sie von ihm? | 22 **заса́ленный:** speckig, fettig. | 24 **в фас:** von vorn.

ем ответил странный гость, – я отказался от нее, как и вообще от всего в жизни. Забудем о ней.

– Так вы хоть про роман-то скажите, – деликатно попросил Иван.

– Извольте-с. Жизнь моя, надо сказать, сложилась совсем обыкновенно, – начал гость.

… Историк по образованию, он еще два года тому назад работал в одном из московских музеев, а кроме того, занимался переводами …

– С какого языка? – с интересом спросил Иван.

– Я знаю пять языков, кроме родного, – ответил гость, – английский, французский, немецкий, латинский и греческий. Ну, немножко еще читаю по-итальянски.

– Ишь ты! – завистливо шепнул Иван.

Жил историк одиноко, не имея нигде родных и почти не имея знакомых в Москве. И, представьте, однажды выиграл сто тысяч рублей.

– Вообразите мое изумление, – шептал гость в черной шапочке, – когда я сунул руку в корзину с грязным бельем и смотрю: на ней тот же номер, что и в газете! Облигацию[64], – пояснил он, – мне в музее дали.

Выиграв сто тысяч, загадочный гость Ивана поступил так: купил книг, бросил свою комнату на Мясницкой …

– Уу, проклятая дыра! – прорычал он.

… и нанял у застройщика[65] в переулке близ Арбата[66] две комнаты в подвале маленького домика в садике. Службу в музее бросил и начал сочинять роман о Понтии Пилате.

5 **изво́льте-с:** wenn Sie so wollen. | 23 **Мясни́цкая:** Die Mjasnickaja ulica (Fleischer-Straße), zwischen Lubjanka-Platz und Gartenring. | 24 **прорыча́ть:** knurren (рыча́ть).

– Ах, это был золотой век! – блестя глазами, шептал рассказчик. – Совершенно отдельная квартирка, и еще передняя, и в ней раковина[67] с водой, – почему-то особенно горделиво подчеркнул он, – маленькие оконца над самым тротуарчиком, ведущим от калитки. Напротив, в четырех шагах, под забором, сирень, липа и клен. Ах, ах, ах! Зимою я очень редко видел в оконце чьи-нибудь черные ноги и слышал хруст снега под ними. И в печке у меня вечно пылал огонь! Но внезапно наступила весна, и сквозь мутные стекла увидел я сперва голые, а затем одевающиеся в зелень кусты сирени. И вот тогда-то, прошлою весной, случилось нечто гораздо более восхитительное, чем получение ста тысяч рублей. А это, согласитесь, громадная сумма денег!

– Это верно, – признал внимательно слушающий Иван.

– Я открыл оконца и сидел во второй, совсем малюсенькой комнате, – гость стал отмеривать руками, – так вот – диван, а напротив другой диван, а между ними столик, и на нем прекрасная ночная лампа, а к окошку ближе книги, тут маленький письменный столик, а в первой комнате – громадная комната, четырнадцать метров, – книги, книги и печка. Ах, какая у меня была обстановка! Необыкновенно пахнет сирень! И голова моя становилась легкой от утомления, и Пилат летел к концу …

– Белая мантия, красный подбой! Понимаю! – восклицал Иван.

– Именно так! Пилат летел к концу, к концу, и я уже знал, что последними словами романа будут: « … Пятый

5 **кали́тка:** Gartentor.

прокуратор Иудеи, всадник Понтий Пилат». Ну, натурально, я выходил гулять. Сто тысяч – громадная сумма, и у меня был прекрасный костюм. Или отправлялся обедать в какой-нибудь дешевый ресторан. На Арбате был чудесный ресторан[68], не знаю, существует ли он теперь.

Тут глаза гостя широко открылись, и он продолжал шептать, глядя на луну:

– Она несла в руках отвратительные, тревожные желтые цветы[69]. Черт их знает, как их зовут, но они первые почему-то появляются в Москве. И эти цветы очень отчетливо выделялись на черном ее весеннем пальто. Она несла желтые цветы! Нехороший цвет. Она повернула с Тверской в переулок и тут обернулась. Ну, Тверскую[70] вы знаете? По Тверской шли тысячи людей, но я вам ручаюсь, что увидела она меня одного и поглядела не то что тревожно, а даже как будто болезненно. И меня поразила не столько ее красота, сколько необыкновенное, никем не виданное одиночество в глазах!

Повинуясь этому желтому знаку, я тоже свернул в переулок и пошел по ее следам. Мы шли по кривому, скучному переулку безмолвно, я по одной стороне, а она по другой. И не было, вообразите, в переулке ни души. Я мучился, потому что мне показалось, что с нею необходимо говорить, и тревожился, что я не вымолвлю ни одного слова, а она уйдет, и я никогда ее более не увижу.

И, вообразите, внезапно заговорила она:

– Нравятся ли вам мои цветы?

Я отчетливо помню, как прозвучал ее голос, низкий довольно-таки, но со срывами, и, как это ни глупо, показалось, что эхо ударило в переулке и отразилось от желтой грязной стены. Я быстро перешел на ее сторону и, подходя к ней, ответил:

– Нет.

Она поглядела на меня удивленно, а я вдруг, и совершенно неожиданно, понял, что я всю жизнь любил именно эту женщину! Вот так штука, а? Вы, конечно, скажете, сумасшедший?

– Ничего я не говорю, – воскликнул Иван и добавил: – Умоляю, дальше!

И гость продолжал:

– Да, она поглядела на меня удивленно, а затем, поглядев, спросила так:

– Вы вообще не любите цветов?

В голосе ее была, как мне показалось, враждебность. Я шел с нею рядом, стараясь идти в ногу, и, к удивлению моему, совершенно не чувствовал себя стесненным.

– Нет, я люблю цветы, только не такие, – сказал я.

– А какие?

– Я розы люблю.

Тут я пожалел о том, что это сказал, потому что она виновато улыбнулась и бросила свои цветы в канаву. Растерявшись немного, я все-таки поднял их и подал ей, но она, усмехнувшись, оттолкнула цветы, и я понес их в руках.

Так шли молча некоторое время, пока она не вынула у меня из рук цветы, не бросила их на мостовую, затем продела свою руку в черной перчатке с раструбом в мою, и мы пошли рядом.

15 **идти́ в но́гу:** Schritt halten. | 21 **кана́ва:** Rinnstein. | 27 **проде́ть:** hier: einhaken. | **растру́б:** Stulpe.

– Дальше, – сказал Иван, – и не пропускайте, пожалуйста, ничего!

– Дальше? – переспросил гость. – Что же, дальше вы могли бы и сами угадать. – Он вдруг вытер неожиданную слезу правым рукавом и продолжал: – Любовь выскочила перед нами, как из-под земли выскакивает убийца в переулке, и поразила нас сразу обоих. Так поражает молния, так поражает финский нож! Она-то, впрочем, утверждала впоследствии, что это не так, что любили мы, конечно, друг друга давным-давно, не зная друг друга, никогда не видя, и что она жила с другим человеком … и я там, тогда … с этой, как ее …

– С кем? – спросил Бездомный.

– С этой … ну … с этой … ну … – ответил гость и защелкал пальцами.

– Вы были женаты?

– Ну да, вот же я и щелкаю … На этой … Вареньке … Манечке … нет, Вареньке … еще платье полосатое, музей … Впрочем, я не помню.

Так вот, она говорила, что с желтыми цветами в руках она вышла в тот день, чтобы я наконец ее нашел, и что, если бы этого не произошло, она отравилась бы, потому что жизнь ее пуста.

Да, любовь поразила нас мгновенно. Я это знал в тот же день, уже через час, когда мы оказались, не замечая города, у Кремлевской стены на набережной.

Мы разговаривали так, как будто расстались вчера, как будто знали друг друга много лет. На другой день мы сговорились встретиться там же, на Москве-реке, и

22 **отрави́ть:** vergiften.

встретились. Майское солнце светило нам. И скоро, скоро стала эта женщина моею тайною женой.[71]

Она приходила ко мне каждый день, а ждать ее я начинал с утра. Ожидание это выражалось в том, что я переставлял на столе предметы. За десять минут я садился к оконцу и начинал прислушиваться, не стукнет ли ветхая калитка. И как курьезно: до встречи моей с нею в наш дворик мало кто приходил, просто сказать, никто не приходил, а теперь мне казалось, что весь город устремился в него. Стукнет калитка, стукнет сердце, и, вообразите, на уровне моего лица за оконцем обязательно чьи-нибудь грязные сапоги. Точильщик. Ну, кому нужен точильщик в нашем доме? Что точить? Какие ножи?

Она входила в калитку один раз, а биений сердца до этого я испытывал не менее десяти, я не лгу. А потом, когда приходил ее час и стрелка показывала полдень, оно даже и не переставало стучать до тех пор, пока без стука, почти совсем бесшумно, не равнялись с окном туфли с черными замшевыми накладками-бантами, стянутыми стальными пряжками.

Иногда она шалила и, задержавшись у второго оконца, постукивала носком в стекло. Я в ту же секунду оказывался у этого окна, но исчезала туфля, черный шелк, заслонявший свет, исчезал, – я шел ей открывать.

Никто не знал о нашей связи, за это я вам ручаюсь, хотя так никогда и не бывает. Не знал ее муж, не знали знакомые. В стареньком особнячке, где мне принадлежал

6 f. **ве́тхий:** alt. | 12 **точи́льщик:** Messerschleifer. | 20 **накла́дки-ба́нты:** Schleifen. | 28 **особнячо́к:** особня́к: freistehendes Haus, Villa.

этот подвал, знали, конечно, видели, что приходит ко мне какая-то женщина, но имени ее не знали.

– А кто она такая? – спросил Иван, в высшей степени заинтересованный любовной историей.

Гость сделал жест, означавший, что он никогда и никому этого не скажет, и продолжал свой рассказ.

Ивану стало известным, что мастер и незнакомка полюбили друг друга так крепко, что стали совершенно неразлучны. Иван представлял себе ясно уже и две комнаты в подвале особнячка, в которых были всегда сумерки из-за сирени и забора. Красную потертую мебель, бюро, на нем часы, звеневшие каждые полчаса, и книги, книги от крашеного пола до закопченного потолка, и печку.

Иван узнал, что гость его и тайная жена уже в первые дни своей связи пришли к заключению, что столкнула их на углу Тверской и переулка сама судьба и что созданы они друг для друга навек.

Иван узнал из рассказа гостя, как проводили день возлюбленные. Она приходила, и первым долгом надевала фартук, и в узкой передней, где находилась та самая раковина, которой гордился почему-то бедный больной, на деревянном столе зажигала керосинку, и готовила завтрак, и накрывала его в первой комнате на овальном столе. Когда шли майские грозы и мимо подслеповатых окон шумно катилась в подворотню вода, угрожая залить последний приют, влюбленные растапливали печку и пекли в ней картофель. От картофеля валил пар, чер-

8 f. **неразлу́чный:** unzertrennlich. | 11 **потёртый:** abgenutzt. | **бюро́:** hier: Schreibsekretär. | 13 **закопчённый:** verrußt. | 15 **столкну́ть:** hier: aufeinandertreffen lassen. | 22 **кероси́нка:** Petroleumkocher. | 25 **подворо́тня:** Toreinfahrt. | 26 **раста́пливать:** anheizen.

ная картофельная шелуха пачкала пальцы. В подвальчике слышался смех, деревья в саду сбрасывали с себя после дождя обломанные веточки, белые кисти.

Когда кончились грозы и пришло душное лето, в вазе появились долгожданные и обоими любимые розы. Тот, кто называл себя мастером, работал лихорадочно над своим романом, и этот роман поглотил и незнакомку.

– Право, временами и я начинал ревновать ее к нему, – шептал пришедший с лунного балкона ночной гость Ивану.

Запустив в волосы тонкие, с остро отточенными ногтями пальцы, она без конца перечитывала написанное, а перечитав, шила вот эту самую шапочку. Иногда она сидела на корточках у нижних полок или стояла на стуле у верхних и тряпкой вытирала сотни пыльных корешков. Она сулила славу, она подгоняла его и вот тут-то стала называть мастером. Она нетерпеливо дожидалась обещанных уже последних слов о пятом прокураторе Иудеи, нараспев и громко повторяла отдельные фразы, которые ей нравились, и говорила, что в этом романе ее жизнь.

Он был дописан в августе месяце, был отдан какой-то безвестной машинистке, и та перепечатала его в пяти экземплярах. И наконец настал час, когда пришлось покинуть тайный приют и выйти в жизнь.

– И я вышел в жизнь, держа его в руках, и тогда моя

1 **шелуха́:** Schale. | **па́чкать:** beschmutzen. | 6 **лихора́дочный:** fieberhaft. | 7 **поглоти́ть:** hier: in den Bann ziehen. | 11 **отто́ченный:** geschliffen. | 15 **корешо́к:** hier: Buchrücken. | 16 **сули́ть:** verheißen. | **подгоня́ть** (umg.): anspornen. | 19 **нараспе́в** (Adv.): in singendem Tonfall.

жизнь кончилась, – прошептал мастер и поник головой, и долго качалась печальная черная шапочка с желтой буквой «М». Он повел дальше свой рассказ, но тот стал несколько бессвязен. Можно было понять только одно, что тогда с гостем Ивана случилась какая-то катастрофа.

– Я впервые попал в мир литературы, но теперь, когда все уже кончилось и гибель моя налицо, вспоминаю о нем с ужасом! – торжественно прошептал мастер и поднял руку. – Да, он чрезвычайно поразил меня, ах, как поразил!

– Кто? – чуть слышно шепнул Иван, опасаясь перебивать взволнованного рассказчика.

– Да редактор, я же говорю, редактор. Да, так он прочитал. Он смотрел на меня так, как будто у меня щека была раздута флюсом, как-то косился на угол и даже сконфуженно хихикал. Он без нужды мял манускрипт и крякал. Вопросы, которые он мне задавал, показались мне сумасшедшими. Не говоря ничего по существу романа, он спрашивал меня о том, кто я такой и откуда я взялся, давно ли пишу и почему обо мне ничего не было слышно раньше, и даже задал, с моей точки зрения, совсем идиотский вопрос: кто это меня надоумил сочинить роман на такую странную тему?[72]

Наконец он мне надоел, и я спросил его напрямик, будет ли он печатать роман или не будет.

Тут он засуетился, начал что-то мямлить и заявил, что самолично решить этот вопрос он не может, что с моим произведением должны ознакомиться другие члены ре-

1 **пони́кнуть:** hängen lassen. | 15 **разду́ть:** anschwellen. | **флюс:** Geschwür. | 16 **мять:** zerknüllen. | 22 **надоу́мить** (umg.): auf den Gedanken bringen. | 26 **мя́млить** (umg.): murmeln.

дакционной коллегии, именно критики Латунский и Ариман[73] и литератор Мстислав Лаврович. Он просил меня прийти через две недели.

Я пришел через две недели и был принят какой-то девицей со скошенными к носу от постоянного вранья глазами.

– Это Лапшённикова, секретарь редакции, – усмехнувшись, сказал Иван, хорошо знающий тот мир, который так гневно описывал его гость.

– Может быть, – отрезал тот, – так вот, от нее я получил свой роман, уже порядочно засаленный и растрепанный. Стараясь не попадать своими глазами в мои, Лапшённикова сообщила мне, что редакция обеспечена материалами на два года вперед и что поэтому вопрос о напечатании моего романа, как она выразилась, «отпадает».

– Что я помню после этого? – бормотал мастер, потирая висок. – Да, осыпавшиеся красные лепестки на титульном листе и еще глаза моей подруги. Да, эти глаза я помню.

Рассказ Иванова гостя становился все путанее, все более наполнялся какими-то недомолвками. Он говорил что-то про косой дождь[74] и отчаяние в подвальном приюте, о том, что ходил куда-то еще. Шепотом вскрикивал, что он ее, которая толкала его на борьбу, ничуть не винит, о нет, не винит!

5 **ско́шенный:** schielend. | **враньё:** hier: Lügen. | 7 **Лапшённикова:** sprechender Name, von der Redensart »лапшу́ на у́ши ве́шать« (›jdm. Nudeln über die Ohren hängen‹): jdn. schamlos belügen. | 11 **растрёпанный:** zerfleddert. | 13 **обеспе́чить:** mit etw. versorgen. | 17 **осы́паться:** abfallen. | **лепесто́к:** Blütenblatt. | 21 **недомо́лвка:** Andeutung.

Далее, как услышал Иван, произошло нечто внезапное и странное. Однажды герой развернул газету и увидел в ней статью критика Аримана, которая называлась «Вылазка врага» и где Ариман предупреждал всех и каждого, что он, то есть наш герой, сделал попытку протащить в печать апологию Иисуса Христа.

– А, помню, помню! – вскричал Иван. – Но я забыл, как ваша фамилия!

– Оставим, повторяю, мою фамилию, ее нет больше, – ответил гость. – Дело не в ней. Через день в другой газете за подписью Мстислава Лавровича обнаружилась другая статья, где автор ее предлагал ударить, и крепко ударить, по пилатчине[75] и тому богомазу, который вздумал протащить (опять это проклятое слово!) ее в печать. Остолбенев от этого слова «пилатчина», я развернул третью газету. Здесь было две статьи: одна – Латунского, а другая – подписанная буквами «М. З.».[76] Уверяю вас, что произведения Аримана и Лавровича могли считаться шуткою по сравнению с написанным Латунским. Достаточно вам сказать, что называлась статья Латунского «Воинствующий старообрядец»[77]. Я так увлекся чтением статей о себе, что не заметил, как она (дверь я забыл закрыть) предстала предо мною с мокрым зонтиком в руках и с мокрыми же газетами. Глаза ее источали огонь, руки дрожали и были холодны. Сперва она бросилась меня целовать, затем, хриплым голосом и стуча рукою по столу, сказала, что она отравит Латунского.

Иван как-то сконфуженно покряхтел, но ничего не сказал.

3f. **вы́лазка:** hier: Attacke. | 5 **протащи́ть** (umg.): hineinschmuggeln. | 13 **богома́з** (umg.): Ikonenmaler. | 15 **остолбене́ть:** erstarren.

– Настали совершенно безрадостные дни. Роман был написан, больше делать было нечего, и мы оба жили тем, что сидели на коврике на полу у печки и смотрели в огонь. Впрочем, теперь мы больше расставались, чем раньше. Она стала уходить гулять. А со мной случилась оригинальность, как нередко бывало в моей жизни … У меня неожиданно завелся друг. Да, да, представьте себе, я в общем не склонен сходиться с людьми, обладаю чертовой странностью: схожусь с людьми туго, недоверчив, подозрителен. И – представьте себе, при этом обязательно ко мне проникает в душу кто-нибудь непредвиденный, неожиданный и внешне-то черт знает на что похожий, и он-то мне больше всех и понравится.

Так вот в то проклятое время открылась калиточка нашего садика, денек еще, помню, был такой приятный, осенний. Ее не было дома. И в калиточку вошел человек, он прошел в дом по какому-то делу к моему застройщику, потом сошел в садик и как-то очень быстро свел со мной знакомство. Отрекомендовался он мне журналистом. Понравился он мне до того, вообразите, что я его до сих пор иногда вспоминаю и скучаю о нем. Дальше – больше, он стал заходить ко мне. Я узнал, что он холост, что живет рядом со мной примерно в такой же квартирке, что ему тесно там, и прочее. К себе как-то не звал. Жене моей он не понравился до чрезвычайности. Но я заступился за него. Она сказала: «Делай, как хочешь, но говорю тебе, что этот человек производит на меня впечатление отталкивающее».

8 f. **чёртова стра́нность:** vermaledeite Eigenart. | 15 **денёк** (umg.): Dim. zu день. | 21 **скуча́ть** (o + Präp.): sich nach jdm. sehnen. | 28 **отта́лкивающий:** abstoßend.

Я рассмеялся. Да, но чем, собственно говоря, он меня привлек? Дело в том, что вообще человек без сюрприза внутри, в своем ящике, неинтересен. Такой сюрприз в своем ящике Алоизий (да, я забыл сказать, что моего нового знакомого звали Алоизий Могарыч[78]) – имел. Именно, нигде до того я не встречал и уверен, что нигде не встречу человека такого ума, каким обладал Алоизий. Если я не понимал смысла какой-нибудь заметки в газете, Алоизий объяснял мне ее буквально в одну минуту, причем видно было, что объяснение это ему не стоило ровно ничего. То же самое с жизненными явлениями и вопросами. Но этого было мало. Покорил меня Алоизий своею страстью к литературе. Он не успокоился до тех пор, пока не упросил меня прочесть ему мой роман весь от корки до корки, причем о романе он отозвался очень лестно, но с потрясающей точностью, как бы присутствуя при этом, рассказал все замечания редактора, касающиеся этого романа. Он попадал из ста раз сто раз. Кроме того, он совершенно точно объяснил мне, и я догадывался, что это безошибочно, почему мой роман не мог быть напечатан. Он прямо говорил: глава такая-то идти не может …

Статьи, заметьте, не прекращались.[79] Над первыми из них я смеялся. Но чем больше их появлялось, тем более менялось мое отношение к ним. Второй стадией была стадия удивления. Что-то на редкость фальшивое и неуверенное чувствовалось буквально в каждой строчке этих статей, несмотря на их грозный и уверенный тон. Мне все казалось, – и я не мог от этого отделаться, – что

15 **от ко́рки до ко́рки:** von Anfang bis Ende. | 16 **ле́стный:** lobend, schmeichelhaft.

авторы этих статей говорят не то, что они хотят сказать, и что их ярость вызывается именно этим. А затем, представьте себе, наступила третья стадия – страха. Нет, не страха этих статей, поймите, а страха перед другими, совершенно не относящимися к ним или к роману вещами. Так, например, я стал бояться темноты. Словом, наступила стадия психического заболевания. Мне казалось, в особенности когда я засыпал, что какой-то очень гибкий и холодный спрут своими щупальцами подбирается непосредственно и прямо к моему сердцу. И спать мне пришлось с огнем.

Моя возлюбленная очень изменилась (про спрута я ей, конечно, не говорил, но она видела, что со мной творится что-то неладное), похудела и побледнела, перестала смеяться и все просила меня простить ее за то, что она советовала мне напечатать отрывок. Она говорила, чтобы я, бросив все, уехал на юг к Черному морю, истратив на эту поездку все оставшиеся от ста тысяч деньги.

Она была очень настойчива, а я, чтобы не спорить (что-то подсказывало мне, что не придется уехать к Черному морю), обещал ей это сделать на днях. Но она сказала, что она сама возьмет мне билет. Тогда я вынул все свои деньги, то есть около десяти тысяч рублей, и отдал ей.

– Зачем так много? – удивилась она.

Я сказал что-то вроде того, что боюсь воров и прошу ее поберечь деньги до моего отъезда. Она взяла их, уложила в сумочку, стала целовать меня и говорить, что ей

8 **засыпа́ть:** einschlafen. | 9 **спрут:** Krake. | **щу́пальце:** Fühler. | 9 f. **подбира́ться** (umg.): sich heranmachen. | 27 **побере́чь:** aufbewahren.

легче было бы умереть, чем покидать меня в таком состоянии одного, но что ее ждут, что она покоряется необходимости, что придет завтра. Она умоляла меня не бояться ничего.

Это было в сумерки, в половине октября. И она ушла. Я лег на диван и заснул, не зажигая лампы. Проснулся я от ощущения, что спрут здесь. Шаря в темноте, я еле сумел зажечь лампу. Карманные часы показывали два часа ночи. Я лег заболевающим, а проснулся больным. Мне вдруг показалось, что осенняя тьма выдавит стекла, вольется в комнату и я захлебнусь в ней, как в чернилах. Я встал человеком, который уже не владеет собой. Я вскрикнул, и у меня явилась мысль бежать к кому-то, хотя бы к моему застройщику наверх. Я боролся с собой как безумный. У меня хватило сил добраться до печки и разжечь в ней дрова. Когда они затрещали и дверца застучала, мне как будто стало немного легче. Я кинулся в переднюю и там зажег свет, нашел бутылку белого вина, откупорил ее и стал пить вино из горлышка. От этого страх притупился несколько – настолько, по крайней мере, что я не побежал к застройщику и вернулся к печке. Я открыл дверцу, так что жар начал обжигать мне лицо и руки, и шептал:

– Догадайся, что со мною случилась беда … Приди, приди, приди!..

Но никто не шел. В печке ревел огонь, в окна хлестал дождь. Тогда случилось последнее. Я вынул из ящика

16 **затреща́ть:** knistern, knacken. | **две́рца:** hier: Ofentürchen. | 17 **ки́нуться:** losstürzen. | 19 **отку́порить:** entkorken. | **го́рлышко:** Flaschenhals. | 20 **притупи́ться:** hier: nachlassen. | 26 **хлеста́ть:** hier: strömen.

стола тяжелые списки романа и черновые тетради и начал их жечь.[80] Это страшно трудно делать, потому что исписанная бумага горит неохотно. Ломая ногти, я раздирал тетради, стоймя вкладывал их между поленьями и кочергой трепал листы. Пепел по временам одолевал меня, душил пламя, но я боролся с ним, и роман, упорно сопротивляясь, все же погибал. Знакомые слова мелькали передо мной, желтизна неудержимо поднималась снизу вверх по страницам, но слова все-таки проступали и на ней. Они пропадали лишь тогда, когда бумага чернела и я кочергой яростно добивал их.

В это время в окно кто-то стал царапаться тихо. Сердце мое прыгнуло, и я, погрузив последнюю тетрадь в огонь, бросился отворять. Кирпичные ступеньки вели из подвала к двери на двор. Спотыкаясь, я подбежал к ней и тихо спросил:

– Кто там?

И голос, ее голос, ответил мне:

– Это я …

Не помня как, я совладал с цепью и ключом. Лишь только она шагнула внутрь, она припала ко мне, вся мокрая, с мокрыми щеками и развившимися волосами, дрожащая. Я мог произнести только слово:

– Ты … ты?.. – и голос мой прервался, и мы побежали

4 **стоймя́** (Adv.): aufrecht. | 4 f. **поле́но** (Pl.: поле́нья): Holzscheit. | 5 **кочерга́:** Schürhaken. | 5 f. **одолева́ть:** überwältigen. | 13 **цара́паться:** kratzen (цара́пать). | 16 **спотыка́ться:** stolpern. | 21 **совлада́ть** (umg.; с + Instr.): mit etw. fertigwerden. | 22 **припа́сть** (к + Dat.): sich an jdn. schmiegen.

вниз. Она освободилась в передней от пальто, и мы быстро вошли в первую комнату. Тихо вскрикнув, она голыми руками выбросила из печки на пол последнее, что там оставалось, пачку, которая занялась снизу. Дым наполнил комнату сейчас же. Я ногами затоптал огонь, а она повалилась на диван и заплакала неудержимо и судорожно.

Когда она утихла, я сказал:

– Я возненавидел этот роман, и я боюсь. Я болен. Мне страшно.

Она поднялась и заговорила:

– Боже, как ты болен. За что это, за что? Но я тебя спасу, я тебя спасу. Что же это такое?

Я видел ее вспухшие от дыму и плача глаза, чувствовал, как холодные руки гладят мне лоб.

– Я тебя вылечу, вылечу, – бормотала она, впиваясь мне в плечи, – ты восстановишь его. Зачем, зачем я не оставила у себя один экземпляр!

Она оскалилась от ярости, что-то еще говорила невнятное. Затем, сжав губы, она принялась собирать и расправлять обгоревшие листы. Это была какая-то глава из середины романа, не помню какая. Она аккуратно сложила листки, завернула их в бумагу, перевязала лентой. Все ее действия показывали, что она полна решимости и что она овладела собой. Она потребовала вина и, выпив, заговорила спокойнее.

– Вот как приходится платить за ложь, – говорила она, – и больше я не хочу лгать. Я осталась бы у тебя и сейчас, но мне не хочется это делать таким образом. Я не хочу,

16 **впива́ться:** sich festklammern.

чтобы у нас навсегда осталось в памяти, что я убежала от него ночью. Он не сделал мне никогда никакого зла … Его вызвали внезапно, у них на заводе пожар. Но он вернется скоро. Я объяснюсь с ним завтра утром, скажу, что я люблю другого, и навсегда вернусь к тебе. Ответь мне, ты, может быть, не хочешь этого?

– Бедная моя, бедная, – сказал я ей, – я не допущу, чтобы ты это сделала. Со мною будет нехорошо, и я не хочу, чтобы ты погибала вместе со мной.

– Только эта причина? – спросила она и приблизила свои глаза к моим.

– Только эта.

Она страшно оживилась, припала ко мне, обвивая мою шею, и сказала:

– Я погибаю вместе с тобою. Утром я буду у тебя.

И вот, последнее, что я помню в моей жизни, это – полоску света из моей передней, и в этой полосе света развившуюся прядь, ее берет и ее полные решимости глаза. Еще помню черный силуэт на пороге наружной двери и белый сверток.

– Я проводил бы тебя, но я уже не в силах идти один обратно, я боюсь.

– Не бойся. Потерпи несколько часов. Завтра утром я буду у тебя.

– Это и были ее последние слова в моей жизни … Тссс! – вдруг сам себя прервал больной и поднял палец. – Беспокойная сегодня лунная ночь.

Он скрылся на балконе. Иван слышал, как проехали

18 **прядь** (f).: Haarsträhne. | 19 **нару́жный:** Außen-. | 20 **свёрток:** Packen.

колесики по коридору, кто-то всхлипнул или вскрикнул слабо.

Когда все затихло, гость вернулся и сообщил, что и 120-я комната получила жильца. Привезли кого-то, и он все просит вернуть ему голову. Оба собеседника помолчали в тревоге, но, успокоившись, вернулись к прерванному рассказу. Гость раскрыл было рот, но ночка, точно, была беспокойная. Голоса еще слышались в коридоре, и гость начал говорить Ивану на ухо так тихо, что то, что он рассказал, стало известно одному поэту только, за исключением первой фразы:

– Через четверть часа после того, как она покинула меня, ко мне в окно постучали …

То, о чем шептал больной на ухо Ивану, по-видимому, очень волновало его. Судороги то и дело проходили по его лицу. В глазах его плавал и метался страх и ярость. Рассказчик указывал рукою куда-то в сторону луны, которая давно уже ушла с балкона. Лишь тогда, когда перестали доноситься всякие звуки извне, гость отодвинулся от Ивана и заговорил погромче:

– Да, так вот, в половине января, ночью, в том же самом пальто, но с оборванными пуговицами, я жался от холода в моем дворике.[81] Сзади меня были сугробы, скрывшие кусты сирени, а впереди меня и внизу – слабенько освещенные, покрытые шторами мои оконца. Я припал к первому из них и прислушался – в комнатах моих играл патефон. Это все, что я расслышал, но раз-

1 **колёсико:** Rädchen (hier: von einem Rollbett). | **всхли́пнуть:** aufschluchzen. | 16 **мета́ться:** sich hin und her bewegen. | 27 **патефо́н:** Koffergrammophon.

глядеть ничего не мог. Постояв немного, я вышел за калитку в переулок. В нем играла метель. Метнувшаяся мне под ноги собака испугала меня, и я перебежал от нее на другую сторону. Холод и страх, ставший моим постоянным спутником, доводили меня до исступления. Идти мне было некуда, и проще всего, конечно, было бы броситься под трамвай на той улице, в которую выходил мой переулок. Издали я видел эти наполненные светом, обледеневшие ящики и слышал их омерзительный скрежет на морозе. Но, дорогой мой сосед, вся штука заключалась в том, что страх владел каждой клеточкой моего тела. И так же точно, как собаки, я боялся и трамвая. Да, хуже моей болезни в этом здании нет, уверяю вас.

– Но вы же могли дать знать ей, – сказал Иван, сочувствуя бедному больному, – кроме того, ведь у нее же ваши деньги? Ведь она их, конечно, сохранила?

– Не сомневайтесь в этом, конечно, сохранила. Но вы, очевидно, не понимаете меня. Или, вернее, я утратил бывшую у меня некогда способность описывать что-нибудь. Мне, впрочем, ее не очень жаль, так как она мне не пригодится больше. Перед нею, – гость благоговейно посмотрел в тьму ночи, – легло бы письмо из сумасшедшего дома. Разве можно посылать письма, имея такой адрес? Душевнобольной? Вы шутите, мой друг! Сделать ее несчастной? Нет, на это я не способен.

Иван не сумел возразить на это, но молчаливый Иван сочувствовал гостю, сострадал ему. А тот кивал от муки своих воспоминаний головою в черной шапочке и говорил так:

9 **обледене́ть:** vereisen. | 9 f. **скре́жет:** Knirschen. | 21 **благогове́йный:** ehrfürchtig.

– Бедная женщина … Впрочем, у меня есть надежда, что она забыла меня …

– Но вы можете выздороветь … – робко сказал Иван.

– Я неизлечим, – спокойно ответил гость, – когда Стравинский говорит, что вернет меня к жизни, я ему не верю. Он гуманен и просто хочет утешить меня. Не отрицаю, впрочем, что мне теперь гораздо лучше. Да, так на чем, бишь, я остановился? Мороз, эти летящие трамваи … Я знал, что эта клиника уже открылась, и через весь город пешком пошел в нее. Безумие! За городом я, наверно, замерз бы, но меня спасла случайность. Что-то сломалось в грузовике, я подошел к шоферу, это было километрах в четырех за заставой, и, к моему удивлению, он сжалился надо мной. Машина шла сюда. И он повез меня. Я отделался тем, что отморозил пальцы на левой ноге. Но это вылечили. И вот четвертый месяц я здесь. И, знаете ли, нахожу, что здесь очень и очень неплохо. Не надо задаваться большими планами, дорогой сосед, право! Я вот, например, хотел объехать весь земной шар. Ну, что же, оказывается, это не суждено. Я вижу только незначительный кусок этого шара. Думаю, что это не самое лучшее, что есть на нем, но, повторяю, это не так уж худо. Вот лето идет к нам, на балконе завьется плющ, как обещает Прасковья Федоровна. Ключи расширили мои возможности. По ночам будет луна. Ах, она ушла! Свежеет. Ночь валится за полночь. Мне пора.

– Скажите мне, а что было дальше с Иешуа и Пилатом, – попросил Иван, – умоляю, я хочу знать.

8 **бишь** (volkst., Part. in Nachfragen): noch mal; doch gleich. | 12 **сломáться:** eine Panne haben. | 13 **за застáвой:** hier: außerhalb der Stadt. | 24 **плющ:** Efeu.

– Ах нет, нет, – болезненно дернувшись, ответил гость, – я вспомнить не могу без дрожи мой роман. А ваш знакомый с Патриарших сделал бы это лучше меня. Спасибо за беседу. До свидания.

И раньше чем Иван опомнился, закрылась решетка с тихим звоном, и гость скрылся.

Kapitel 14 (»Слава петуху!« – »Dem Hahn sei Dank!«): Und wieder ein Skandal! Nach der Séance des Schwarzen Magiers beobachtet der genervte Rimskij aus seinem Büro im Variété, wie Wolands Zauber verfällt: Anstatt in ihrer errafften teuren Garderobe stehen die Menschen nun plötzlich – die magische Keidung ist schlagartig verschwunden – fast unbekleidet auf der Straße und lösen lautes Gelächter aus. Ironie pur! Ein mysteriöser Anruf einer scheinbar anstößigen Frau versetzt den Finanzdirektor in Angst und Schrecken. Nach seiner Rückkehr tischt ihm Varenucha eine wahre Lügengeschichte im Zusammenhang mit der Suche nach Lichodeev auf. Der verängstigte Rimskij durchschaut aber das Ammenmärchen sofort und bemerkt zugleich eine auffällige Veränderung im Verhalten des – von der Vampirin geküssten – Administrators, der seltsamerweise keinen Schatten wirft. Spannung und Grauen pur! Der ertappte Varenucha hindert den angstschlotternden Rimskij an der Flucht, wobei eine durchs Fenster hineinfliegende tote Frau den Finanzdirektor zu ergreifen sucht. Ein dreifacher Hahnenschrei macht dem Spuk vorzeitig ein Ende, die Frau mit den fuchsroten Haaren – der Leser ahnt es: Gella, die Vampirin! – und Varenucha schweben aus dem Fenster. Rimskij, nach dieser Horrorszene um Jahre gealtert,

2 **дрожь** (f.): Schauder.

mit weiß gewordenem Haar, verlässt fluchtartig Moskau und nimmt den erstbesten Zug nach Leningrad.

Kapitel 15 (»Сон Никанора Ивановича« – »Der Traum des Nikanor Ivanovič«): Vor seiner Einweisung in die psychiatrische Klinik wird der Vorsitzende des Hauskomitees Nikanor Ivanovič Bosoj, wenn auch ohne sichtlichen Erfolg, von den staatlichen Organen verhört – »an einem anderen Ort« (»в другом месте«): ein äsopischer Begriff (den der sowjetische Rezipient früher sofort verstand!), hinter dem sich die Geheimpolizei (ГУГБ: Главное управление государственной безопасности) am Lubjanka-Platz verbirgt. In einem wirren, ausführlich beschriebenen Alptraum verarbeitet Bosoj seine Erlebnisse um den unerlaubten Devisenbesitz. Eine Beruhigungsspritze versetzt ihn in einen erneuten Traumzustand, in dem »sich die Sonne über dem Kahlen Berg, der von einer zweifachen Absperrung umgeben ist, herabsenkt …«

Глава 16
Казнь

Солнце уже снижалось над Лысой Горой, и была эта гора оцеплена двойным оцеплением.

Та кавалерийская ала, что перерезала путь прокуратору около полудня, рысью вышла к Хевронским воротам города. Путь для нее уже был приготовлен. Пехотинцы каппадокийской когорты отдавили в стороны

23 f. **Хевро́нские воро́та:** Hebron-Tor. | 24 f. **пехоти́нец:** Fußsoldat. | 25 **каппадоки́йская кого́рта:** Kappadokier-Kohorte.

скопища людей, мулов и верблюдов, и ала, рыся и подымая до неба белые столбы пыли, вышла на перекресток, где сходились две дороги: южная, ведущая в Вифлеем, и северо-западная – в Яффу. Ала понеслась по северо-западной дороге. Те же каппадокийцы были рассыпаны по краям дороги, и заблаговременно они согнали с нее в стороны все караваны, спешившие на праздник в Ершалаим. Толпы богомольцев стояли за каппадокийцами, покинув свои временные полосатые шатры, раскинутые прямо на траве. Пройдя около километра, ала обогнала вторую когорту Молниеносного легиона и первая подошла, покрыв еще один километр, к подножию Лысой Горы. Здесь она спешилась. Командир рассыпал алу на взводы, и они оцепили все подножие невысокого холма, оставив свободным только один подъем на него с Яффской дороги.

Через некоторое время за алой к холму пришла вторая когорта, поднялась на один ярус выше и венцом опоясала гору.

Наконец подошла кентурия под командой Марка Крысобоя. Она шла, растянутая двумя цепями по краям дороги, а между этими цепями, под конвоем тайной стражи, ехали в повозке трое осужденных с белыми досками на шее, на каждой из которых было написано

1 **ско́пище:** Menschenmenge. | 3 **Вифлее́м:** Bethlehem. | 4 **Я́ффа:** Jaffa. | 5 **рассы́пать:** verstreuen (сы́пать: schütten, streuen). | 6 **заблаговре́менный:** rechtzeitig. | **согна́ть:** wegjagen, verdrängen. | 8 **богомо́лец:** Pilger, Wallfahrer, Gläubiger. | 9 **шатёр:** Rundzelt. | **раски́нуть:** hier: aufschlagen. | 12 **подно́жие:** hier: Fuß eines Berges. | 13 **спе́шиться:** absitzen. | 14 **взвод:** Zug (beim Militär). | 18 **я́рус:** hier: Höhenstufe. | 18 f. **явенцо́м опоя́сать:** ringförmig umgeben.

«Разбойник и мятежник» на двух языках – арамейском и греческом.

За повозкой осужденных двигались другие, нагруженные свежеотесанными столбами с перекладинами, веревками, лопатами, ведрами и топорами. На этих повозках ехали шесть палачей. За ними верхом ехали кентурион Марк, начальник храмовой стражи Ершалаима и тот самый человек в капюшоне, с которым Пилат имел мимолетное совещание в затемненной комнате во дворце.

Замыкалась процессия солдатскою цепью, а за нею уже шло около двух тысяч любопытных, не испугавшихся адской жары и желавших присутствовать при интересном зрелище.

К этим любопытным из города присоединились теперь любопытные богомольцы, которых беспрепятственно пропускали в хвост процессии. Под тонкие выкрики глашатаев, сопровождавших колонну и кричавших то, что около полудня прокричал Пилат, она втянулась на Лысую Гору.

Ала пропустила всех во второй ярус, а вторая кентурия наверх пропустила только тех, кто имел отношение к казни, а затем, быстро маневрируя, рассеяла толпу вокруг всего холма, так что та оказалась между пехотным оцеплением вверху и кавалерийским внизу. Теперь она могла видеть казнь сквозь неплотную цепь пехотинцев.

Итак, прошло со времени подъема процессии на гору более трех часов, и солнце уже снижалось над Лысой Горой, но жар еще был невыносим, и солдаты в обоих оце-

4 **свежеотёсанный:** frisch gehobelt. | **перекла́дина:** Querbalken. | 8 f. **мимолётный:** flüchtig. | 10 **замыка́ть:** schließen. | 13 **зре́лище:** Schauspiel.

плениях страдали от него, томились от скуки и в душе проклинали трех разбойников, искренне желая им скорейшей смерти.

Unter der drückenden Hitze leiden während der Hinrichtung kurz vor dem Passahfest vor allem die ermatteten römischen Soldaten, die auf den Tod der Verurteilten warten. Vom Statthalter befürchtete Unruhen und Befreiungsaktionen bleiben aus. Doch da ist ein einsamer Mann, der abseits des Geschehens die Hinrichtung beobachtet …

Но часа четыре тому назад, при начале казни, этот человек вел себя совершенно не так и очень мог быть замечен, отчего, вероятно, он и переменил теперь свое поведение и уединился.

Тогда, лишь только процессия вошла на самый верх за цепь, он и появился впервые, и притом как человек явно опоздавший. Он тяжело дышал и не шел, а бежал на холм, толкался и, увидев, что перед ним, как и перед всеми другими, сомкнулась цепь, сделал наивную попытку, притворившись, что не понимает раздраженных окриков, прорваться между солдатами к самому месту казни, где уже снимали осужденных с повозки. За это он получил тяжкий удар тупым концом копья в грудь и отскочил от солдат, вскрикнув, но не от боли, а от отчаяния. Ударившего легионера он окинул мутным и совершенно равнодушным ко всему взором, как человек, нечувствительный к физической боли.

Кашляя и задыхаясь, держась за грудь, он обежал кру-

1 **томи́ться:** hier: leiden. | 13 **уедини́ться:** sich zurückziehen.

гом холма, стремясь на северной стороне найти какую-нибудь щель в цепи, где можно было бы проскользнуть. Но было уже поздно. Кольцо сомкнулось. И человек с искаженным от горя лицом вынужден был отказаться от своих попыток прорваться к повозкам, с которых уже сняли столбы. Эти попытки ни к чему не привели бы, кроме того, что он был бы схвачен, а быть задержанным в этот день никоим образом не входило в его планы.

И вот он ушел в сторону к расщелине, где было спокойнее и никто ему не мешал.

Теперь, сидя на камне, этот чернобородый, с гноящимися от солнца и бессонницы глазами человек тосковал. Он то вздыхал, открывая свой истасканный в скитаниях, из голубого превратившийся в грязно-серый таллиф, и обнажал ушибленную копьем грудь, по которой стекал грязный пот, то в невыносимой муке поднимал глаза в небо, следя за тремя стервятниками, давно уже плававшими в вышине большими кругами в предчувствии скорого пира, то вперял безнадежный взор в желтую землю и видел на ней полуразрушенный собачий череп и бегающих вокруг него ящериц.

Мучения человека были настолько велики, что по временам он заговаривал сам с собой.

– О, я глупец! – бормотал он, раскачиваясь на камне в душевной боли и ногтями царапая смуглую грудь. – Глупец, неразумная женщина, трус! Падаль я, а не человек!

9 **расще́лина:** Felsenspalte. | 11 f. **гноя́щийся:** eiternd. | 13 **иста́сканный:** abgetragen. | 13 f. **скита́ние:** Umherwandern. | 14 **талли́ф:** тали́т: Tallit, Gebetsschal. | 17 **стервя́тник:** Aasgeier. | 19 **пир:** Festmahl. | 21 **я́щерица:** Eidechse. | 26 **па́даль** (f.): Aas.

Он умолкал, поникал головой, потом, напившись из деревянной фляги теплой воды, оживал вновь и хватался то за нож, спрятанный под таллифом на груди, то за кусок пергамента, лежащий перед ним на камне рядом с палочкой и пузырьком с тушью.

На этом пергаменте уже были набросаны записи:

«Бегут минуты, и я, Левий Матвей, нахожусь на Лысой Горе, а смерти все нет!»

Далее:

«Солнце склоняется, а смерти нет».

Теперь Левий Матвей безнадежно записал острой палочкой так:

«Бог! За что гневаешься на него? Пошли ему смерть».

Записав это, он бесслезно всхлипнул и опять ногтями изранил свою грудь.

Причина отчаяния Левия заключалась в той страшной неудаче, что постигла Иешуа и его, и, кроме того, в той тяжкой ошибке, которую он, Левий, по его мнению, совершил. Позавчера днем Иешуа и Левий находились в Вифании под Ершалаимом, где гостили у одного огородника, которому чрезвычайно понравились проповеди Иешуа. Все утро оба гостя проработали на огороде, помогая хозяину, а к вечеру собирались идти по холодку в Ершалаим. Но Иешуа почему-то заспешил, сказал, что у него в городе неотложное дело, и ушел около полудня один. Вот в этом-то и заключалась первая ошибка Левия Матвея. Зачем, зачем он отпустил его одного!

Вечером Матвею идти в Ершалаим не пришлось. Ка-

2 **фля́га:** Feldflasche. | 5 **па́лочка:** hier: Schreibstöckchen. | **пузырёк с ту́шью:** Tuscheфläschchen.

кая-то неожиданная и ужасная хворь поразила его. Его затрясло, тело его наполнилось огнем, он стал стучать зубами и поминутно просить пить. Никуда идти он не мог. Он повалился на попону в сарае огородника и провалялся на ней до рассвета пятницы, когда болезнь так же неожиданно отпустила Левия, как и напала на него. Хоть он был еще слаб и ноги его дрожали, он, томимый каким-то предчувствием беды, распростился с хозяином и отправился в Ершалаим. Там он узнал, что предчувствие его не обмануло. Беда случилась. Левий был в толпе и слышал, как прокуратор объявлял приговор.

Когда осужденных повели на гору, Левий Матвей бежал рядом с цепью в толпе любопытных, стараясь каким-нибудь образом незаметно дать знать Иешуа хотя бы уж то, что он, Левий, здесь, с ним, что он не бросил его на последнем пути и что он молится о том, чтобы смерть Иешуа постигла как можно скорее. Но Иешуа, смотрящий вдаль, туда, куда его увозили, конечно, Левия не видел.

И вот, когда процессия прошла около полуверсты по дороге, Матвея, которого толкали в толпе у самой цепи, осенила простая и гениальная мысль, и тотчас же, по своей горячности, он осыпал себя проклятиями за то, что она не пришла ему раньше. Солдаты шли не тесною цепью. Между ними были промежутки. При большой ловкости и очень точном расчете можно было, согнувшись, проскочить между двумя легионерами, дорваться

1 **хворь** (f.; volkst.): Unwohlsein. | 4 **попо́на:** Pferdedecke. | 8 **распрости́ться:** sich verabschieden. | 20 **полуверста́:** eine halbe Werst (ca. 500 m). | 23 **горя́чность:** Heftigkeit. | 25 **промежу́ток:** Zwischenraum. | 26 f. **согну́ться:** sich niederbeugen.

до повозки и вскочить на нее. Тогда Иешуа спасен от мучений.

Одного мгновения достаточно, чтобы ударить Иешуа ножом в спину, крикнув ему: «Иешуа! Я спасаю тебя и ухожу вместе с тобою! Я, Матвей, твой верный и единственный ученик!»

А если бы Бог благословил еще одним свободным мгновением, можно было бы успеть заколоться и самому, избежав смерти на столбе. Впрочем, последнее мало интересовало Левия, бывшего сборщика податей. Ему было безразлично, как погибать. Он хотел одного, чтобы Иешуа, не сделавший никому в жизни ни малейшего зла, избежал бы истязаний.

План был очень хорош, но дело заключалось в том, что у Левия ножа с собою не было. Не было у него и ни одной монеты денег.

В бешенстве на себя, Левий выбрался из толпы и побежал обратно в город. В горящей его голове прыгала только одна горячечная мысль о том, как сейчас же, каким угодно способом, достать в городе нож и успеть догнать процессию.

Он добежал до городских ворот, лавируя в толчее всасывавшихся в город караванов, и увидел по левую руку от себя раскрытую дверь лавчонки, где продавали хлеб. Тяжело дыша после бега по раскаленной дороге, Левий овладел собой, очень степенно вошел в лавчонку, приветствовал хозяйку, стоявшую за прилавком, попросил

7 **благослови́ть:** segnen. | 8 **заколо́ться:** sich erstechen. | 13 **истяза́ние:** Folterqual. | 19 **горя́чечный:** fiebrig. | 22 f. **вса́сываться:** hier: hineinströmen. | 24 **лавчо́нка:** kleiner Laden. | 26 **степе́нно:** gelassen.

ее снять с полки верхний каравай, который почему-то ему понравился больше других, и, когда та повернулась, молча и быстро взял с прилавка то, чего лучше и быть не может, – отточенный, как бритва, длинный хлебный нож, и тотчас кинулся из лавки вон.

Через несколько минут он вновь был на Яффской дороге. Но процессии уже не было видно. Он побежал. По временам ему приходилось валиться прямо в пыль и лежать неподвижно, чтобы отдышаться. И так он лежал, поражая проезжающих на мулах и шедших пешком в Ершалаим людей. Он лежал, слушая, как колотится его сердце не только в груди, но и в голове и в ушах. Отдышавшись немного, он вскакивал и продолжал бежать, но все медленнее и медленнее. Когда он наконец увидал пылящую вдали длинную процессию, она была уже у подножия холма.

– О Бог … – простонал Левий, понимая, что он опаздывает. И он опоздал.

Когда истек четвертый час казни, мучения Левия достигли наивысшей степени, и он впал в ярость. Поднявшись с камня, он швырнул на землю бесполезно, как он теперь думал, украденный нож, раздавил флягу ногою, лишив себя воды, сбросил с головы кефи, вцепился в свои жидкие волосы и стал проклинать себя.

Он проклинал себя, выкликая бессмысленные слова, рычал и плевался, поносил своего отца и мать, породивших на свет глупца.

1 **карава́й:** Brotlaib. | 11 **колоти́ться:** hämmern. | 21 **швырну́ть:** schleudern (швыря́ть). | 23 **кефи:** ку́фия: Kufiya, auch Kefije, ein in der arabischen Welt von Männern getragenes Kopftuch zum Schutz vor der Sonne. | 24 **жи́дкий:** schütter. | 26 **поноси́ть:** schmähen.

Видя, что клятвы и брань не действуют и ничего от этого на солнцепеке не меняется, он сжал сухие кулаки, зажмурившись, вознес их к небу, к солнцу, которое сползало все ниже, удлиняя тени и уходя, чтобы упасть в Средиземное море, и потребовал у Бога немедленного чуда. Он требовал, чтобы Бог тотчас же послал Иешуа смерть.

Открыв глаза, он убедился в том, что на холме все без изменений, за исключением того, что пылавшие на груди кентуриона пятна потухли. Солнце посылало лучи в спины казнимых, обращенных лицами к Ершалаиму. Тогда Левий закричал:

– Проклинаю тебя, Бог!

Осипшим голосом он кричал о том, что убедился в несправедливости Бога и верить ему более не намерен.

– Ты глух! – рычал Левий. – Если б ты не был глухим, ты услышал бы меня и убил его тут же.

Зажмуриваясь, Левий ждал огня, который упадет на него с неба и поразит его самого. Этого не случилось, и, не разжимая век, Левий продолжал выкрикивать язвительные и обидные речи небу. Он кричал о полном своем разочаровании и о том, что существуют другие боги и религии. Да, другой бог не допустил бы того, никогда не допустил бы, чтобы человек, подобный Иешуа, был сжигаем солнцем на столбе.

– Я ошибался! – кричал совсем охрипший Левий. – Ты бог зла! Или твои глаза совсем закрыл дым из курильниц храма, а уши твои перестали что-либо слышать,

1 **кля́твы и брань:** Verwünschungen und Flüche. | 20 **не разжима́я век:** ohne die Augenlider zu öffnen. | 27 f. **кури́льница:** Räuchertopf.

кроме трубных звуков священников? Ты не всемогущий Бог. Ты черный бог. Проклинаю тебя, бог разбойников, их покровитель и душа!

Тут что-то дунуло в лицо бывшему сборщику и что-то зашелестело у него под ногами. Дунуло еще раз, и тогда, открыв глаза, Левий увидел, что все в мире, под влиянием ли его проклятий или в силу каких-либо других причин, изменилось. Солнце исчезло, не дойдя до моря, в котором тонуло ежевечерне. Поглотив его, по небу с запада поднималась грозно и неуклонно грозовая туча. Края ее уже вскипали белой пеной, черное дымное брюхо отсвечивало желтым. Туча ворчала, и из нее время от времени вываливались огненные нити. По Яффской дороге, по скудной Гионской долине[82], над шатрами богомольцев, гонимые внезапно поднявшимся ветром, летели пыльные столбы.

Левий умолк, стараясь сообразить, принесет ли гроза, которая сейчас накроет Ершалаим, какое-либо изменение в судьбе несчастного Иешуа. И тут же, глядя на нити огня, раскраивающие тучу, стал просить, чтобы молния ударила в столб Иешуа. В раскаянии глядя в чистое небо, которое еще не пожрала туча и где стервятники ложились на крыло, чтобы уходить от грозы, Левий подумал, что безумно поспешил со своими проклятиями: теперь Бог не послушает его.

Обратив свой взор к подножию холма, Левий приковался к тому месту, где стоял, рассыпавшись, кавалерий-

5 **зашелесте́ть:** rascheln. | 10 **неукло́нно:** unaufhaltsam. | 13 **нить** (f.): Faden. | 20 **раскра́ивать:** durchtrennen. | 22 **пожра́ть:** hier: verschlingen. | 26 f. **прикова́ться** (к + Dat.): auf etw. fixiert sein.

ский полк, и увидел, что там произошли значительные изменения. С высоты Левию удалось хорошо рассмотреть, как солдаты суетились, выдергивая пики из земли, как набрасывали на себя плащи, как коноводы бежали к дороге рысцой, ведя в поводу вороных лошадей. Полк снимался, это было ясно. Левий, защищаясь от бьющей в лицо пыли рукой, отплевываясь, старался сообразить, что бы это значило, что кавалерия собирается уходить? Он перевел взгляд повыше и разглядел фигурку в багряной военной хламиде, поднимающуюся к площадке казни. И тут от предчувствия радостного конца похолодело сердце бывшего сборщика.

Подымавшийся на гору в пятом часу страданий разбойников был командир когорты, прискакавший из Ершалаима в сопровождении ординарца. Цепь солдат по мановению Крысобоя разомкнулась, и кентурион отдал честь трибуну. Тот, отведя Крысобоя в сторону, что-то прошептал ему. Кентурион вторично отдал честь и двинулся к группе палачей, сидящих на камнях у подножий столбов. Трибун же направил свои шаги к тому, кто сидел на трехногом табурете, и сидящий вежливо поднялся навстречу трибуну. И ему что-то негромко сказал трибун, и оба они пошли к столбам. К ним присоединился и начальник храмовой стражи.

Крысобой, брезгливо покосившись на грязные тряпки, лежащие на земле у столбов, тряпки, бывшие недавно одеждой преступников, от которой отказались палачи, отозвал двух из них и приказал:

4 **коново́д:** Pferdewärter. | 5 **по́вод:** Zügel (Pl.: пово́дья). | 10 **хлами́да:** Chlamys; Reitmantel, Militärgewand. | 15 **ордина́рец:** Ordonnanzoffizier. | 16 **манове́ние:** Wink.

– За мною!

С ближайшего столба доносилась хриплая бессмысленная песенка. Повешенный на нем Гестас к концу третьего часа казни сошел с ума от мух и солнца и теперь тихо пел что-то про виноград, но головою, покрытой чалмой, изредка все-таки покачивал, и тогда мухи вяло поднимались с его лица и возвращались на него опять.

Дисмас на втором столбе страдал более двух других, потому что его не одолевало забытье, и он качал головой часто и мерно, то вправо, то влево, чтобы ухом ударять по плечу.

Счастливее двух других был Иешуа. В первый же час его стали поражать обмороки, а затем он впал в забытье, повесив голову в размотавшейся чалме. Мухи и слепни поэтому совершенно облепили его, так что лицо его исчезло под черной шевелящейся массой. В паху, и на животе, и под мышками сидели жирные слепни и сосали желтое обнаженное тело.

Повинуясь жестам человека в капюшоне, один из палачей взял копье, а другой принес к столбу ведро и губку. Первый из палачей поднял копье и постучал им сперва по одной, потом по другой руке Иешуа, вытянутым и привязанным веревками к поперечной перекладине столба. Тело с выпятившимися ребрами вздрогнуло. Палач провел концом копья по животу. Тогда Иешуа поднял голову, и мухи с гуденьем снялись, и открылось ли-

7 **вя́лый:** träge. | 14 **поража́ть:** befallen. | 15 **размота́ться:** sich auflösen. | **сле́пень** (m.): Pferdebremse. | 16 **облепи́ть:** dicht bedecken. | 17 **пах:** Leistengegend. | 24 **попере́чная перекла́дина:** Querbalken. | 25 **вы́пятиться:** sich herausstrecken.

цо повешенного, распухшее от укусов, с заплывшими глазами, неузнаваемое лицо.

Разлепив веки, Га-Ноцри глянул вниз. Глаза его, обычно ясные, теперь были мутноваты.

– Га-Ноцри! – сказал палач.

Га-Ноцри шевельнул вспухшими губами и отозвался хриплым разбойничьим голосом:

– Что тебе надо? Зачем подошел ко мне?

– Пей! – сказал палач, и пропитанная водою губка на конце копья поднялась к губам Иешуа. Радость сверкнула у того в глазах, он прильнул к губке и с жадностью начал впитывать влагу. С соседнего столба донесся голос Дисмаса:

– Несправедливость! Я такой же разбойник, как и он!

Дисмас напрягся, но шевельнуться не смог, руки его в трех местах на перекладине держали веревочные кольца. Он втянул живот, ногтями вцепился в концы перекладин, голову держал повернутой к столбу Иешуа, злоба пылала в глазах Дисмаса.

Пыльная туча накрыла площадку, сильно потемнело. Когда пыль унеслась, кентурион крикнул:

– Молчать на втором столбе!

Дисмас умолк. Иешуа оторвался от губки и, стараясь, чтобы голос его звучал ласково и убедительно, и не добившись этого, хрипло попросил палача:

– Дай попить ему.

Становилось все темнее. Туча залила уже полнеба, стремясь к Ершалаиму, белые кипящие облака неслись

1 **заплы́вший:** hier: aufgedunsen. | 3 **разлепи́ть:** lösen, öffnen. | 11 **прильну́ть** (к + Dat.): sich an etw. schmiegen.

впереди напоенной черной влагой и огнем тучи. Сверкнуло и ударило над самым холмом. Палач снял губку с копья.

– Славь великодушного игемона! – торжественно шепнул он и тихонько кольнул Иешуа в сердце.[83] Тот дрогнул, шепнул:

– Игемон …

Кровь побежала по его животу, нижняя челюсть судорожно дрогнула, и голова его повисла.

При втором громовом ударе палач уже поил Дисмаса и с теми же словами:

– Славь игемона! – убил и его.

Гестас, лишенный рассудка, испуганно вскрикнул, лишь только палач оказался возле него, но, когда губка коснулась его губ, прорычал что-то и вцепился в нее зубами. Через несколько секунд обвисло и его тело, сколько позволяли веревки.

Человек в капюшоне шел по следам палача и кентуриона, а за ним начальник храмовой стражи. Остановившись у первого столба, человек в капюшоне внимательно оглядел окровавленного Иешуа, тронул белой рукой ступню и сказал спутникам:

– Мертв.

То же повторилось и у двух других столбов. После этого трибун сделал знак кентуриону и, повернувшись, начал уходить с вершины вместе с начальником храмовой стражи и человеком в капюшоне. Настала полутьма, и молнии бороздили черное небо. Из него вдруг брызнуло

8 **ни́жняя че́люсть:** Unterkiefer. | 13 **рассу́док:** Verstand. | 22 **ступня́:** Fuß. | 28 **борозди́ть:** zerfurchen.

огнем, и крик кентуриона: «Снимай цепь!» – утонул в грохоте. Счастливые солдаты кинулись бежать с холма, надевая шлемы.

Тьма закрыла Ершалаим.

Ливень хлынул внезапно и застал кентурии на полдороге на холме. Вода обрушилась так страшно, что, когда солдаты бежали книзу, им вдогонку уже летели бушующие потоки. Солдаты скользили и падали на размокшей глине, спеша на ровную дорогу, по которой – уже чуть видная в пелене воды – уходила в Ершалаим до нитки мокрая конница. Через несколько минут в дымном вареве грозы, воды и огня на холме остался только один человек.

Потрясая недаром украденным ножом, срываясь со скользких уступов, цепляясь за что попало, иногда ползя на коленях, он стремился к столбам. Он то пропадал в полной мгле, то вдруг освещался трепещущим светом.

Дорвавшись до столбов, уже по щиколотку в воде, он содрал с себя отяжелевший, пропитанный водою таллиф, остался в одной рубахе и припал к ногам Иешуа. Он перерезал веревки на голенях, поднялся на нижнюю перекладину, обнял Иешуа и освободил руки от верхних связей. Голое влажное тело Иешуа обрушилось на Левия и повалило его наземь. Левий тут же хотел взвалить его

5 **хлы́нуть:** sich ergießen. | 7 f. **бушева́ть:** tosen. | 8 **размо́кнуть:** aufweichen. | 9 **гли́на:** Lehm. | 10 **пелена́:** Schleier. | 10 f. **до ни́тки мо́крый:** nass bis auf die Haut. | 11 f. **ва́рево** (volkst.): Brühe. | 14 **потряса́ть:** schwenken. | **срыва́ться:** abrutschen. | 15 **усту́п:** Felsvorsprung. | **цепля́ясь за что попа́ло:** sich an allem festklammernd, was ihm unterkam. | 17 **трепе́щущий:** schwankend. | 21 **голе́нь** (f.): Unterschenkel. | 24 **взвали́ть:** aufladen.

на плечи, но какая-то мысль остановила его. Он оставил на земле в воде тело с запрокинутой головой и разметанными руками и побежал на разъезжающихся в глиняной жиже ногах к другим столбам. Он перерезал веревки и на них, и два тела обрушились на землю.

Прошло несколько минут, и на вершине холма остались только эти два тела и три пустых столба. Вода била и поворачивала эти тела.

Ни Левия, ни тела Иешуа на верху холма в это время уже не было.

Глава 17
Беспокойный день

Freitagmorgen. Nach der skandalösen Varietévorstellung blühen die Gerüchte in Moskau über den seltsamen Magier, den nun alle live erleben wollen. Die Schlange der Menschen, die um Eintrittskarten anstehen, ist unermesslich lang, so dass die Polizei für Ordnung sorgen muss. Der überforderte Buchhalter Vasilij Stepanovič Lastočkin, der nach dem Verschwinden der verantwortlichen Führungskräfte nun nolens volens die Regie des Theaters übernimmt, muss aufgebrachte Menschen, so auch die gereizte Gattin des Finanzdirektors Rimskij, so gut es geht beruhigen und der Polizei Rede und Antwort stehen. Deren Ermittlungen verlaufen aber im Sande; selbst der berühmte Polizeihund Karo-As (Туз-Бубен) fin-

2 **запроки́нуть го́лову:** den Kopf in den Nacken werfen. | 3 **размета́ть:** ausbreiten. | **разъезжа́ться:** wegrutschen. | 4 **жи́жа:** Brühe.

det keine Spur von den Verschwundenen. Zum Verdruss der wartenden Menschen wird eine erneute Abendvorstellung abgesagt.

Auf dem Weg zur Finanzabteilung der »Kommission für Schauspiel und leichte Unterhaltung« (Зрелищная комиссия), bei der er die Einnahmen der Vorstellung einzahlen will, trifft Vasilij Stepanovič auf einen frustrierten Taxifahrer, der wiederholt das Opfer von »verzauberten« Geldscheinen geworden ist, die sich als wertlose Flaschenaufkleber entpuppten. Missgestimmt berichtet er von den Tricks des Varieté-Zauberkünstlers mit Zehnrubelscheinen …

Бухгалтер обомлел, съежился и сделал такой вид, как будто и самое слово «Варьете» он слышит впервые, а сам подумал: «Ну и ну!..»

Приехав куда нужно, расплатившись благополучно, бухгалтер вошел в здание и устремился по коридору туда, где находился кабинет заведующего, и уже по дороге понял, что попал не вовремя. Какая-то суматоха царила в канцелярии Зрелищной комиссии. Мимо бухгалтера пробежала курьерша со сбившимся на затылок платочком и с вытаращенными глазами.

– Нету, нету, нету, милые мои! – кричала она, обращаясь неизвестно к кому. – Пиджак и штаны тут, а в пиджаке ничего нету!

Она скрылась в какой-то двери, и тут же за ней послышались звуки битья посуды. Из секретарской комнаты

14 **Ну и ну!:** O je o je! | 18 **сумато́ха:** Durcheinander. | 20 **сби́ться:** hier: verrutschen.

выбежал знакомый бухгалтеру заведующий первым сектором комиссии, но был в таком состоянии, что бухгалтера не узнал, и скрылся бесследно.

Потрясенный всем этим бухгалтер дошел до секретарской комнаты, являвшейся преддверием кабинета председателя комиссии, и здесь окончательно поразился.

Из-за закрытой двери кабинета доносился грозный голос, несомненно принадлежащий Прохору Петровичу – председателю комиссии. «Распекает, что ли, кого?» – подумал смятенный бухгалтер и, оглянувшись, увидел другое: в кожаном кресле, закинув голову на спинку, безудержно рыдая, с мокрым платком в руке, лежала, вытянув ноги почти до середины секретарской, личный секретарь Прохора Петровича – красавица Анна Ричардовна.

Весь подбородок Анны Ричардовны был вымазан губной помадой, а по персиковым щекам ползли с ресниц черные потоки раскисшей краски.

Увидев, что кто-то вошел, Анна Ричардовна вскочила, кинулась к бухгалтеру, вцепилась в лацканы его пиджака, стала трясти бухгалтера и кричать:

– Слава богу! Нашелся хоть один храбрый! Все разбежались, все предали! Идемте, идемте к нему, я не знаю, что делать! – И, продолжая рыдать, она потащила бухгалтера в кабинет.

Попав в кабинет, бухгалтер первым долгом уронил

5 **преддве́рие:** Vorzimmer. | 9 **распека́ть** (umg.): herunterputzen. | 12 **безу́держно:** unaufhaltsam. | **рыда́ть:** schluchzen. | 18 **раски́снуть:** aufweichen. | 20 **ла́цкан:** Revers. | 26 **пе́рвым до́лгом:** zuallererst.

портфель, и все мысли в его голове перевернулись кверху ногами. И надо сказать, было от чего.

За огромным письменным столом с массивной чернильницей сидел пустой костюм и не обмакнутым в чернила сухим пером водил по бумаге. Костюм был при галстуке, из кармашка костюма торчало самопишущее перо, но над воротником не было ни шеи, ни головы, равно как из манжет не выглядывали кисти рук. Костюм был погружен в работу и совершенно не замечал той кутерьмы, что царила кругом. Услыхав, что кто-то вошел, костюм откинулся в кресле, и над воротником прозвучал хорошо знакомый бухгалтеру голос Прохора Петровича:

– В чем дело? Ведь на дверях же написано, что я не принимаю.

Красавица секретарь взвизгнула и, ломая руки, вскричала:

– Вы видите? Видите?! Нету его! Нету! Верните его, верните!

Тут в дверь кабинета кто-то сунулся, охнул и вылетел вон. Бухгалтер почувствовал, что ноги его задрожали, и сел на краешек стула, но не забыл поднять портфель. Анна Ричардовна прыгала вокруг бухгалтера, терзая его пиджак, и вскрикивала:

– Я всегда, всегда останавливала его, когда он черты-

1 f. **переверну́ться кве́рху нога́ми:** hier: Purzelbäume schlagen. | 3 f. **черни́льница:** Tintenfass. | 4 **обмакну́ть:** eintauchen. | 6 **торча́ть:** ragen. | 6 f. **самопи́шущее перо́:** Füllfederhalter. | 10 **кутерьма́:** Wirrwarr. | 20 **су́нуться** (umg.): den Kopf hereinstrecken. | 23 **терза́ть:** hier: an etw. herumreißen. | 25 f. **чертыха́ться:** fluchen (und dabei den Namen des Teufels nennen).

хался! Вот и дочертыхался! – Тут красавица подбежала к письменному столу и музыкальным нежным голосом, немного гнусавым после плача, воскликнула: – Проша! Где вы?

– Кто вам тут «Проша»? – осведомился надменно костюм, еще глубже заваливаясь в кресле.

– Не узнаёт! Меня не узнаёт! Вы понимаете? – взрыдала секретарь.

– Попрошу не рыдать в кабинете! – уже злясь, сказал вспыльчивый костюм в полоску и рукавом подтянул к себе свежую пачку бумаг, с явной целью поставить на них резолюции.

– Нет, не могу видеть этого, нет, не могу! – закричала Анна Ричардовна и выбежала в секретарскую, а за нею как пуля вылетел и бухгалтер.

– Вообразите, сижу, – рассказывала, трясясь от волнения, Анна Ричардовна, снова вцепившись в рукав бухгалтера, – и входит кот. Черный, здоровый, как бегемот. Я, конечно, кричу ему «брысь!». Он – вон, а вместо него входит толстяк, тоже с какой-то кошачьей мордой, и говорит: «Это что же вы, гражданка, посетителям „брысь" кричите?» И прямо шасть к Прохору Петровичу. Я, конечно, за ним, кричу: «Вы с ума сошли?» А он, наглец, прямо к Прохору Петровичу и садится против него в кресло! Ну, тот … он – добрейшей души человек, но нервный. Вспылил! Не спорю. Нервозный человек, работает как вол, – вспылил. «Вы чего, говорит, без доклада влезаете?» А тот нахал, вообразите, развалился в кресле

18 **бегемóт:** Nilpferd. | 20 **кóшачья мóрда:** Katzenvisage. | 22 **шасть:** schwups. | 27 **вол:** Ochse. | **без доклáда:** ohne Anmeldung. | 28 **нахáл:** Frechling.

и говорит, улыбаясь. «А я, – говорит, – с вами по дельцу пришел потолковать». Прохор Петрович вспылил опять-таки: «Я занят!» А тот, подумайте только, отвечает: «Ничем вы не заняты …» А? Ну, тут уж, конечно, терпение Прохора Петровича лопнуло, и он вскричал: «Да что ж это такое? Вывести его вон, черти б меня взяли!» А тот, вообразите, улыбнулся и говорит: «Черти чтоб взяли? А что ж, это можно!» И, трах, я не успела вскрикнуть, смотрю: нету этого с кошачьей мордой и си… сидит … костюм … Геее!.. – распялив совершенно потерявший всякие очертания рот, завыла Анна Ричардовна.

Подавившись рыданием, она перевела дух, но понесла что-то уж совсем несообразное:

– И пишет, пишет, пишет! С ума сойти! По телефону говорит! Костюм! Все разбежались, как зайцы!

Бухгалтер только стоял и трясся. Но тут судьба его выручила. В секретарскую спокойной деловой походкой входила милиция в числе двух человек. Увидев их, красавица зарыдала еще пуще, тыча рукою в дверь кабинета.

– Давайте не будем рыдать, гражданка, – спокойно сказал первый, а бухгалтер, чувствуя, что он здесь совершенно лишний, выскочил из секретарской и через минуту уже был на свежем воздухе. В голове у него был какой-то сквозняк, гудело, как в трубе, и в этом гудении

1 **по де́льцу** (umg.): in einer Angelegenheit. | 6 **че́рти б меня́ взя́ли:** Der Teufel soll mich holen. | 8 **трах:** rums! | 10 **распя́лить** (volkst.): weit aufsperren. | 12 **подави́ться:** fast ersticken. | 17 **вы́ручить:** hier: aus einer misslichen Lage befreien, zu Hilfe kommen. | **делово́й:** geschäftsmäßig. | 19 **ты́кать** (-чу): hinzeigen. | 25 **сквозня́к:** Zugluft.

слышались клочки капельдинерских рассказов о вчерашнем коте, который принимал участие в сеансе. «Э-ге-ге! Да уж не наш ли это котик?»

Не добившись толку в комиссии, добросовестный Василий Степанович решил побывать в филиале ее, помещавшемся в Ваганьковском переулке. И чтобы успокоить себя немного, проделал путь до филиала пешком.

Der gewissenhafte Buchhalter Vasilij Stepanovič, der endlich die Einnahmen von mehr als 20 000 Rubel einzahlen möchte, macht sich per pedes zur Filiale der »Städtischen Schauspielkommission« auf. Dort wird er Zeuge eines weiteren Ganovenstücks der Woland-Clique: Anstatt zu arbeiten, singen alle Mitarbeiter laut und immerfort, ohne besonderen Anlass, das bekannte und bei Strafgefangenen beliebte Lied »Herrlicher Bajkal, du heiliges Meer …« (»Славное море, священный Байкал«), das ihnen ein vermeintlicher Kirchenchorleiter in karierten Hosen und mit einem kaputten Zwicker auf der Nase – der Leser erkennt in ihm sofort den Gauner Korov'ev – »beigebracht« hat. Ein herbeigerufener Arzt stellt eine Art Massenhypnose fest und veranlasst die Einlieferung der gesamten Belegschaft der »Städtischen Schauspielkommission« in die psychiatrische Klinik von Dr. Stravinskij.

Auch Vasilij Stepanovič fällt den Streichen der Woland-Truppe zum Opfer: Beim Einzahlen der Einnahmen haben sich auf mysteriöse Weise die sowjetischen Rubel in aus-

1 **капельди́нерский:** капельди́нер (alt): Platzanweiser (hier: im Variété).

ländische Devisen verwandelt. Wie nicht anders zu erwarten ist: der konsternierte Buchhalter wird umgehend verhaftet.

Der Zauberspuk findet in Kapitel 18 (»Неудачливые визитёры« – »Erfolglose Besucher«), dem letzten Kapitel des ersten Teils, weitere Höhepunkte. Eine neue Person tritt auf: Der auf eigenen Vorteil bedachte Onkel des überfahrenen Berlioz, Maksimilian Andreevič Poplavskij, kommt unverzüglich aus Kiev angereist, um die begehrte Moskauer Wohnung seines Neffen als Erbe für sich zu beanspruchen. Er wird aber von Azazello achtkantig aus dem Haus geworfen; verstört fährt er fluchtartig zurück nach Kiev.
Ein weiterer Besucher, der Leiter des Buffets im Variété-Theater Andrej Fokič Sokov, beschwert sich bei Woland, als Folge der Zaubertricks des Magiers Falschgeld in Form von wertlosen Flaschenetiketten bekommen zu haben. Woland beweist ihm, sehr zur Sokovs Verblüffung, das Gegenteil, beschuldigt ihn darüber hinaus bissig des Betruges und prophezeit dem Geizkragen einen baldigen Tod durch Leberkrebs.
Die dritte genarrte Person ist Professor Kuz'min, der für Sokovs Untersuchung als Honorar nicht nur verhexte, unbrauchbare Sekt-Etiketten anstelle von Echtgeld erhält, sondern von einem Kätzchen, einem Foxtrott tanzenden Spatz und einem furchteinflößenden Wesen in Schwesternhaube und mit Stoßzahn (Azazello!) in Angst und Schrecken versetzt wird. Der erste Teil des Buches endet mit dem lakonischen Hinweis des »wahrheitsliebenden Erzählers« (»правдивый повествователь«):

Что дальше происходило диковинного в Москве в эту ночь, мы не знаем и доискиваться, конечно, не станем, – тем более что настает пора переходить нам ко второй части этого правдивого повествования. За мной, читатель!

1 **дико́винный:** seltsam. | 2 **до́искиваться:** aufdecken, herauskriegen. | **не стать** (+ Inf.): etw. gar nicht erst tun.

ЧАСТЬ ВТОРАЯ

Глава 19

Маргарита

За мной, читатель! Кто сказал тебе, что нет на свете настоящей, верной, вечной любви? Да отрежут лгуну его гнусный язык!

За мной, мой читатель, и только за мной, и я покажу тебе такую любовь!

Нет! Мастер ошибался, когда с горечью говорил Иванушке в больнице в тот час, когда ночь переваливалась через полночь, что она позабыла его. Этого быть не могло. Она его, конечно, не забыла.

Прежде всего откроем тайну, которой мастер не пожелал открыть Иванушке. Возлюбленную его звали Маргаритой Николаевной. Все, что мастер говорил о ней бедному поэту, было сущей правдой. Он описал свою возлюбленную верно. Она была красива и умна. К этому надо добавить еще одно – с уверенностью можно сказать, что многие женщины все, что угодно отдали бы за то, чтобы променять свою жизнь на жизнь Маргариты Николаевны. Бездетная тридцатилетняя Маргарита была женою очень крупного специалиста, к тому же сделавшего важнейшее открытие государственного значения. Муж ее был молод, красив, добр, честен и обожал свою жену. Маргарита Николаевна со своим мужем вдвоем занимали весь верх прекрасного особняка в саду в одном из переулков близ Арбата. Очаровательное ме-

6 **гну́сный:** schändlich. | 16 **су́щий:** pur. | 24 **обожа́ть:** vergöttern.

сто! Всякий может в этом убедиться, если пожелает направиться в этот сад. Пусть обратится ко мне, я скажу ему адрес, укажу дорогу – особняк цел еще до сих пор.[84]

Маргарита Николаевна не нуждалась в деньгах. Маргарита Николаевна могла купить все, что ей понравится. Среди знакомых ее мужа попадались интересные люди. Маргарита Николаевна никогда не прикасалась к примусу. Маргарита Николаевна не знала ужасов житья в совместной квартире. Словом … она была счастлива? Ни одной минуты! С тех пор, как девятнадцатилетней она вышла замуж и попала в особняк, она не знала счастья. Боги, боги мои! Что же нужно было этой женщине?! Что нужно было этой женщине, в глазах которой всегда горел какой-то непонятный огонечек? Что нужно было этой чуть косящей на один глаз ведьме, украсившей себя тогда весною мимозами? Не знаю. Мне неизвестно. Очевидно, она говорила правду, ей нужен был он, мастер, а вовсе не готический особняк, и не отдельный сад, и не деньги. Она любила его, она говорила правду.

Даже у меня, правдивого повествователя, но постороннего человека, сжимается сердце при мысли о том, что испытала Маргарита, когда пришла на другой день в домик мастера, по счастью, не успев переговорить с мужем, который не вернулся в назначенный срок, и узнала, что мастера уже нет. Она сделала все, чтобы разузнать что-нибудь о нем, и, конечно, не разузнала ровно ничего. Тогда она вернулась в особняк и зажила на прежнем месте.

7 f. **при́мус:** Petroleumkocher. | 9 **совме́стная кварти́ра:** Gemeinschaftswohnung. | 22 **сжима́ться:** sich verkrampfen.

An dieser Stelle ist der Leser gut beraten, noch einmal die Erinnerungen des Meisters an Margarita in Kapitel 16 zu überfliegen.
Margarita ist untröstlich über das spurlose Verschwinden ihres Geliebten, der – was ihr da noch nicht bewusst ist – Verhaftung und Gefängnis erlitten und sich nun in die Psychiatrie begeben hat. Sie zieht sich zunächst deprimiert zurück und wird aufgrund ihres Doppellebens von Gewissensqualen geplagt; denn ihr Ehemann weiß nichts von der Affäre seiner Frau mit dem Meister. An jenem Freitag, an dem Wolands Gehilfen das Leben der Moskowiter durcheinanderwirbeln, erwachen, nach einem ominösen Traum, Magaritas (Über-) Lebensgeister: Sehnsüchtig betrachtet sie das Foto ihres Geliebten, liest über Pilatus in den von ihr vor dem Verbrennen geretteten Romanauszügen des Meisters, macht sich lustig über den Bericht ihres Hausmädchens Nataša, die von der seltsamen Séance im Variété-Theater erzählt, hört im Bus von dem gestohlenen Kopf eines Leichnams (wir erahnen: es ist das Haupt von Berlioz!) und freut sich, im Alexandergarten vor dem Kreml sitzend, über die Komplimente eines fremden Mannes. Hier wird sie auch Zeugin eines Trauerzuges mit verstört dreinschauenden Menschen …

Маргарита провожала глазами шествие, прислушиваясь к тому, как затихает вдали унылый турецкий барабан, выделывающий одно и то же «бумс, бумс, бумс», и думала: «Какие странные похороны … И какая тоска от этого „бумса"! Ах, право, дьяволу бы я заложила душу, чтобы

24 **ун<u>ы</u>лый:** trist. | 25 **выд<u>е</u>лывать:** hier: (umg.) von sich geben. | 27 **залож<u>и</u>ть:** hier: verpfänden.

только узнать, жив он или нет? … Интересно знать, кого это хоронят с такими удивительными лицами?»

– Берлиоза Михаила Александровича, – послышался рядом несколько носовой мужской голос, – председателя Массолита.

Удивленная Маргарита Николаевна повернулась и увидела на своей скамейке гражданина, который, очевидно, бесшумно подсел в то время, когда Маргарита загляделась на процессию и, надо полагать, в рассеянности вслух задала свой последний вопрос.

Процессия тем временем стала приостанавливаться, вероятно, задерживаемая впереди светофорами.

– Да, – продолжал неизвестный гражданин, – удивительное у них настроение. Везут покойника, а думают только о том, куда девалась его голова!

– Какая голова? – спросила Маргарита, вглядываясь в неожиданного соседа. Сосед этот оказался маленького роста, пламенно-рыжий, с клыком, в крахмальном белье, в полосатом добротном костюме, в лакированных туфлях и с котелком на голове. Галстух был яркий. Удивительно было то, что из кармашка, где обычно мужчины носят платочек или самопишущее перо, у этого гражданина торчала обглоданная куриная кость.

– Да, изволите ли видеть, – объяснил рыжий, – сегодня утром в грибоедовском зале голову у покойника стащили из гроба.

– Как же это может быть? – невольно спросила Маргарита, в то же время вспомнив шепот в троллейбусе.

15 **дева́ться:** hingeraten, bleiben. | 18 **клы́к:** Stoßzahn. | **крахма́льный:** gestärkt. | 19 **добро́тный:** gediegen. | 20 **котело́к:** hier: (umg.) Melone (Hut). | 23 **обгло́данный:** abgenagt.

– Черт его знает как! – развязно ответил рыжий. – Я, впрочем, полагаю, что об этом Бегемота не худо бы спросить. До ужаса ловко сперли. Такой скандалище! И, главное, непонятно, кому и на что она нужна, эта голова!

Как ни была занята своим Маргарита Николаевна, ее все же поразили странные враки неизвестного гражданина.

– Позвольте! – вдруг воскликнула она. – Какого Берлиоза? Это что в газетах сегодня …

– Как же, как же …

– Так это, стало быть, литераторы за гробом идут? – спросила Маргарита и вдруг оскалилась.

– Ну, натурально, они!

– А вы их знаете в лицо?

– Всех до единого, – ответил рыжий.

– Скажите, – заговорила Маргарита, и голос ее стал глух, – среди них нету критика Латунского?

– Как же его может не быть? – ответил рыжий. – Вон он с краю в четвертом ряду.

– Это блондин-то? – щурясь, спросила Маргарита.

– Пепельного цвета … Видите, он глаза вознес к небу.

– На патера похож?

– Во-во!

Больше Маргарита ничего не спросила, всматриваясь в Латунского.

– А вы, как я вижу, – улыбаясь, заговорил рыжий, – ненавидите этого Латунского.

3 **до у́жаса** (umg.): unglaublich. | **спере́ть** (umg.): klauen. | 7 **вра́ки** (umg.): Gefasel. | 16 **всех до еди́ного** (umg.): allesamt ohne Ausnahme. | 22 **пе́пельного цве́та:** aschblond.

– Я еще кой-кого ненавижу, – сквозь зубы ответила Маргарита, – но об этом неинтересно говорить.

Процессия в это время двинулась дальше, за пешими потянулись большею частью пустые автомобили.

– Да уж, конечно, чего тут интересного, Маргарита Николаевна!

Маргарита удивилась:

– Вы меня знаете?

Вместо ответа рыжий снял котелок и взял его на отлет.

«Совершенно разбойничья рожа!» – подумала Маргарита, вглядываясь в своего уличного собеседника.

– А я вас не знаю, – сухо сказала Маргарита.

– Откуда ж вам меня знать! А между тем я к вам послан по дельцу.

Маргарита побледнела и отшатнулась.

– С этого прямо и нужно было начинать, – заговорила она, – а не молоть черт знает что про отрезанную голову! Вы меня хотите арестовать?

– Ничего подобного, – воскликнул рыжий, – что это такое: раз заговорил, так уж непременно арестовать! Просто есть к вам дело.

– Ничего не понимаю, какое дело?

Рыжий оглянулся и сказал таинственно:

– Меня прислали, чтобы вас сегодня вечером пригласить в гости.

– Что вы бредите, какие гости?

– К одному очень знатному иностранцу, – значительно сказал рыжий, прищурив глаз.

3 **пéший:** Fußgänger. | 9 **взять на отлёт:** (den Hut) grüßend ziehen. | 10 **рóжа:** Visage. | 26 **брéдить:** hier: phantasieren.

Маргарита очень разгневалась.

– Новая порода появилась: уличный сводник! – поднимаясь, чтобы уходить, сказала она.

– Вот спасибо за такие поручения! – обидевшись, воскликнул рыжий и проворчал в спину уходящей Маргарите: – Дура!

– Мерзавец! – отозвалась та, оборачиваясь, и тут же услышала за собой голос рыжего:

– Тьма, пришедшая со Средиземного моря, накрыла ненавидимый прокуратором город. Исчезли висячие мосты, соединяющие храм со страшной Антониевой башней [85] … Пропал Ершалаим, великий город, как будто не существовал на свете … Так пропадите же вы пропадом с вашей обгоревшей тетрадкой и сушеной розой! Сидите здесь на скамейке одна и умоляйте его, чтобы он отпустил вас на свободу, дал дышать воздухом, ушел бы из памяти!

Побелев лицом, Маргарита вернулась к скамейке. Рыжий глядел на нее, прищурившись.

– Я ничего не понимаю, – тихо заговорила Маргарита Николаевна, – про листки еще можно узнать … проникнуть, подсмотреть … Наташа подкуплена, да? Но как вы могли узнать мои мысли? – Она страдальчески сморщилась и добавила: – Скажите мне, кто вы такой? Из какого вы учреждения?

– Вот скука-то, – проворчал рыжий и заговорил гром-

2 **у́личный сво́дник:** Straßenkuppler. | 7 **мерза́вец:** Schuft. | 13 f. **пропади́те про́падом:** scheren Sie sich zum Teufel. | 14 **сушёный:** vertrocknet. | 21 **про листки́:** hier: über die Blätter. | 22 **подкупи́ть:** bestechen. | 26 **Вот ску́ка-то** (umg.): Wie öde!

че: – Простите, ведь я сказал вам, что ни из какого я не из учреждения! Сядьте, пожалуйста.

Маргарита беспрекословно повиновалась, но все-таки, садясь, спросила еще раз:

– Кто вы такой?

– Ну хорошо, зовут меня Азазелло, но ведь все равно вам это ничего не говорит.

– А вы мне не скажете, откуда вы узнали про листки и про мои мысли?

– Не скажу, – сухо ответил Азазелло.

– Но вы что-нибудь знаете о нем? – моляще шепнула Маргарита.

– Ну, скажем, знаю.

– Молю, скажите только одно: он жив? Не мучьте!

– Ну, жив, жив, – неохотно отозвался Азазелло.

– Боже!

– Пожалуйста, без волнений и вскрикиваний, – нахмурясь, сказал Азазелло.

– Простите, простите, – бормотала покорная теперь Маргарита, – я, конечно, рассердилась на вас. Но, согласитесь, когда на улице приглашают женщину куда-то в гости … У меня нет предрассудков, я вас уверяю, – Маргарита невесело усмехнулась, – но я никогда не вижу никаких иностранцев, общаться с ними у меня нет никакой охоты … и кроме того, мой муж … Моя драма в том, что я живу с тем, кого я не люблю, но портить ему жизнь считаю делом недостойным. Я от него ничего не видела, кроме добра …

3 **беспрекосло́вный:** widerspruchslos. | 19 **поко́рный:** gehorsam.

Азазелло с видимой скукой выслушал эту бессвязную речь и сказал сурово:

– Попрошу вас минутку помолчать.

Маргарита покорно замолчала.

– Я приглашаю вас к иностранцу совершенно безопасному. И ни одна душа не будет знать об этом посещении. Вот уж за это я вам ручаюсь.

– А зачем я ему понадобилась? – вкрадчиво спросила Маргарита.

– Вы об этом узнаете позже.

– Понимаю … Я должна ему отдаться, – сказала Маргарита задумчиво.

На это Азазелло как-то надменно хмыкнул и ответил так:

– Любая женщина в мире, могу вас уверить, мечтала бы об этом, – рожу Азазелло перекосило смешком, – но я разочарую вас, этого не будет.

– Что за иностранец такой?! – в смятении воскликнула Маргарита так громко, что на нее обернулись проходившие мимо скамейки. – И какой мне интерес идти к нему?

Азазелло наклонился к ней и шепнул многозначительно:

– Ну, интерес-то очень большой … Вы воспользуетесь случаем …

– Что? – воскликнула Маргарита, и глаза ее округлились. – Если я вас правильно понимаю, вы намекаете на то, что я там могу узнать о нем?

13 **хмы́кнуть:** einen spöttischen Ton hervorstoßen. | 16 **перекоси́ть:** verzerren.

Азазелло молча кивнул головой.

– Еду! – с силой воскликнула Маргарита и ухватила Азазелло за руку. – Еду, куда угодно!

Азазелло, облегченно отдуваясь, откинулся на спинку скамейки, закрыв спиной крупно вырезанное на ней имя «Нюра», и заговорил иронически:

– Трудный народ эти женщины! – он засунул руки в карманы и далеко вперед вытянул ноги. – Зачем, например, меня послали по этому делу? Пусть бы ездил Бегемот, он обаятельный …

Маргарита заговорила, криво и горько улыбаясь:

– Перестаньте вы меня мистифицировать и мучить вашими загадками … Я ведь человек несчастный, и вы пользуетесь этим. Лезу я в какую-то странную историю, но, клянусь, только из-за того, что вы поманили меня словами о нем! У меня кружится голова от всех этих непонятностей …

– Без драм, без драм, – гримасничая, отозвался Азазелло, – в мое положение тоже нужно входить. Надавать администратору по морде, или выставить дядю из дому, или подстрелить кого-нибудь, или какой-нибудь еще пустяк в этом роде, это моя прямая специальность, но разговаривать с влюбленными женщинами – слуга покорный! Ведь я вас полчаса уже уламываю. Так едете?

– Еду, – просто ответила Маргарита Николаевна.

– Тогда потрудитесь получить, – сказал Азазелло и,

4 **отдува́ться:** schnaufen. | 10 **обая́тельный:** bezaubernd. | 15 **помани́ть:** hier: locken. | 20 **вы́ставить:** hier: rausschmeißen. | 23 f. **слуга́ поко́рный** (alt.; ironisch): besten Dank. | 24 **ула́мывать** (umg.): breitschlagen, mit Mühe überreden. | 26 **потруди́тесь** (+ Inf.): hier: seien Sie so gut.

вынув из кармана круглую золотую коробочку, протянул ее Маргарите со словами: – Да прячьте же, а то прохожие смотрят. Она вам пригодится, Маргарита Николаевна, вы порядочно постарели от горя за последние полгода. – Маргарита вспыхнула, но ничего не ответила, а Азазелло продолжал: – Сегодня вечером, ровно в половину десятого, потрудитесь, раздевшись донага, натереть этой мазью лицо и все тело. Дальше делайте, что хотите, но не отходите от телефона. В десять я вам позвоню и все, что нужно, скажу. Вам ни о чем не придется заботиться, вас доставят куда нужно, и вам не причинят никакого беспокойства. Понятно?

Маргарита помолчала, потом ответила:

– Понятно. Эта вещь из чистого золота, видно по тяжести. Ну что же, я прекрасно понимаю, что меня подкупают и тянут в какую-то темную историю, за которую я очень поплачусь.

– Это что же такое, – почти зашипел Азазелло, – вы опять?..

– Нет, погодите!

– Отдайте обратно крем!

Маргарита крепче зажала в руке коробку и продолжала:

– Нет, погодите … Я знаю, на что иду. Но иду на все из-за него, потому что ни на что в мире больше надежды у меня нет. Но я хочу вам сказать, что, если вы меня погубите, вам будет стыдно! Да, стыдно! Я погибаю из-за любви! – и, стукнув себя в грудь, Маргарита глянула на солнце.

2 **пря́чьте:** Imp. von пря́тать: wegstecken. | 7 **донага́:** splitternackt. | 7f. **натере́ть:** einreiben. | 18 **зашипе́ть:** anzischen (шипе́ть).

– Отдайте обратно, – в злобе закричал Азазелло, – отдайте обратно, и к черту все это! Пусть посылают Бегемота!

– О нет! – воскликнула Маргарита, поражая проходящих. – Согласна на все, согласна проделать эту комедию с натиранием мазью, согласна идти к черту на кулички! Не отдам!

– Ба! – вдруг заорал Азазелло и, вылупив глаза на решетку сада, стал указывать куда-то пальцем.

Маргарита повернулась туда, куда указывал Азазелло, но ничего особенного там не обнаружила. Тогда она обернулась к Азазелло, желая получить объяснение этому нелепому «Ба!», но давать это объяснение было некому: таинственный собеседник Маргариты Николаевны исчез.

Маргарита быстро сунула руку в сумочку, куда перед этим спрятала коробочку, и убедилась, что она там. Тогда, ни о чем не размышляя, Маргарита торопливо побежала из Александровского сада вон.

Глава 20
Крем Азазелло

Луна в вечернем чистом небе висела полная, видная сквозь ветки клена. Липы и акации разрисовали землю в саду сложным узором пятен. Трехстворчатое окно в фо-

6 **к чёрту на ку́лички** (umg.): hier: bis ans Ende der Welt. | 8 **вы́лупить глаза́:** glotzen. | 24 **узо́р:** Muster. | 24 f. **трёхство́рчатое окно́ в фонаре́:** dreiteiliges Erkerfenster.

наре, открытое, но задернутое шторой, светилось бешеным электрическим светом. В спальне Маргариты Николаевны горели все огни и освещали полный беспорядок в комнате.

На кровати на одеяле лежали сорочки, чулки и белье, скомканное же белье валялось просто на полу рядом с раздавленной в волнении коробкой папирос. Туфли стояли на ночном столике рядом с недопитой чашкой кофе и пепельницей, в которой дымил окурок. На спинке стула висело черное вечернее платье. В комнате пахло духами, кроме того, в нее доносился откуда-то запах раскаленного утюга.

Маргарита Николаевна сидела перед трюмо в одном купальном халате, наброшенном на голое тело, и в замшевых черных туфлях. Золотой браслет с часиками лежал перед Маргаритой Николаевной рядом с коробочкой, полученной от Азазелло, и Маргарита не сводила глаз с циферблата. Временами ей начинало казаться, что часы сломались и стрелки не движутся. Но они двигались, хотя и очень медленно, как будто прилипая, и наконец длинная стрелка упала на двадцать девятую минуту десятого. Сердце Маргариты страшно стукнуло, так что она не смогла даже сразу взяться за коробочку. Справившись с собою, Маргарита открыла ее и увидела в коробочке жирный желтоватый крем. Ей показалось, что он пахнет болотной тиной. Кончиком пальца Маргарита выложила небольшой мазочек крема на ладонь,

5 **соро́чка:** Damenunterhemd. | 6 **ско́мканный:** zerknittert. | 9 **оку́рок:** Zigarettenkippe. | 13 **трюмо́:** Pfeilerspiegel, Trumeau. | 15 **брасле́т с ча́сиками:** Armspange mit kleiner Uhr. | 20 **прилипа́ть:** festkleben. | 26 **боло́тная ти́на:** Sumpfschlamm.

причем сильнее запахло болотными травами и лесом, и затем ладонью начала втирать крем в лоб и щеки.

Крем легко мазался и, как показалось Маргарите, тут же испарялся. Сделав несколько втираний, Маргарита глянула в зеркало и уронила коробочку прямо на стекло часов, от чего оно покрылось трещинами. Маргарита закрыла глаза, потом глянула еще раз и буйно расхохоталась.

Ощипанные по краям в ниточку пинцетом брови сгустились и черными ровными дугами легли над зазеленевшими глазами. Тонкая вертикальная морщинка, перерезавшая переносицу, появившаяся тогда, в октябре, когда пропал мастер, бесследно исчезла. Исчезли и желтенькие тени у висков, и две чуть заметные сеточки у наружных углов глаз. Кожа щек налилась ровным розовым цветом, лоб стал бел и чист, а парикмахерская завивка волос развилась.

На тридцатилетнюю Маргариту из зеркала глядела от природы кудрявая черноволосая женщина лет двадцати, безудержно хохочущая, скалящая зубы.

Нахохотавшись, Маргарита выскочила из халата одним прыжком и широко зачерпнула легкий жирный крем и сильными мазками начала втирать его в кожу тела. Оно сейчас же порозовело и загорелось. Затем мгновенно, как будто из мозга выхватили иголку, утих висок, нывший весь вечер после свидания в Александровском

4 **испаря́ться**/-иться: verdunsten. | 6 **тре́щина:** Riss, Sprung. | 9 **оща́панный:** gezupft. | 10 **дуга́:** Bogen. | 12 **перено́сица:** Nasenwurzel. | 14 **се́точка:** Dim. zu сеть: Netz. | 16 f. **парикма́херская зави́вка воло́с:** Dauerwelle. | 17 **разви́ться:** sich lösen. | 22 **зачерпну́ть:** schöpfen. | 23 **мазо́к:** hier: Einstrich. | 26 **ныть:** schmerzen.

саду, мускулы рук и ног окрепли, а затем тело Маргариты потеряло вес.

Она подпрыгнула и повисла в воздухе невысоко над ковром, потом ее медленно потянуло вниз, и она опустилась.

– Ай да крем! Ай да крем! – закричала Маргарита, бросаясь в кресло.

Втирания изменили ее не только внешне. Теперь в ней во всей, в каждой частице тела, вскипала радость, которую она ощутила, как пузырьки, колющие все ее тело. Маргарита ощутила себя свободной, свободной от всего. Кроме того, она поняла со всей ясностью, что именно случилось то, о чем еще утром говорило предчувствие, и что она покидает особняк и прежнюю свою жизнь навсегда. Но от этой прежней жизни все же откололась одна мысль о том, что нужно исполнить только один последний долг перед началом чего-то нового, необыкновенного, тянущего ее наверх, в воздух. И она, как была нагая, из спальни, то и дело взлетая на воздух, перебежала в кабинет мужа и, осветив его, кинулась к письменному столу. На вырванном из блокнота листе она без помарок быстро и крупно карандашом написала записку:

«Прости меня и как можно скорее забудь. Я тебя покидаю навек. Не ищи меня, это бесполезно. Я стала ведьмой от горя и бедствий, поразивших меня. Мне пора. Прощай. Маргарита».

С совершенно облегченной душой Маргарита приле-

3 **пови́снуть:** hier: schweben. | 10 **коло́ть:** hier: prickeln. | 15 f. **откол́оться:** abbröckeln. | 22 **пома́рка:** Korrektur.

тела в спальню, и следом за нею туда же вбежала Наташа, нагруженная вещами. И тотчас все эти вещи, деревянные плечики с платьем, кружевные платки, синие шелковые туфли на распялках и поясок – все это посыпалось на пол, и Наташа всплеснула освободившимися руками.

– Что, хороша? – громко крикнула охрипшим голосом Маргарита Николаевна.

– Как же это? – шептала Наташа, пятясь. – Как вы это делаете, Маргарита Николаевна?

– Это крем! Крем, крем! – ответила Маргарита, указывая на сверкающую золотую коробку и поворачиваясь перед зеркалом.

Наташа, забыв про валяющееся на полу мятое платье, подбежала к трюмо и жадными, загоревшимися глазами уставилась на остаток мази. Губы ее что-то шептали. Она опять повернулась к Маргарите и проговорила с каким-то благоговением:

– Кожа-то, а? Кожа-то, Маргарита Николаевна, ведь ваша кожа светится! – Но тут она опомнилась, подбежала к платью, подняла и стала отряхивать его.

– Бросьте! Бросьте! – кричала ей Маргарита. – К черту его, все бросьте! Впрочем, нет, берите его себе на память. Говорю, берите на память. Все забирайте, что есть в комнате!

Как будто ополоумев, неподвижная Наташа некоторое время смотрела на Маргариту, потом повисла у нее на шее, целуя и крича:

3 **кружевны́е платки́:** Spitzentücher. | 4 **распя́лка:** Schuhspanner. | 5 f. **всплесну́ть рука́ми:** die Hände überm Kopf zusammenschlagen. | 21 **отря́хивать:** ausschütteln.

– Атласная! Светится! Атласная! А брови-то, брови!

– Берите все тряпки, берите духи и волоките к себе в сундук, прячьте, – кричала Маргарита, – но драгоценностей не берите, а то вас в краже обвинят!

Наташа сгребла в узел, что ей попало под руку, платья, туфли, чулки и белье, и побежала вон из спальни.

В это время откуда-то с другой стороны переулка, из открытого окна, вырвался и полетел громовой виртуозный вальс и послышалось пыхтение подъехавшей к воротам машины.

– Сейчас позвонит Азазелло! – воскликнула Маргарита, слушая сыплющийся в переулке вальс. – Он позвонит! А иностранец безопасен. Да, теперь я понимаю, что он безопасен!

Машина зашумела, удаляясь от ворот. Стукнула калитка, и на плитках дорожки послышались шаги.

«Это Николай Иванович, по шагам узнаю, – подумала Маргарита, – надо будет сделать на прощание что-то очень смешное и интересное».

Маргарита рванула штору в сторону и села на подоконник боком, охватив колено руками. Лунный свет лизнул ее с правого бока. Маргарита подняла голову к луне и сделала задумчивое и поэтическое лицо. Шаги стукнули еще раза два и затем внезапно стихли. Еще полюбовавшись на луну, вздохнув для приличия, Маргарита повернула голову в сад и действительно увидела Ни-

2 **тря́пки** (umg.): Klamotten. | **воло́чь** (-оку́; umg.): schleppen. | 5 **сгрести́** (сгрёб, сгребла́; umg.): packen. | **у́зел:** hier: Bündel. | 9 **пыхте́ние:** Schnaufen, Keuchen (пыхте́ть). | 12 **сы́паться** (volkst.): hier: laut ertönen. | 16 **пли́тки доро́жки:** Steinplatten. | 22 **лизну́ть:** belecken. | 25 **для прили́чия:** anstandshalber.

колая Ивановича, проживающего в нижнем этаже этого самого особняка. Луна ярко заливала Николая Ивановича. Он сидел на скамейке, и по всему было видно, что он опустился на нее внезапно. Пенсне на его лице как-то перекосилось, а свой портфель он сжимал в руках.

– А, здравствуйте, Николай Иванович, – грустным голосом сказала Маргарита, – добрый вечер! Вы из заседания?

Николай Иванович ничего не ответил на это.

– А я, – продолжала Маргарита, побольше высовываясь в сад, – сижу одна, как видите, скучаю, гляжу на луну и слушаю вальс.

Левою рукою Маргарита провела по виску, поправляя прядь волос, потом сказала сердито:

– Это невежливо, Николай Иванович! Все-таки я дама, в конце концов! Ведь это хамство не отвечать, когда с вами разговаривают!

Николай Иванович, видный в луне до последней пуговки на серой жилетке, до последнего волоска в светлой бородке клинышком, вдруг усмехнулся дикой усмешкой, поднялся со скамейки и, очевидно, не помня себя от смущения, вместо того чтобы снять шляпу, махнул портфелем в сторону и ноги согнул, как будто собирался пуститься вприсядку.

– Ах, какой вы скучный тип, Николай Иванович! – продолжала Маргарита. – Вообще вы все мне так надоели, что я выразить вам того не могу, и так я счастлива, что с вами расстаюсь! Ну вас к чертовой матери!

20 **боро́дка кли́нышком:** Spitzbart. | 24 **пусти́ться вприся́дку:** mit einem Tanz in der Hocke loslegen.

В это время за спиной Маргариты в спальне грянул телефон. Маргарита сорвалась с подоконника и, забыв про Николая Ивановича, схватила трубку.

– Говорит Азазелло, – сказали в трубке.

– Милый, милый Азазелло! – вскричала Маргарита.

– Пора! Вылетайте, – заговорил Азазелло в трубке, и по тону его было слышно, что ему приятен искренний, радостный порыв Маргариты, – когда будете пролетать над воротами, крикните: «Невидима!» Потом полетайте над городом, чтобы попривыкнуть, и затем на юг, вон из города, и прямо на реку. Вас ждут!

Маргарита повесила трубку, и тут в соседней комнате что-то деревянно заковыляло и стало биться в дверь. Маргарита распахнула ее, и половая щетка, щетиной вверх, танцуя, влетела в спальню. Концом своим она выбивала дробь на полу, лягалась и рвалась в окно. Маргарита взвизгнула от восторга и вскочила на щетку верхом. Тут только у наездницы мелькнула мысль о том, что она в этой суматохе забыла одеться. Она галопом подскочила к кровати и схватила первое попавшееся, какую-то голубую сорочку. Взмахнув ею, как штандартом, она вылетела в окно. И вальс над садом ударил сильнее.

С окошка Маргарита скользнула вниз и увидела Николая Ивановича на скамейке. Тот как бы застыл на ней

8 **поры́в:** Ausbruch. | 13 **заковыля́ть:** humpeln. | 14 **распахну́ть/-а́хивать:** aufreißen. | **полова́я щётка:** Schrubber. | **щети́на:** Borsten. | 16 **выбива́ть дробь:** einen Trommelwirbel schlagen. | **ляга́ться:** ausschlagen. | 18 **нае́здница:** Reiterin. | 20 **попа́вшееся:** was einem zufällig in die Finger kommt. | 25 **засты́ть:** erstarren.

и в полном ошеломлении прислушивался к крикам и грохоту, доносящимся из освещенной спальни верхних жильцов.

– Прощайте, Николай Иванович! – закричала Маргарита, приплясывая перед Николаем Ивановичем.

Тот охнул и пополз по скамейке, перебирая по ней руками и сбив наземь свой портфель.

– Прощайте навсегда! Я улетаю! – кричала Маргарита, заглушая вальс. Тут она сообразила, что рубашка ей ни к чему не нужна, и, зловеще захохотав, накрыла ею голову Николая Ивановича. Ослепленный Николай Иванович грохнулся со скамейки на кирпичи дорожки.

Маргарита обернулась, чтобы последний раз глянуть на особняк, где так долго она мучилась, и увидела в пылающем окне искаженное от изумления лицо Наташи.

– Прощай, Наташа! – прокричала Маргарита и вздернула щетку. – Невидима! Невидима! – еще громче крикнула она и между ветвями клена, хлестнувшими ее по лицу, перелетев ворота, вылетела в переулок. И вслед ей полетел совершенно обезумевший вальс.

5 **припля́сывать:** tänzeln. | 6 f. **перебира́ть рука́ми:** hier: krabbeln. | 10 **злове́щий:** unheilvoll. | 12 **гро́хнуться** (umg.): hinkrachen. | 19 **ветвь** (f.): Zweig. | **хлестну́ть:** hier: peitschen.

Глава 21

Полет

Невидима и свободна! Невидима и свободна! Пролетев по своему переулку, Маргарита попала в другой, пересекавший первый под прямым углом. Этот заплатанный, заштопанный, кривой и длинный переулок с покосившейся дверью нефтелавки, где кружками продают керосин и жидкость от паразитов во флаконах, она перерезала в одно мгновение и тут усвоила, что, даже будучи совершенно свободной и невидимой, все же и в наслаждении нужно быть хоть немного благоразумной. Только каким-то чудом затормозившись, она не разбилась насмерть о старый покосившийся фонарь на углу. Увернувшись от него, Маргарита покрепче сжала щетку и полетела помедленнее, вглядываясь в электрические провода и вывески, висящие поперек тротуара.

Третий переулок вел прямо к Арбату. Здесь Маргарита совершенно освоилась с управлением щеткой, поняла, что та слушается малейшего прикосновения рук или ног и что, летя над городом, нужно быть очень внимательной и не очень буйствовать. Кроме того, совершенно ясно стало уже в переулке, что прохожие летунью не ви-

2 **полёт:** Flug. | 5 **под прямы́м у́глом:** im rechten Winkel. | 5f. **запла́танный:** geflickt. | 6 **зашто́панный:** gestopft. | 7 **нефтела́вка:** Petroleumladen. | **кру́жками:** becherweise. | 8 **жи́дкость от парази́тов:** Mittel zur Schädlingsbekämpfung. | 9 **усво́ить:** begreifen. | 11f. **благоразу́мный:** umsichtig. | 13 **разби́ться на́смерть:** sich tödlich verletzen. | **покоси́вшийся:** schief. | 14 **увернýться:** ausweichen. | 16 **вы́веска:** Ladenschild. | 23 **летýнья:** Fliegerin.

дят. Никто не задирал головы, не кричал «гляди, гляди!», не шарахался в сторону, не визжал и не падал в обморок, диким смехом не хохотал.

Маргарита летела беззвучно, очень медленно и невысоко, примерно на уровне второго этажа. Но и при медленном лете, у самого выхода на ослепительно освещенный Арбат, она немного промахнулась и плечом ударилась о какой-то освещенный диск, на котором была нарисована стрела. Это рассердило Маргариту. Она осадила послушную щетку, отлетела в сторону, а потом, бросившись на диск внезапно, концом щетки разбила его вдребезги. Посыпались с грохотом осколки, прохожие шарахнулись, где-то засвистели, а Маргарита, совершив этот ненужный поступок, расхохоталась. «На Арбате надо быть еще поосторожнее, – подумала Маргарита, – тут столько напутано всего, что и не разберешься». Она принялась нырять между проводами. Под Маргаритой плыли крыши троллейбусов, автобусов и легковых машин, а по тротуарам, как казалось сверху Маргарите, плыли реки кепок. От этих рек отделялись ручейки и вливались в огненные пасти ночных магазинов.

«Э, какое месиво! – сердито подумала Маргарита. – Тут повернуться нельзя». Она пересекла Арбат, поднялась повыше, к четвертым этажам, и мимо ослепительно сияющих трубок на угловом здании театра[86] проплыла в

1 **задира́ть:** (hoch)heben. | 7 **промахну́ться** (umg.): einen Fehler machen. | 8 **диск:** Scheibe. | 9 f. **осади́ть:** hier: zügeln. | 10 **послу́шный:** folgsam. | 12 **вдре́безги:** in tausend Stücke. | **оско́лок:** Splitter, Scherbe. | 21 **пасть** (f.): hier: Schlund. | 23 **ме́сиво:** Gebräu, Durcheinander.

узкий переулок с высокими домами. Все окна в них были открыты, и всюду слышалась в окнах радиомузыка. Из любопытства Маргарита заглянула в одно из них. Увидела кухню. Два примуса ревели на плите, возле них стояли две женщины с ложками в руках и переругивались.

– Свет надо тушить за собой в уборной, вот что я вам скажу, Пелагея Петровна, – говорила та женщина, перед которой была кастрюля с какой-то снедью, от которой валил пар, – а то мы на выселение на вас подадим!

– Сами вы хороши, – отвечала другая.

– Обе вы хороши, – звучно сказала Маргарита, переваливаясь через подоконник в кухню. Обе ссорящиеся повернулись на голос и замерли с грязными ложками в руках. Маргарита осторожно протянула руку между ними, повернула краны в обоих примусах и потушила их. Женщины охнули и открыли рты. Но Маргарита уже соскучилась в кухне и вылетела в переулок.

В конце его ее внимание привлекла роскошная громада восьмиэтажного, видимо, только что построенного дома. Маргарита пошла вниз и, приземлившись, увидела, что фасад дома выложен черным мрамором, что двери широкие, что за стеклом их виднеется фуражка с золотым галуном и пуговицы швейцара и что над дверьми золотом выведена надпись: «Дом Драмлита».[87]

Маргарита щурилась на надпись, соображая, что бы могло означать слово «Драмлит». Взяв щетку под мышку, Маргарита вошла в подъезд, толкнув дверью удив-

8 **снедь** (f.; volkst.): Essen. | 9 **на выселе́ние на вас подади́м:** wir werden beantragen, dass Sie ausquartiert werden. | 10 **Са́ми вы хороши́** (iron.): Sie sind auch nicht besser. | 17 **соску́читься:** sich langweilen. | 23 **галу́н:** Borte, Tresse.

ленного швейцара, и увидела рядом с лифтом на стене черную громадную доску, а на ней выписанные белыми буквами номера квартир и фамилии жильцов. Венчающая список надпись «Дом Драматурга и Литератора» заставила Маргариту испустить хищный задушенный вопль. Поднявшись в воздух повыше, она жадно начала читать фамилии: Хустов, Двубратский, Квант, Бескудников, Латунский …

– Латунский! – завизжала Маргарита. – Латунский! Да ведь это же он … Это он погубил мастера!

Швейцар у дверей, выкатив глаза и даже подпрыгивая от удивления, глядел на черную доску, стараясь понять такое чудо: почему это завизжал внезапно список жильцов.

А Маргарита в это время уже поднималась стремительно вверх по лестнице, повторяя в каком-то упоении:

– Латунский – восемьдесят четыре … Латунский – восемьдесят четыре …

Вот налево – 82, направо – 83, еще выше, налево – 84. Здесь! Вот и карточка – «О. Латунский».

Маргарита соскочила со щетки, и разгоряченные ее подошвы приятно охладила каменная площадка. Маргарита позвонила раз, другой. Но никто не открывал. Маргарита стала посильнее жать кнопку и сама слышала трезвон, который поднялся в квартире Латунского. Да, по гроб жизни должен быть благодарен покойному Берлиозу обитатель квартиры № 84 в восьмом этаже за то,

3 f. **венча́ть:** hier: krönen. | 5 f. **испусти́ть хи́щный заду́шенный во́пль:** einen raubtierhaften erstickten Schrei ausstoßen. | 16 **упое́ние:** Rausch. | 22 **подо́шва:** Fußsohle. | **охлади́ть:** (ab)kühlen. | 25 **тре-зво́н:** Läuten. | 26 **по гро́б жи́зни:** bis ans Ende seiner Tage.

что председатель Массолита попал под трамвай, и за то, что траурное заседание назначили как раз на этот вечер. Под счастливой звездой родился критик Латунский. Она спасла его от встречи с Маргаритой, ставшей ведьмой в эту пятницу.

Никто не открывал. Тогда во весь мах Маргарита понеслась вниз, отсчитывая этажи, долетела донизу, вырвалась на улицу и, глядя вверх, отсчитала и проверила этажи снаружи, соображая, какие именно окна квартиры Латунского. Несомненно, что это были пять темных окон на углу здания, в восьмом этаже. Уверившись в этом, Маргарита поднялась в воздух и через несколько секунд сквозь открытое окно входила в неосвещенную комнату, в которой серебрилась только узенькая дорожка от луны. По ней пробежала Маргарита, нашарила выключатель. Через минуту вся квартира была освещена. Щетка стояла в углу. Удостоверившись, что дома никого нету, Маргарита открыла дверь на лестницу и проверила, тут ли карточка. Карточка была на месте, Маргарита попала туда, куда нужно было.

Да, говорят, что и до сих пор критик Латунский бледнеет, вспоминая этот страшный вечер, и до сих пор с благоговением произносит имя Берлиоза. Совершенно неизвестно, какою темной и гнусной уголовщиной ознаменовался бы этот вечер, – по возвращении из кухни Маргариты в руках у нее оказался тяжелый молоток.

Нагая и невидимая летунья сдерживала и уговаривала себя, руки ее тряслись от нетерпения. Внимательно при-

25 **ознаменова́ть:** kennzeichnen. | 28 **угова́ривать:** gut zureden.

целившись, Маргарита ударила по клавишам рояля, и по всей квартире пронесся первый жалобный вой. Исступленно кричал ни в чем не повинный беккеровский кабинетный инструмент[88]. Клавиши в нем проваливались, костяные накладки летели во все стороны. Инструмент гудел, выл, хрипел, звенел. Со звуком револьверного выстрела лопнула под ударом молотка верхняя полированная дека. Тяжело дыша, Маргарита рвала и мяла молотком струны. Наконец, уставши, отвалилась, бухнулась в кресло, чтобы отдышаться.

В ванной страшно гудела вода и в кухне также. «Кажется, уже полилось на пол …» – подумала Маргарита и добавила вслух:

– Однако рассиживаться нечего.

Из кухни в коридор уже бежал поток. Шлепая босыми ногами в воде, Маргарита ведрами носила из кухни воду в кабинет критика и выливала ее в ящики письменного стола. Потом, разломав молотком двери шкафа в этом же кабинете, бросилась в спальню. Разбив зеркальный шкаф, она вытащила из него костюм критика и утопила его в ванне. Полную чернильницу чернил, захваченную в кабинете, она вылила в пышно взбитую двуспальную кровать в спальне. Разрушение, которое она производила, доставляло ей жгучее наслаждение, но при этом ей все время казалось, что результаты получаются какие-то

1 **кла́виша:** Taste. | 2 **вой:** Geheul. | 5 **костяны́е накла́дки:** elfenbeinerne Plättchen. | 8 **де́ка:** Resonanzdecke. | **мять:** hier: quetschen. | 9 **струна́:** Saite. | **бу́хнуться** (volkst.): hier: sich hineinfallen lassen. | 15 **шлёпать:** schlurfen. | 20 **утопи́ть:** ertränken. | 22 **пышный:** üppig. | **взби́тый:** aufgeschüttelt.

мизерные. Поэтому она стала делать что попало. Она била вазоны с фикусами в той комнате, где был рояль. Не докончив этого, возвращалась в спальню и кухонным ножом резала простыни, била застекленные фотографии. Усталости она не чувствовала, и только пот тек по ней ручьями.

В это время в квартире № 82, под квартирой Латунского, домработница драматурга Кванта пила чай в кухне, недоумевая по поводу того, что сверху доносится какой-то грохот, беготня и звон. Подняв голову к потолку, она вдруг увидела, что он на глазах у нее меняет свой белый цвет на какой-то мертвенно-синеватый. Пятно расширялось на глазах, и вдруг на нем взбухли капли. Минуты две сидела домработница, дивясь такому явлению, пока наконец из потолка не пошел настоящий дождь и не застучал по полу. Тут она вскочила, подставила под струи таз, что нисколько не помогло, так как дождь расширился и стал заливать и газовую плиту и стол с посудой. Тогда, вскрикнув, домработница Кванта выбежала из квартиры на лестницу, и тотчас же в квартире Латунского начались звонки.

– Ну, зазвонили … Пора собираться, – сказала Маргарита. Она села на щетку, прислушиваясь к тому, как женский голос кричит в скважину двери:

– Откройте, откройте! Дуся, открой! У вас, что ль, вода течет? Нас залило.

Маргарита поднялась на метр вверх и ударила по люстре. Две лампочки разорвало, и во все стороны поле-

1 **ми́зерный:** mickrig. | 4 **простыня́:** Laken. | 10 **беготня́:** Gerenne. | 13 **взбу́хнуть:** hier: herausquellen. | 17 **таз:** Schüssel. | 24 **сква́жина:** hier: Schlüsselloch.

тели подвески. Крики в скважине прекратились, на лестнице послышался топот. Маргарита выплыла в окно, оказалась снаружи окна, размахнулась несильно и молотком ударила в стекло. Оно всхлипнуло, и по облицованной мрамором стене каскадом побежали вниз осколки. Маргарита поехала к следующему окну. Далеко внизу забегали люди по тротуару, из двух стоявших у подъезда машин одна загудела и отъехала.

Покончив с окнами Латунского, Маргарита поплыла к соседней квартире. Удары стали чаще, переулок наполнился звоном и грохотом. Из первого подъезда выбежал швейцар, поглядел вверх, немного поколебался, очевидно, не сообразив сразу, что ему предпринять, всунул в рот свисток и бешено засвистел. С особенным азартом под этот свист рассадив последнее стекло в восьмом этаже, Маргарита спустилась к седьмому и начала крушить стекла в нем.

Измученный долгим бездельем за зеркальными дверями подъезда, швейцар вкладывал в свист всю душу, причем точно следовал за Маргаритой, как бы аккомпанируя ей. В паузах, когда она перелетала от окна к окну, он набирал духу, а при каждом ударе Маргариты, надув щеки, заливался, буравя ночной воздух до самого неба.

Его усилия, в соединении с усилиями разъяренной Маргариты, дали большие результаты. В доме шла паника. Целые еще стекла распахивались, в них появлялись головы людей и тотчас же прятались, открытые же окна,

1 **подве́ска:** Behang. | 4 f. **облицева́ть:** verkleiden. | 12 **поколеба́ться:** unschlüssig sein. | 14 **аза́рт:** Leidenschaft, Lust. | 15 **рассади́ть** (volkst.): hier: zertrümmern. | 16 **круши́ть:** zerschmettern. | 24 **разъярённый:** wütend, rasend.

наоборот, закрывались. В противоположных домах в окнах на освещенном фоне возникали темные силуэты людей, старавшихся понять, почему без всякой причины лопаются стекла в новом здании Драмлита.

В переулке народ бежал к дому Драмлита, а внутри его по всем лестницам топотали мечущиеся без всякого толка и смысла люди. Домработница Кванта кричала бегущим по лестнице, что их залило, а к ней вскоре присоединилась домработница Хустова из квартиры № 80, помещавшейся под квартирой Кванта. У Хустовых хлынуло с потолка и в кухне и в уборной. Наконец, у Квантов в кухне обрушился громадный пласт штукатурки с потолка, разбив всю грязную посуду, после чего пошел уж настоящий ливень: из клеток обвисшей мокрой драни хлынуло как из ведра. Тогда на лестнице первого подъезда начались крики. Пролетая мимо предпоследнего окна четвертого этажа, Маргарита заглянула в него и увидела человека, в панике напялившего на себя противогаз. Ударив молотком в его стекло, Маргарита вспугнула его, и он исчез из комнаты.

И неожиданно дикий разгром прекратился. Скользнув к третьему этажу, Маргарита заглянула в крайнее окно, завешенное легонькой темной шторкой. В комнате горела слабенькая лампочка под колпачком. В маленькой кровати с сеточными боками сидел мальчик лет четырех и испуганно прислушивался. Взрослых никого

6 **мета́ться** (мечу́сь, -ме́чешься): hin und her rennen. | 12 **пласт штукату́рки:** Stuckplatte. | 14 **кле́тка:** hier: einzelnes Kästchen der Zimmerdecke. | 14 f. **дрань** (f.): Verschalung. | 18 **напя́лить:** (volkst.): aufstülpen. | 18 f. **противога́з:** Gasmaske. | 24 **колпачо́к:** kleiner Lampenschirm. | 25 **крова́ть с се́точными бока́ми:** Gitterbett.

не было в комнате. Очевидно, все выбежали из квартиры.

– Стекла бьют, – проговорил мальчик и позвал: – Мама!

Никто не отозвался, и тогда он сказал:

– Мама, я боюсь.

Маргарита откинула шторку и влетела в окно.

– Я боюсь, – повторил мальчик и задрожал.

– Не бойся, не бойся, маленький, – сказала Маргарита, стараясь смягчить свой осипший на ветру, преступный голос, – это мальчишки стекла били.

– Из рогатки? – спросил мальчик, переставая дрожать.

– Из рогатки, из рогатки, – подтвердила Маргарита, – а ты спи!

– Это Ситник, – сказал мальчик, – у него есть рогатка.

– Ну, конечно, он!

Мальчик поглядел лукаво куда-то в сторону и спросил:

– А ты где, тетя?

– А меня нету, – ответила Маргарита, – я тебе снюсь.

– Я так и думал, – сказал мальчик.

– Ты ложись, – приказала Маргарита, – подложи руку под щеку, а я тебе буду сниться.

– Ну, снись, снись, – согласился мальчик и тотчас улегся и руку подложил под щеку.

– Я тебе сказку расскажу, – заговорила Маргарита и положила разгоряченную руку на стриженую голову. – Была на свете одна тетя. И у нее не было детей, и счастья вообще тоже не было. И вот она сперва долго плакала, а

9 f. **престу́пный го́лос:** Ganovenstimme. | 11 **рога́тка:** Schleuder. | 16 **лука́вый:** verschmitzt. | 26 **стри́женый:** geschoren.

потом стала злая … – Маргарита умолкла, сняла руку – мальчик спал.

Маргарита тихонько положила молоток на подоконник и вылетела из окна. Возле дома была кутерьма. По асфальтированному тротуару, усеянному битым стеклом, бегали и что-то выкрикивали люди. Между ними уже мелькали милиционеры. Внезапно ударил колокол, и с Арбата в переулок вкатила красная пожарная машина с лестницей …

Но дальнейшее уже не интересовало Маргариту. Прицелившись, чтоб не задеть за какой-нибудь провод, она покрепче сжала щетку и во мгновение оказалась выше злополучного дома. Переулок под нею покосился набок и провалился вниз. Вместо него одного под ногами у Маргариты возникло скопище крыш, под углами перерезанное сверкающими дорожками. Все оно неожиданно поехало в сторону, и цепочки огней смазались и слились.

Маргарита сделала еще один рывок, и тогда все скопище крыш провалилось сквозь землю, а вместо него появилось внизу озеро дрожащих электрических огней, и это озеро внезапно поднялось вертикально, а затем появилось над головой у Маргариты, а под ногами блеснула луна. Поняв, что она перекувырнулась, Маргарита приняла нормальное положение и, обернувшись, увидела, что и озера уже нет, а что там, сзади за нею, осталось только розовое зарево на горизонте. И оно исчезло че-

11 **заде́ть** (за + Akk.): an etw. streifen. | 13 **злополу́чный:** unglückselig. | 17 **сма́заться:** verwischen. | 19 **рыво́к:** Ruck. | 24 **перекувырну́ться:** einen Purzelbaum schlagen. | 27 **за́рево:** rötlicher Schein.

рез секунду, и Маргарита увидела, что она наедине с летящей над нею и слева луною. Волосы Маргариты давно уже стояли копной, а лунный свет со свистом омывал ее тело. По тому, как внизу два ряда редких огней слились в две непрерывные огненные черты, по тому, как быстро они пропали сзади, Маргарита догадалась, что она летит с чудовищною скоростью, и поразилась тому, что она не задыхается.

По прошествии нескольких секунд далеко внизу, в земной черноте, вспыхнуло новое озеро электрического света и подвалилось под ноги летящей, но оно тут же завертелось винтом и провалилось в землю. Еще несколько секунд – такое же точно явление.

– Города! Города! – прокричала Маргарита.

После этого раза два или три она видела под собою тускло отсвечивающие какие-то сабли, лежащие в открытых черных футлярах, и сообразила, что это реки.

Поворачивая голову вверх и влево, летящая любовалась тем, что луна несется над нею, как сумасшедшая, обратно в Москву и в то же время странным образом стоит на месте, так что отчетливо виден на ней какой-то загадочный, темный – не то дракон, не то конек-горбунок, острой мордой обращенный к покинутому городу.

Тут Маргаритой овладела мысль, что, по сути дела, она зря столь исступленно гонит щетку. Что она лишает се-

2 f. **во́лосы стоя́ли копно́й:** die Haare standen nach allen Seiten ab. | 5 **о́гненные черты́:** feurige Streifen. | 12 **заверте́ться винто́м:** sich wie eine Schraube drehen. | 16 **отсве́чивать:** glänzen. | **са́бля:** Säbel. | 22 f. **конёк-горбуно́к:** buckliges Zauberpferdchen (Gestalt aus einem populären Kunstmärchen von Pëtr Eršov, 1834/61). | 24 **по су́ти де́ла:** eigentlich.

бя возможности что-либо как следует рассмотреть, как следует упиться полетом. Ей что-то подсказывало, что там, куда она летит, ее подождут и что незачем ей скучать от такой безумной быстроты и высоты.

Маргарита наклонила щетку щетиной вперед, так что хвост ее поднялся кверху, и, очень замедлив ход, пошла к самой земле. И это скольжение, как на воздушных салазках, вниз принесло ей наибольшее наслаждение. Земля поднялась к ней, и в бесформенной до этого черной гуще ее обозначились ее тайны и прелести во время лунной ночи. Земля шла к ней, и Маргариту уже обдавало запахом зеленеющих лесов. Маргарита летела над самыми туманами росистого луга, потом над прудом. Под Маргаритой хором пели лягушки, а где-то вдали, почему-то очень волнуя сердце, шумел поезд. Маргарита вскоре увидела его. Он полз медленно, как гусеница, сыпя в воздух искры. Обогнав его, Маргарита прошла еще над одним водным зеркалом, в котором проплыла под ногами вторая луна, еще более снизилась и пошла, чуть-чуть не задевая ногами верхушки громадных сосен.

Тяжкий шум вспарываемого воздуха послышался сзади и стал настигать Маргариту. Постепенно к этому шуму чего-то летящего, как снаряд, присоединился слышный на много верст женский хохот. Маргарита оглянулась и увидела, что ее догоняет какой-то сложный

1 **как сле́дует:** gehörig. | 2 **упи́ться** (+ Instr.): hier: sich an etw. ergötzen. | 7 f. **возду́шные сала́зки:** Luftschlitten. | 11 f. **Маргари́ту обдава́ло за́пахом:** Margarita umwehte der Duft. | 22 **вспа́рывать во́здух:** die Luft durchschneiden (распоро́ть во́здух). | 23 **настига́ть:** einholen. | 24 **снаря́д:** Granate.

темный предмет. Настигая Маргариту, он все более обозначался, стало видно, что кто-то летит верхом. А наконец он и совсем обозначился: замедляя ход, Маргариту догнала Наташа.

Она, совершенно нагая, с летящими по воздуху растрепанными волосами, летела верхом на толстом борове, зажимавшем в передних копытцах портфель, а задними ожесточенно молотящем воздух. Изредка поблескивающее в луне, а потом потухающее пенсне, свалившееся с носа, летело рядом с боровом на шнуре, а шляпа то и дело наезжала борову на глаза. Хорошенько всмотревшись, Маргарита узнала в борове Николая Ивановича, и тогда хохот ее загремел над лесом, смешавшись с хохотом Наташи.

– Наташка! – пронзительно закричала Маргарита. – Ты намазалась кремом?

– Душенька! – будя своими воплями заснувший сосновый лес, отвечала Наташа. – Королева моя французская, ведь я и ему намазала лысину, и ему!

– Принцесса! – плаксиво проорал боров, галопом неся всадницу.

– Душенька! Маргарита Николаевна! – кричала Наташа, скача рядом с Маргаритой. – Сознаюсь, взяла крем! Ведь и мы хотим жить и летать! Простите меня, повелительница, а я не вернусь, нипочем не вернусь! Ах, хорошо, Маргарита Николаевна!.. Предложение мне делал, – Наташа стала тыкать пальцем в шею сконфуженно пых-

5f. **растрёпанный:** zerzaust. | 7 **пере́дние копы́тца:** Vorderhufe. | 8 **ожесточённый:** erbittert. | **молоти́ть:** hier: schlagen. | 11 **наезжа́ть:** hier: rutschen. | 17 **ду́шенька** (umg.): Herzchen; meine Liebe. | 25 **нипочём не:** um nichts in der Welt.

тящего борова, – предложение! Ты как меня называл, а? – кричала она, наклоняясь к уху борова.

– Богиня! – завывал тот. – Не могу я так быстро лететь! Я бумаги могу важные растерять. Наталья Прокофьевна, я протестую.

– Да ну тебя к черту с твоими бумагами! – дерзко хохоча, кричала Наташа.

– Что вы, Наталья Прокофьевна! Нас услышит кто-нибудь! – моляще орал боров.

Летя галопом рядом с Маргаритой, Наташа с хохотом рассказывала ей о том, что произошло в особняке после того, как Маргарита Николаевна улетела через ворота.

Наташа созналась в том, что, не прикоснувшись более ни к каким подаренным вещам, она сбросила с себя одежду и кинулась к крему и немедленно им намазалась. И с нею произошло то же, что с ее хозяйкой. В то время как Наташа, хохоча от радости, упивалась перед зеркалом своей волшебною красой, дверь открылась, и перед Наташей явился Николай Иванович. Он был взволнован, в руках он держал сорочку Маргариты Николаевны и собственную свою шляпу и портфель. Увидев Наташу, Николай Иванович обомлел. Несколько справившись с собою, весь красный как рак, он объявил, что счел долгом поднять рубашечку, лично принести ее …

– Что говорил, негодяй! – визжала и хохотала Наташа. – Что говорил, на что сманивал! Какие деньги сулил! Говорил, что Клавдия Петровна ничего не узнает. Что, скажешь, вру? – кричала Наташа борову, и тот только сконфуженно отворачивал морду.

6 **де́рзкий:** bärbeißig. | 22 **обомле́ть:** erstarren, die Besinnung verlieren. | 26 **сма́нивать:** locken. | **сули́ть** (volkst.): versprechen.

Расшалившись в спальне, Наташа мазнула кремом Николая Ивановича и сама оторопела от удивления. Лицо почтенного нижнего жильца свело в пятачок, а руки и ноги оказались с копытцами. Глянув на себя в зеркало, Николай Иванович отчаянно и дико завыл, но было уже поздно. Через несколько секунд он, оседланный, летел куда-то к черту из Москвы, рыдая от горя.

– Требую возвращения моего нормального облика! – вдруг не то исступленно, не то моляще прохрипел и захрюкал боров. – Я не намерен лететь на незаконное сборище! Маргарита Николаевна, вы обязаны унять вашу домработницу!

– Ах, так я тебе теперь домработница? Домработница? – вскрикивала Наташа, нащипывая ухо борову. – А была богиня? Ты меня как называл?

– Венера! – плаксиво отвечал боров, пролетая над ручьем, шумящим меж камней, и копытцами задевая шорохом за кусты орешника.

– Венера! Венера! – победно прокричала Наташа, подбоченившись одной рукой, а другую простирая к луне. – Маргарита! Королева! Упросите за меня, чтоб меня ведьмой оставили! Вам всё сделают, вам власть дана!

И Маргарита отозвалась:

– Хорошо, я обещаю!

1 **расшали́ться:** außer Rand und Band geraten. | 2 **оторопе́ть:** perplex sein. | 3 **почте́нный:** ehrwürdig. | **свести́:** zusammenziehen. | **пятачо́к:** hier: Schweinerüssel. | 6 **осёдланный:** gesattelt. | 10 **захрю́кать:** grunzen. | 11 **сбо́рище:** Versammlung. | **уня́ть:** hier: in die Schranken weisen. | 14 **нащи́пывать:** zwicken, kneifen. | 16 **Вене́ра:** Venus (Göttin der Liebe). | 18 **кусты́ оре́шника:** Haselnusssträucher. | 19 f. **подбоче́ниться:** die Arme in die Hüften stemmen.

– Спасибо! – прокричала Наташа и вдруг закричала резко и как-то тоскливо: – Гей! Гей! Скорей! Скорей! А ну-ка, надбавь! – Она сжала пятками похудевшие в безумной скачке бока борова, и тот рванул так, что опять распороло воздух, и через мгновение Наташа уже была видна впереди, как черная точка, а потом и совсем пропала, и шум ее полета растаял.

Маргарита летела по-прежнему медленно в пустынной и неизвестной местности, над холмами, усеянными редкими валунами, лежащими меж отдельных громадных сосен. Маргарита летела и думала о том, что она, вероятно, где-то очень далеко от Москвы. Щетка летела не над верхушками сосен, а уже между их стволами, с одного бока посеребренными луной. Легкая тень летящей скользила по земле впереди – теперь луна светила в спину Маргарите.

Nach ihrer ›Landung‹ im Mondlicht an einem Flussufer und einem erfrischenden Bad wird Margarita von Fröschen, durchsichtigen Nixen (»прозрачные русалки«), nackten Hexen, einem betrunkenen backenbärtigen Fettwanst und einem Bocksfüßigen mit Musik und Champagner als »erlauchte Königin Margo« (»светлая королева Марго́«) gefeiert – eine Anspielung Bulgakovs auf die als »la Reine Margot« bekannte französische Königin Margarete von Valois (1553–1615), eine Schönheit, die wiederholt als sittenlos geschildert wurde. In einem herbeigezauberten Hexenwagen, mit einer schwarzen Krähe als Chauffeur, wird die »Königin Margo« auf einen

3 **надба́вить** (umg.): (an Tempo) zulegen. | **пя́тка:** Ferse. | 10 **валу́н:** Felsblock. | 13 **ствол:** Baumstamm.

menschenleeren Friedhof in Moskau gebracht. Die kleine dämonische, einem Hexensabbat ähnelnde Szene mit einer eingehenden Naturbeschreibung wirkt atmosphärisch mysteriös und unheimlich; ohne Frage legt sie einen intertextuellen Bezug zu den Ereignissen auf dem Blocksberg während der »Walpurgisnacht« in Goethes »Faust« nahe.

Während die vorherigen Passagen (Kapitel 19–21) stückweise den Höhepunkt des Romans beim Satansball (Kapitel 23) vorbereiten, stimmt Bulgakov in Kapitel 22 (»При свечах« – »Im Kerzenschein«) den Leser konkret auf die phantastische Ebene des Romans ein. Die Handlung spielt, wie mehrmals im Roman, im Haus an der Sadovaja 302a in Wohnung 50, die nun, im Kerzenschein, als riesiger, imponierender und irreal-imaginärer Ort mit sonderbaren Gesetzmäßigkeiten bis in die fünfte Dimension ausgeweitet ist und dem Zustand einer Hölle zu gleichen scheint. Hier trifft Margarita auf den kränkelnden Woland und seine »kleine, buntgemischte und zutrauliche Truppe« (»общество небольшое, смешанное и бесхитростное«), die sie auf ihre Rolle als Königin des Frühlingsvollmondballs vorbereiten. Sie wird Zeugin eines Schachspiels – mit lebendigen Figuren! – zwischen Woland und Begemot, bei dem der Kater zu betrügen versucht, und freut sich über das Wiedersehen mit Nataša, ihrer zur Hexe gewordenen Haushaltshilfe. Mitternacht rückt näher …

Глава 23

Великий бал у сатаны

Полночь приближалась, пришлось спешить. Маргарита смутно видела окружающее. Запомнились свечи и самоцветный какой-то бассейн. Когда Маргарита стала на дно этого бассейна, Гелла и помогающая ей Наташа окатили Маргариту какой-то горячей, густой и красной жидкостью. Маргарита ощутила соленый вкус на губах и поняла, что ее моют кровью. Кровавая мантия сменилась другою – густой, прозрачной, розоватой, и у Маргариты закружилась голова от розового масла. Потом Маргариту бросили на хрустальное ложе и до блеска стали растирать какими-то большими зелеными листьями. Тут ворвался кот и стал помогать. Он уселся на корточки у ног Маргариты и стал натирать ей ступни с таким видом, как будто чистил сапоги на улице.

Маргарита не помнит, кто сшил ей из лепестков бледной розы туфли и как эти туфли сами собой застегнулись золотыми пряжками. Какая-то сила вздернула Маргариту и поставила перед зеркалом, и в волосах у нее блеснул королевский алмазный венец. Откуда-то явился Коровьев и повесил на грудь Маргариты тяжелое в овальной раме изображение черного пуделя на тяжелой цепи. Это украшение чрезвычайно обременило королеву. Цепь сейчас же стала натирать шею, изображение тянуло ее согнуться. Но кое-что вознаградило Маргариту за те неудобства, которые ей причиняла цепь с чер-

4 f. **самоцве́тный:** aus Halbedelsteinen. | 6 f. **окати́ть**/ока́тывать: überschütten. | 12 **хруста́льное ло́же:** kristallenes Lager. | 24 **обремени́ть:** beschwerlich sein.

ным пуделем. Это – та почтительность, с которою стали относиться к ней Коровьев и Бегемот.

– Ничего, ничего, ничего! – бормотал Коровьев у дверей комнаты с бассейном. – Ничего не поделаешь, надо, надо, надо … Разрешите, королева, вам дать последний совет. Среди гостей будут различные, ох, очень различные, но никому, королева Марго, никакого преимущества! Если кто-нибудь и не понравится … я понимаю, что вы, конечно, не выразите этого на своем лице … Нет, нет, нельзя подумать об этом! Заметит, заметит в то же мгновение! Нужно полюбить его, полюбить, королева! Сторицей будет вознаграждена за это хозяйка бала. И еще: не пропустите никого! Хоть улыбочку, если не будет времени бросить слово, хоть малюсенький поворот головы. Все что угодно, но только не невнимание. От этого они захиреют …

Тут Маргарита в сопровождении Коровьева и Бегемота шагнула из бассейной в полную темноту.

– Я, я, – шептал кот, – я дам сигнал!

– Давай! – ответил в темноте Коровьев.

– Бал! – пронзительно взвизгнул кот, и тотчас Маргарита вскрикнула и на несколько секунд закрыла глаза. Бал упал на нее сразу в виде света, вместе с ним – звука и запаха. Уносимая под руку Коровьевым, Маргарита увидела себя в тропическом лесу. Красногрудые зеленохвостые попугаи цеплялись за лианы, перескакивали по ним и оглушительно кричали: «Я восхищен!» Но лес быстро кончился, и его банная духота тотчас сменилась

7 f. **преиму́щество:** Vorrang. | 12 **стори́цей:** hundertfach. | 16 **захире́ть** (umg.): verkümmern. | 28 **ба́нная духота́:** Dampfbadhitze.

прохладою бального зала с колоннами из какого-то желтоватого искрящегося камня. Этот зал, так же как и лес, был совершенно пуст, и лишь у колонн неподвижно стояли обнаженные негры в серебряных повязках на головах. Лица их стали грязно-бурыми от волнения, когда в зал влетела Маргарита со своею свитой, в которой откуда-то взялся Азазелло. Тут Коровьев выпустил руку Маргариты и шепнул:

– Прямо на тюльпаны!

Невысокая стена белых тюльпанов выросла перед Маргаритой, а за нею она увидела бесчисленные огни в колпачках и перед ними белые груди и черные плечи фрачников. Тогда Маргарита поняла, откуда шел бальный звук. На нее обрушился рев труб, а вырвавшийся из-под него взмыв скрипок окатил ее тело, как кровью. Оркестр человек в полтораста играл полонез.

Возвышавшийся перед оркестром человек во фраке, увидев Маргариту, побледнел, заулыбался и вдруг взмахом рук поднял весь оркестр. Ни на мгновение не прерывая музыки, оркестр, стоя, окатывал Маргариту звуками. Человек над оркестром отвернулся от него и поклонился низко, широко разбросав руки, и Маргарита, улыбаясь, помахала ему рукой.

– Нет, мало, мало, – зашептал Коровьев, – он не будет спать всю ночь. Крикните ему: «Приветствую вас, король вальсов!»

Маргарита крикнула это и подивилась тому, что ее голос, полный как колокол, покрыл вой оркестра. Человек

2 **и́скриться:** funkeln. | 5 **бу́рый:** graubraun. | 6 **сви́та:** Gefolge, Suite. | 13 **фра́чник:** Frackträger. | 15 **взмыв:** Aufsteigen, Schwung. | 16 **полтора́ста:** hundertfünfzig. | 27 **подиви́ться** (umg.): verblüfft sein.

от счастья вздрогнул и левую руку приложил к груди, правой продолжая махать оркестру белым жезлом.

– Мало, мало, – шептал Коровьев, – глядите налево, на первые скрипки, и кивните так, чтобы каждый думал, что вы его узнали в отдельности. Здесь только мировые знаменитости. Вот этому, за первым пультом, – это Вьетан[89]. Так, очень хорошо. Теперь – дальше!

– Кто дирижер? – отлетая, спросила Маргарита.

– Иоганн Штраус[90]! – закричал кот. – И пусть меня повесят в тропическом лесу на лиане, если на каком-нибудь балу когда-либо играл такой оркестр! Я приглашал его! И, заметьте, ни один не заболел и ни один не отказался.

В следующем зале не было колонн, вместо них стояли стены красных, розовых, молочно-белых роз с одной стороны, а с другой – стена японских махровых камелий. Между этими стенами уже били, шипя, фонтаны, и шампанское вскипало пузырями в трех бассейнах, из которых был первый – прозрачно-фиолетовый, второй – рубиновый, третий – хрустальный. Возле них метались негры в алых повязках, серебряными черпаками наполняя из бассейнов плоские чаши. В розовой стене оказался пролом, и в нем на эстраде кипятился человек в красном, с ласточкиным хвостом, фраке. Перед ним гремел нестерпимо громко джаз. Лишь только дирижер увидел Маргариту, он согнулся перед нею так, что руками коснулся пола, потом выпрямился и пронзительно вскричал:

– Аллилуйя![91]

2 **жезл:** hier: Taktstock. | 5 **в отде́льности:** hier: höchstpersönlich. | 15 **махро́вый:** hier: mit Blüten gefüllt. | 20 **черпа́к:** Schöpfkelle. | 22 **проло́м:** Öffnung. | **кипяти́ться:** hier: mit Feuereifer tätig sein.

Он хлопнул себя по коленке раз, потом накрест по другой – два, вырвал из рук у крайнего музыканта тарелку, ударил ею по колонне.

Улетая, Маргарита видела только, что виртуоз-джазбандист, борясь с полонезом, который дул Маргарите в спину, бьет по головам джазбандистов своей тарелкой и те приседают в комическом ужасе.

Наконец вылетели на площадку, где, как поняла Маргарита, ее во тьме встречал Коровьев с лампадкой. Теперь на этой площадке глаза слепли от света, льющегося из хрустальных виноградных гроздьев. Маргариту установили на место, и под левой рукой у нее оказалась низкая аметистовая колонка[92].

– Руку можно будет положить на нее, если станет очень трудно, – шептал Коровьев.

Какой-то чернокожий подкинул под ноги Маргарите подушку с вышитым на ней золотым пуделем, и на нее она, повинуясь чьим-то рукам, поставила, согнув в колене, свою правую ногу.

Маргарита попробовала оглядеться. Коровьев и Азазелло стояли возле нее в парадных позах. Рядом с Азазелло – еще трое молодых людей, смутно чем-то напомнивших Маргарите Абадонну[93]. В спину веяло холодом. Оглянувшись, Маргарита увидела, что из мраморной стены сзади нее бьет шипящее вино и стекает в ледяной бассейн. У левой ноги она чувствовала что-то теплое и мохнатое. Это был Бегемот.

Маргарита была в высоте, и из-под ног ее вниз уходи-

7 **приседа́ть:** in die Hocke gehen. | 11 **виногра́дная гроздь:** Weintraube. | 16 **подки́нуть:** unterschieben. | 27 **мохна́тый:** flauschig.

ла грандиозная лестница, крытая ковром. Внизу, так далеко, как будто бы Маргарита смотрела обратным способом в бинокль, она видела громаднейшую швейцарскую с совершенно необъятным камином, в холодную и черную пасть которого мог свободно въехать пятитонный грузовик. Швейцарская и лестница, до боли в глазах залитая светом, были пусты. Трубы теперь доносились до Маргариты издалека. Так простояли неподвижно около минуты.

– Где же гости? – спросила Маргарита у Коровьева.

– Будут, королева, будут, сейчас будут. В них недостатка не будет. И, право, я предпочел бы рубить дрова, вместо того чтобы принимать их здесь на площадке.

– Что рубить дрова, – подхватил словоохотливый кот, – я хотел бы служить кондуктором в трамвае, а уж хуже этой работы нет ничего на свете!

– Все должно быть готово заранее, королева, – объяснял Коровьев, поблескивая глазом сквозь испорченный монокль. – Ничего не может быть гаже, чем когда приехавший первым гость мыкается, не зная, что ему предпринять, а его законная мегера шепотом пилит его за то, что они приехали раньше всех. Такие балы надо выбрасывать на помойку, королева.

– Определенно на помойку, – подтвердил кот.

2 f. **обра́тным спо́собом:** hier: verkehrt herum. | 3 f. **швейца́рская:** hier: Empfangszimmer. | 4 **необъя́тный:** unermesslich groß. | 14 **словоохо́тливый:** redselig. | 19 **га́же:** Komparativ zu га́дкий: widerwärtig. | 20 **мы́каться** (umg.): ziellos herumgehen. | 21 **зако́нная мeге́ра:** angetraute Megäre, Furie. | **пили́ть:** hier: an jdm. herummäkeln. | 22 f. **выбра́сывать на помо́йку** (umg.): etw. ›in die Tonne kloppen‹; auf etw. ›dankend verzichten‹.

– До полуночи не более десяти секунд, – добавил Коровьев, – сейчас начнется.

Эти десять секунд показались Маргарите чрезвычайно длинными. По-видимому, они истекли уже, и ровно ничего не произошло. Но тут вдруг что-то грохнуло внизу в громадном камине, и из него выскочила виселица с болтающимся на ней полурассыпавшимся прахом. Этот прах сорвался с веревки, ударился об пол, и из него выскочил черноволосый красавец во фраке и в лакированных туфлях. Из камина выбежал полуистлевший небольшой гроб, крышка его отскочила, и из него вывалился другой прах. Красавец галантно подскочил к нему и подал руку калачиком, второй прах сложился в нагую вертлявую женщину в черных туфельках и с черными перьями на голове, и тогда оба, и мужчина и женщина, заспешили вверх по лестнице.

– Первые! – воскликнул Коровьев. – Господин Жак[94] с супругой. Рекомендую вам, королева, один из интереснейших мужчин. Убежденный фальшивомонетчик, государственный изменник, но очень недурной алхимик. Прославился тем, – шепнул на ухо Маргарите Коровьев, – что отравил королевскую любовницу. А ведь это не с каждым случается! Посмотрите, как красив!

Побледневшая Маргарита, раскрыв рот, глядела вниз и видела, как исчезают в каком-то боковом ходу швейцарской и виселица и гроб.

6 f. **ви́селица:** Galgen. | 7 **полурассы́павшийся прах:** halb verwester Kadaver. | 10 **полуистле́вший:** halb vermodert. | 13 **пода́ть ру́ку кала́чиком:** hier: sich bei jdm. einhaken. | **сложи́ться:** sich zusammenfügen. | 19 f. **госуда́рственный изме́нник:** Staatsverräter. | 20 **недурно́й:** nicht übel.

– Я в восхищении! – заорал прямо в лицо поднявшемуся по лестнице господину Жаку кот.

В это время внизу из камина появился безголовый, с оторванною рукою скелет, ударился оземь и превратился в мужчину во фраке.

Супруга господина Жака уже становилась перед Маргаритою на одно колено и, бледная от волнения, целовала колено Маргариты.

– Королева … – бормотала супруга господина Жака.

– Королева в восхищении! – кричал Коровьев.

– Королева … – тихо сказал красавец, господин Жак.

– Мы в восхищении, – завывал кот.

Молодые люди, спутники Азазелло, улыбаясь безжизненными, но приветливыми улыбками, уже теснили господина Жака с супругой в сторону, к чашам с шампанским, которые негры держали в руках. По лестнице поднимался вверх бегом одинокий фрачник.

– Граф Роберт[95], – шепнул Маргарите Коровьев, – по-прежнему интересен. Обратите внимание, как смешно, королева, – обратный случай: этот был любовником королевы и отравил свою жену.

– Мы рады, граф, – вскричал Бегемот.

Die gruselige Gästeschau nimmt kein Ende. Aus dem Kamin fallen weitere Särge mit zersetzten Leichnamen heraus. Korov'ev stellt Margarita die humpelnde Giftmischerin Signora Tofana – wahrscheinlich eine Anspielung auf Teofania di Adamo (1653–1719) – vor, die das von ihr ausgeklügelte ar-

4 **óземь:** (alt) zu Boden. | 14f. **тесни́ть в стóрону:** zur Seite drängen.

senhaltige, farb- und geruchlose Gift »aqua tofana« an jene italienischen Damen verkaufte, die ihrer Ehemänner überdrüssig waren.

Теперь по лестнице снизу вверх подымался поток. Маргарита перестала видеть то, что делается в швейцарской. Она механически поднимала и опускала руку и, однообразно скалясь, улыбалась гостям. В воздухе на площадке уже стоял гул, из покинутых Маргаритой бальных зал, как море, слышалась музыка.

– А вот это – скучная женщина, – уже не шептал, а громко говорил Коровьев, зная, что в гуле голосов его уже не расслышат, – обожает балы, все мечтает пожаловаться на свой платок.

Маргарита поймала взглядом среди подымавшихся ту, на которую указывал Коровьев. Это была молодая женщина лет двадцати, необыкновенного по красоте сложения, но с какими-то беспокойными и назойливыми глазами.

– Какой платок? – спросила Маргарита.

– К ней камеристка приставлена, – пояснил Коровьев, – и тридцать лет кладет ей на ночь на столик носовой платок. Как она проснется, так платок уже тут. Она уж и сжигала его в печи и топила его в реке, но ничего не помогает.

– Какой платок? – шептала Маргарита, подымая и опуская руку.

– С синей каемочкой платок. Дело в том, что, когда она

15 f. **сложéние:** Körperbau. | 19 **камерúстка:** Kammerjungfer. | **пристáвить:** zuweisen. | 26 **каёмочка:** schmaler Saum.

служила в кафе, хозяин как-то ее зазвал в кладовую, а через девять месяцев она родила мальчика, унесла его в лес и засунула ему в рот платок, а потом закопала мальчика в земле. На суде она говорила, что ей нечем кормить ребенка.

– А где же хозяин этого кафе? – спросила Маргарита.

– Королева, – вдруг заскрипел снизу кот, – разрешите мне спросить вас: при чем же здесь хозяин? Ведь он не душил младенца в лесу!

Маргарита, не переставая улыбаться и качать правой рукой, острые ногти левой запустила в Бегемотово ухо и зашептала ему:

– Если ты, сволочь, еще раз позволишь себе впутаться в разговор …

Бегемот как-то не по-бальному вспискнул и захрипел:

– Королева … ухо вспухнет … Зачем же портить бал вспухшим ухом?.. Я говорил юридически … с юридической точки … Молчу, молчу … Считайте, что я не кот, а рыба, только оставьте ухо.

Маргарита выпустила ухо, и назойливые, мрачные глаза оказались перед ней.

– Я счастлива, королева-хозяйка, быть приглашенной на великий бал полнолуния.

– А я, – ответила ей Маргарита, – рада вас видеть. Очень рада. Любите ли вы шампанское?

– Что вы изволите делать, королева?! – отчаянно, но беззвучно вскричал на ухо Маргарите Коровьев. – Получится затор!

1 **кладова́я:** Vorratskammer. | 13 **сво́лочь** (f.; volkst.): mieser Kerl. | 15 **впи́скнуть:** piepsen. | 28 **зато́р:** Stau.

– Я люблю, – моляще говорила женщина и вдруг механически стала повторять: – Фрида, Фрида, Фрида! Меня зовут Фрида, о королева![96]

– Так вы напейтесь сегодня пьяной, Фрида, и ни о чем не думайте, – сказала Маргарита.

Фрида протянула обе руки Маргарите, но Коровьев и Бегемот очень ловко подхватили ее под руки, и ее затерло в толпе.

Der Besucherstrom beim »бал полнолуния«, dem »Vollmondball«, aus nackten Frauen und befrackten Männern mit frevelhafter Vergangenheit reißt nicht ab; alle wollen die »хозяйка бала«, die Ballkönigin, sehen, sie berühren, vor ihr niederfallen, ihre Knie küssen. Die Festgesellschaft ist »в восхищении«, »in ekstatischer Entzückung«. Mit sichtlicher Freude und gebotener Kürze weiht Korov'ev Margarita in die Untaten einer Giftmörderin, einer Sadistin, eines Alchimisten, eines Goldmachers und Bordellbetreibers ein. Auch hier: Bulgakovs fiktive Gestalten basieren auf historisch-realistischen Vorlagen. – Und Margarita …?

Снизу текла река. Конца этой реке не было видно. Источник ее, громадный камин, продолжал ее питать. Так прошел час и пошел второй час. Тут Маргарита стала замечать, что цепь ее сделалась тяжелее, чем была. Что-то странное произошло и с рукой. Теперь перед тем, как поднять ее, Маргарите приходилось морщиться. Интересные замечания Коровьева перестали занимать Маргариту. И раскосые монгольские лица, и лица белые

6 f. **её затёрло:** (volkst.): sie verschwand. | 27 **раско́сый:** schlitzäugig.

и черные сделались безразличными, но временами сливались, а воздух между ними почему-то начинал дрожать и струиться. Острая боль, как от иглы, вдруг пронизала правую руку Маргариты, и, стиснув зубы, она положила локоть на тумбу. Какой-то шорох, как бы крыльев по стенам, доносился теперь сзади из залы, и было понятно, что там танцуют неслыханные полчища гостей, и Маргарите казалось, что даже массивные мраморные, мозаичные и хрустальные полы в этом диковинном зале ритмично пульсируют.

Ни Гай Кесарь Калигула, ни Мессалина[97] уже не заинтересовали Маргариту, как не заинтересовал ни один из королей, герцогов, кавалеров, самоубийц, отравительниц, висельников и сводниц, тюремщиков и шулеров, палачей, доносчиков, изменников, безумцев, сыщиков, растлителей. Все их имена спутались в голове, лица слепились в одну громадную лепешку, и только одно мучительно сидело в памяти лицо, окаймленное действительно огненной бородой, лицо Малюты Скуратова[98]. Ноги Маргариты подгибались, каждую минуту она боялась заплакать. Наихудшие страдания ей причиняло правое колено, которое целовали. Оно распухло, кожа на нем посинела, несмотря на то что несколько раз рука Наташи появлялась возле этого колена с губкой и чем-то душистым обтирала его. В конце третьего часа Маргарита

3 **струи́ться:** strömen. | 3 f. **пронизáть:** durchdringen. | 4 **сти́снуть зу́бы:** die Zähne zusammenbeißen. | 5 **ту́мба:** hier: Pfeiler. | 7 **пóлчище:** Unmenge. | 14 **тюрéмщик:** Gefängniswärter. | **шу́лер:** Falschspieler. | 15 **донóсчик:** Denunziant. | **сы́щик:** hier: Polizeispitzel. | 16 **растли́тель:** Schänder, Vergewaltiger. | 17 **лепёшка:** Teigfladen. | 20 **подгибáться:** einknicken.

глянула вниз совершенно безнадежными глазами и радостно дрогнула: поток гостей редел.

Noch zwei betrunkene Vampire und eine weitere, namenlose Gestalt, die unliebsame Personen durch Besprühen der Wände mit Gift aus dem Weg geräumt hat (hier spielt Bulgakov auf Genrich Jagoda, den Chef der sowjetischen Geheimpolizei, an, dem man als Hauptangeklagtem im dritten Moskauer Schauprozess 1938 u.a. von ihm initiierte Giftmorde vorwarf) – und der Besucherstrom lässt nach. Die ermattete Margarita wird nach einer »Blutdusche« und Massage durch Gella und Nataša zu neuem Leben erweckt und muss sich weiteren Gästen präsentieren. Eine ungestüm aufspielende Affen-Jazzband und ein riesiges, mit Säulen umgebenes Schwimmbecken, zunächst mit Champagner, anschließend, nach einem Zaubertrick von Begemot, mit Cognac gefüllt, sorgen für ausschweifende Unterhaltung unter den Gästen. Hier trifft Margarita auf die völlig betrunkene Kindsmörderin Frida und ist von deren traurig-flehenden Augen angerührt. Margarita wird von Korov'ev weggeführt und …

Маргарите показалось, что она пролетела где-то, где видела в громадных каменных прудах горы устриц. Потом она летала над стеклянным полом с горящими под ним адскими топками и мечущимися между ними дьявольскими белыми поварами. Потом где-то она, уже переставая что-либо соображать, видела темные подвалы, где горели какие-то светильники, где девушки подавали шипящее на раскаленных углях мясо, где пили из боль-

2 **редéть:** versiegen. | 21 **ýстрица:** Auster. | 23 **тóпка:** Ofen.

ших кружек за ее здоровье. Потом она видела белых медведей, игравших на гармониках и пляшущих камаринского на эстраде. Фокусника-саламандру[99], не сгоравшего в камине … И во второй раз силы ее стали иссякать.

– Последний выход, – прошептал ей озабоченно Коровьев, – и мы свободны.

Она в сопровождении Коровьева опять оказалась в бальном зале, но теперь в нем не танцевали, и гости несметной толпой теснились между колоннами, оставив свободной середину зала. Маргарита не помнила, кто помог ей подняться на возвышение, появившееся посередине этого свободного пространства зала. Когда она взошла на него, она, к удивлению своему, услышала, как где-то бьет полночь, которая давным-давно, по ее счету, истекла. С последним ударом неизвестно откуда слышавшихся часов молчание упало на толпы гостей.

Тогда Маргарита опять увидела Воланда. Он шел в окружении Абадонны, Азазелло и еще нескольких похожих на Абадонну, черных и молодых. Маргарита теперь увидела, что напротив ее возвышения было приготовлено другое возвышение для Воланда. Но он им не воспользовался. Поразило Маргариту то, что Воланд вышел в этот последний великий выход на балу как раз в том самом виде, в каком был в спальне. Все та же грязная заплатанная сорочка висела на его плечах, ноги были в стоптанных ночных туфлях. Воланд был со шпагой, но этой обнаженной шпагой он пользовался как тростью, опираясь на нее.

2 f. **камари́нская:** russischer Volkstanz und Lied. | 4 **иссяка́ть:** versiegen. | 5 **озабо́ченный:** besorgt. | 11 **возвыше́ние:** Podest. | 26 **шпа́га:** Degen.

Прихрамывая, Воланд остановился возле своего возвышения, и сейчас же Азазелло оказался перед ним с блюдом и руках, и на этом блюде Маргарита увидела отрезанную голову человека с выбитыми передними зубами. Продолжала стоять полнейшая тишина, и ее прервал только один раз далеко послышавшийся, непонятный в этих условиях звонок, как бывает с парадного хода.

– Михаил Александрович, – негромко обратился Воланд к голове, и тогда веки убитого приподнялись, и на мертвом лице Маргарита, содрогнувшись, увидела живые, полные мысли и страдания глаза. – Все сбылось, не правда ли? – продолжал Воланд, глядя в глаза головы. – Голова отрезана женщиной, заседание не состоялось, и живу я в вашей квартире. Это – факт. А факт – самая упрямая в мире вещь. Но теперь нас интересует дальнейшее, а не этот уже совершившийся факт. Вы всегда были горячим проповедником той теории, что по отрезании головы жизнь в человеке прекращается, он превращается в золу и уходит в небытие. Мне приятно сообщить вам, в присутствии моих гостей, хотя они и служат доказательством совсем другой теории, о том, что ваша теория и солидна и остроумна. Впрочем, все теории стоят одна другой. Есть среди них и такая, согласно которой каждому будет дано по его вере. Да сбудется же это! Вы уходите в небытие, а мне радостно будет из чаши, в которую вы превращаетесь, выпить за бытие!

1 **прихра́мывать:** leicht hinken. | 7 **пара́дный ход:** Haupteingang. | 11 **по́лные мы́сли и страда́ния глаза́:** Augen voll Denkkraft und Leid. | **сбы́ться:** sich erfüllen, eintreffen. | 19 **зола́:** Asche. | 22 f. **все тео́рии сто́ят одна́ друго́й:** eine Theorie ist so gut wie jede andere.

Воланд поднял шпагу. Тут же покровы головы потемнели и съежились, потом отвалились кусками, глаза исчезли, и вскоре Маргарита увидела на блюде желтоватый, с изумрудными глазами и жемчужными зубами, на золотой ноге, череп. Крышка черепа откинулась на шарнире.

– Сию секунду, мессир, – сказал Коровьев, заметив вопросительный взгляд Воланда, – он предстанет перед вами. Я слышу в этой гробовой тишине, как скрипят его лакированные туфли и как звенит бокал, который он поставил на стол, последний раз в этой жизни выпив шампанское. Да вот и он.

Направляясь к Воланду, вступал в зал новый одинокий гость. Внешне он ничем не отличался от многочисленных остальных гостей-мужчин, кроме одного: гостя буквально шатало от волнения, что было видно даже издали. На его щеках горели пятна, и глаза бегали в полной тревоге. Гость был ошарашен, и это было вполне естественно: его поразило все, и главным образом, конечно, наряд Воланда.

Однако встречен был гость отменно ласково.

– А, милейший барон Майгель[100], – приветливо улыбаясь, обратился Воланд к гостю, у которого глаза вылезали на лоб, – я счастлив рекомендовать вам, – обратился Воланд к гостям, – почтеннейшего барона Майгеля, служащего Зрелищной комиссии в должности ознакомителя иностранцев с достопримечательностями столицы.

Тут Маргарита замерла, потому что узнала вдруг этого

1 **покро́в:** Decke, Schicht. | 4 **изумру́дный:** smaragden. | 15 f. **го́стя шата́ло:** der Gast geriet ins Taumeln.

Майгеля. Он несколько раз попадался ей в театрах Москвы и в ресторанах. «Позвольте … – подумала Маргарита, – он, стало быть, что ли, тоже умер?» Но дело тут же разъяснилось.

– Милый барон, – продолжал Воланд, радостно улыбаясь, – был так очарователен, что, узнав о моем приезде в Москву, тотчас позвонил ко мне, предлагая свои услуги по своей специальности, то есть по ознакомлению с достопримечательностями. Само собою разумеется, что я был счастлив пригласить его к себе.

В это время Маргарита видела, как Азазелло передал блюдо с черепом Коровьеву.

– Да, кстати, барон, – вдруг интимно понизив голос, проговорил Воланд, – разнеслись слухи о чрезвычайной вашей любознательности. Говорят, что она, в соединении с вашей не менее развитой разговорчивостью, стала привлекать общее внимание. Более того, злые языки уже уронили слово – наушник и шпион. И еще более того, есть предположение, что это приведет вас к печальному концу не далее, чем через месяц. Так вот, чтобы избавить вас от этого томительного ожидания, мы решили прийти к вам на помощь, воспользовавшись тем обстоятельством, что вы напросились ко мне в гости именно с целью подсмотреть и подслушать все, что можно.

Барон стал бледнее, чем Абадонна, который был исключительно бледен по своей природе, а затем произошло что-то странное. Абадонна оказался перед бароном и на секунду снял свои очки. В тот же момент что-то сверкнуло в руках Азазелло, что-то негромко хлопнуло как в

18 **нау́шник** (alt.): Denunziant. | 21 **томи́тельный:** quälend.

ладоши, барон стал падать навзничь, алая кровь брызнула у него из груди и залила крахмальную рубашку и жилет. Коровьев подставил чашу под бьющуюся струю и передал наполнившуюся чашу Воланду. Безжизненное тело барона в это время уже было на полу.

– Я пью ваше здоровье, господа, – негромко сказал Воланд и, подняв чашу, прикоснулся к ней губами.

Тогда произошла метаморфоза. Исчезла заплатанная рубаха и стоптанные туфли. Воланд оказался в какой-то черной хламиде со стальной шпагой на бедре. Он быстро приблизился к Маргарите, поднес ей чашу и повелительно сказал:

– Пей!

У Маргариты закружилась голова, ее шатнуло, но чаша оказалась уже у ее губ, и чьи-то голоса, а чьи – она не разобрала, шепнули в оба уха:

– Не бойтесь, королева … Не бойтесь, королева, кровь давно ушла в землю. И там, где она пролилась, уже растут виноградные гроздья.

Маргарита, не раскрывая глаз, сделала глоток, и сладкий ток пробежал по ее жилам, в ушах начался звон. Ей показалось, что кричат оглушительные петухи, что где-то играют марш. Толпы гостей стали терять свой облик. И фрачники, и женщины распались в прах. Тление на глазах Маргариты охватило зал, над ним потек запах склепа. Колонны распались, угасли огни, все съежилось, и не стало никаких фонтанов, тюльпанов и камелий. А просто было, что было – скромная гостиная

16 **разобра́ть:** hier: unterscheiden. | 20 **глото́к:** Schluck. | 21 **жи́ла:** Ader. | 24 **тле́ние:** Verwesung, Zersetzung. | 26 **склеп:** Gruft.

ювелирши, и из приоткрытой в нее двери выпадала полоска света. И в эту приоткрытую дверь и вошла Маргарита.

Der Titel des Kapitels 24 (»Извлечение мастера« – »Das Hervorzaubern des Meisters«) nimmt es vorweg: Irgendwann erscheint der Meister wieder auf der Bildfläche. Doch zuvor gibt es nach dem mitternächtlichen Horrorszenario für den Leser ein wenig Entspannung und »befreiende Komik«. War alles Geschehene nur ein Alptraum, eine Halluzination, Phantastik, Zauberei? Der Handlungsort ist die unveränderte »normale« Wohnung Nr. 50, wo sich die Woland-Clique (»свита Воланда«) und Margarita nach dem Satansball an einem »Abendmahl« (»весёлый ужин«) bei Kerzenlicht ergötzen. Nach zwei Gläschen Wodka fühlt sich Margarita wie neu und erfährt von Azazello, dass er eigenhändig Baron Majgel' erschossen hat. Als Erweis seines Könnens führt er in der Wohnung eine Kostprobe seiner bravourösen Schießkünste vor. Die Nervensäge Begemot fühlt sich dadurch herausgefordert, versagt aber beim Schießen mit zwei Revolvern, tötet eine Eule, zerschießt eine Uhr und verletzt Gella. Gegen sechs Uhr in der Frühe beabsichtigt Margarita zu gehen. Doch – wohin?

– Благодарю вас, мессир, – чуть слышно сказала Маргарита и вопросительно поглядела на Воланда. Тот в ответ улыбнулся ей вежливо и равнодушно. Черная тоска както сразу подкатила к сердцу Маргариты. Она почувствовала себя обманутой. Никакой награды за все ее услуги

1 **ювели́рша:** Juwelierin. Die Wohnung Nr. 50 gehörte einer Juwelierswitwe.

на балу никто, по-видимому, ей не собирался предлагать, как никто ее и не удерживал. А между тем ей совершенно ясно было, что идти ей отсюда больше некуда. Мимолетная мысль о том, что придется вернуться в особняк, вызвала в ней внутренний взрыв отчаяния. Попросить, что ли, самой, как искушающе советовал Азазелло в Александровском саду? «Нет, ни за что!» – сказала она себе.

– Всего хорошего, мессир, – произнесла она вслух, а сама подумала: «Только бы выбраться отсюда, а там уж я дойду до реки и утоплюсь».

– Сядьте-ка, – вдруг повелительно сказал Воланд.

Маргарита изменилась в лице и села.

– Может быть, что-нибудь хотите сказать на прощанье?

– Нет, ничего, мессир, – с гордостью ответила Маргарита, – кроме того, что если я еще нужна вам, то я готова охотно исполнить все, что вам будет угодно. Я ничуть не устала и очень веселилась на балу. Так что, если бы он и продолжался еще, я охотно бы предоставила мое колено для того, чтобы к нему прикладывались тысячи висельников и убийц. – Маргарита глядела на Воланда как сквозь пелену, глаза ее наполнялись слезами.

– Верно! Вы совершенно правы! – гулко и страшно прокричал Воланд. – Так и надо!

– Так и надо! – как эхо, повторила свита Воланда.

– Мы вас испытывали, – сказал Воланд, – никогда и ничего не просите! Никогда и ничего, и в особенности у тех, кто сильнее вас. Сами предложат и сами всё дадут.

6 **искуша́ть** (alt.): verführen. | 10 **вы́браться:** herausgelangen. | 23 **гу́лко:** schallend. | 26 **испы́тывать:** hier: auf die Probe stellen.

Садитесь, гордая женщина. – Воланд сорвал тяжелый халат с Маргариты, и опять она оказалась сидящей рядом с ним на постели. – Итак, Марго, – продолжал Воланд, смягчая свой голос, – чего вы хотите за то, что сегодня вы были у меня хозяйкой? Чего желаете за то, что провели этот бал нагой? Во что цените ваше колено? Каковы убытки от моих гостей, которых вы сейчас наименовали висельниками? Говорите! И теперь уж говорите без стеснения, ибо предложил я.

Сердце Маргариты застучало, она тяжело вздохнула, стала соображать что-то.

– Ну, что же, смелее! – поощрял Воланд. – Будите свою фантазию, пришпоривайте ее! Уж одно присутствие при сцене убийства этого отпетого негодяя-барона стоит того, чтобы человека наградили, в особенности если этот человек – женщина. Ну-с?

Дух перехватило у Маргариты, и она уже хотела выговорить заветные и приготовленные в душе слова, как вдруг побледнела, раскрыла рот и вытаращила глаза. «Фрида! Фрида! Фрида! – прокричал ей в уши чей-то назойливый, молящий голос. – Меня зовут Фрида!» И Маргарита, спотыкаясь на словах, заговорила:

– Так я, стало быть … могу попросить … об одной вещи?

– Потребовать, потребовать, моя донна, – отвечал Воланд, понимающе улыбаясь, – потребовать одной вещи.

Ах, как ловко и отчетливо Воланд подчеркнул, повторяя слова самой Маргариты – «одной вещи»!

7 **убы́тки:** Unannehmlichkeiten. | 12 **поощря́ть:** ermutigen. | 13 **пришпо́ривать:** anspornen. | 14 **отпе́тый** (umg.): ausgekocht. | 17 **дух перехвати́ло:** es schnürte den Atem ab. | 18 **заве́тный:** sehnlichst.

Маргарита вздохнула еще раз и сказала:

– Я хочу, чтобы Фриде перестали подавать тот платок, которым она удушила своего ребенка.

Кот возвел глаза к небу и шумно вздохнул, но ничего не сказал, очевидно, помня накрученное на балу ухо.

– Ввиду того, – заговорил Воланд, усмехнувшись, – что возможность получения вами взятки от этой дуры Фриды совершенно, конечно, исключена – ведь это было бы несовместимо с вашим королевским достоинством, – я уж не знаю, что и делать. Остается, пожалуй, одно – обзавестись тряпками и заткнуть ими все щели моей спальни!

– Вы о чем говорите, мессир? – изумилась Маргарита, выслушав эти действительно непонятные слова.

– Совершенно с вами согласен, мессир, – вмешался в разговор кот, – именно тряпками! – и в раздражении кот стукнул лапой по столу.

– Я о милосердии говорю, – объяснил свои слова Воланд, не спуская с Маргариты огненного глаза. – Иногда совершенно неожиданно и коварно оно пролезает в самые узенькие щелки. Вот я и говорю о тряпках.

– И я об этом же говорю! – воскликнул кот и на всякий случай отклонился от Маргариты, прикрыв вымазанными в розовом креме лапами свои острые уши.

– Пошел вон, – сказал ему Воланд.

– Я еще кофе не пил, – ответил кот, – как же это я уйду? Неужели, мессир, в праздничную ночь гостей за столом разделяют на два сорта? Одни – первой, а другие,

5 **накру́ченный:** hier: gekniffen. | 9 **несовмести́мый:** unvereinbar. | 11 **обзавести́сь** (+ Instr.): sich mit etw. eindecken. | 20 **кова́рный:** hinterlistig. | 21 **щёлка:** kleiner Spalt.

как выражается этот грустный скупердяй-буфетчик, второй свежести?

– Молчи, – приказал ему Воланд и, обратившись к Маргарите, спросил: – Вы, судя по всему, человек исключительной доброты? Высокоморальный человек?

– Нет, – с силой ответила Маргарита, – я знаю, что с вами можно разговаривать только откровенно, и откровенно вам скажу: я легкомысленный человек. Я попросила вас за Фриду только потому, что имела неосторожность подать ей твердую надежду. Она ждет, мессир, она верит в мою мощь. И если она останется обманутой, я попаду в ужасное положение. Я не буду иметь покоя всю жизнь. Ничего не поделаешь! Так уж вышло.

– А, – сказал Воланд, – это понятно.

– Так вы сделаете это? – тихо спросила Маргарита.

– Ни в коем случае, – ответил Воланд, – дело в том, дорогая королева, что тут произошла маленькая путаница. Каждое ведомство должно заниматься своими делами. Не спорю, наши возможности довольно велики, они гораздо больше, чем полагают некоторые, не очень зоркие люди …

– Да, уж гораздо больше, – не утерпел и вставил кот, видимо, гордящийся этими возможностями.

– Молчи, черт тебя возьми! – сказал ему Воланд и продолжал, обращаясь к Маргарите: – Но просто какой смысл в том, чтобы сделать то, что полагается делать другому, как я выразился, ведомству? Итак, я этого делать не буду, а вы сделайте сами.

1 **скупердя́й** (umg.): Geizkragen. | 2 **второ́й све́жести:** hier: zweiter Güte. | 21 **зо́ркий:** scharfsichtig. | 22 **утерпе́ть** (umg.): sich verkneifen können.

– А разве по-моему исполнится?

Азазелло иронически скосил кривой глаз на Маргариту и незаметно покрутил рыжей головой и фыркнул.

– Да делайте же, вот мучение, – пробормотал Воланд и, повернув глобус, стал всматриваться в какую-то деталь на нем, по-видимому, занимаясь и другим делом во время разговора с Маргаритой.

– Ну, Фрида … – подсказал Коровьев.

– Фрида! – пронзительно крикнула Маргарита.

Дверь распахнулась, и растрепанная, нагая, но уже без всяких признаков хмеля женщина с исступленными глазами вбежала в комнату и простерла руки к Маргарите, а та сказала величественно:

– Тебя прощают. Не будут больше подавать платок.

Послышался вопль Фриды, она упала на пол ничком и простерлась крестом перед Маргаритой. Воланд махнул рукой, и Фрида пропала из глаз.

– Благодарю вас, прощайте, – сказала Маргарита и поднялась.

– Ну что ж, Бегемот, – заговорил Воланд, – не будем наживаться на поступке непрактичного человека в праздничную ночь, – он повернулся к Маргарите, – итак, это не в счет, я ведь ничего не делал. Что вы хотите для себя?

Наступило молчание, и прервал его Коровьев, который зашептал на ухо Маргарите:

12 **хмель** (m.): hier: Trunkenheit. | 13 **простере́ть** (-тёр, -ла): ausstrecken. | 14 **вели́чественный:** majestätisch. | 16 **ничко́м:** mit dem Gesicht zur Erde, kopfüber. | 22 **нажива́ться** (на + Präp.): aus etw. Nutzen ziehen. | 24 **э́то не в счёт:** das zählt nicht.

– Алмазная донна, на сей раз советую вам быть поблагоразумнее! А то ведь фортуна может и ускользнуть.

– Я хочу, чтобы мне сейчас же, сию секунду, вернули моего любовника, мастера, – сказала Маргарита, и лицо ее исказилось судорогой.

Тут в комнату ворвался ветер, так что пламя свечей в канделябрах легло, тяжелая занавеска на окне отодвинулась, распахнулось окно, и в далекой высоте открылась полная, но не утренняя, а полночная луна. От подоконника на пол лег зеленоватый платок ночного света, и в кем появился ночной Иванушкин гость, называющий себя мастером. Он был в своем больничном одеянии – в халате, туфлях и черной шапочке, с которой не расставался. Небритое лицо его дергалось гримасой, он сумасшедше-пугливо косился на огни свечей, а лунный поток кипел вокруг него.

Маргарита сразу узнала его, простонала, всплеснула руками и подбежала к нему. Она целовала его в лоб, в губы, прижималась к колючей щеке, и долго сдерживаемые слезы теперь бежали ручьями по ее лицу. Она произносила только одно слово, бессмысленно повторяя его:

– Ты … ты … ты …

Мастер отстранил ее от себя и глухо сказал:

– Не плачь, Марго, не терзай меня. Я тяжко болен. – Он ухватился за подоконник рукою, как бы собираясь вскочить на него и бежать, оскалил зубы, всматриваясь

1 **алма́зная до́нна:** diamantene Donna. | 12 **одея́ние** (alt.): Kleidung, Ornat. | 19 **прижима́ться**/-жа́ться (к + Dat.): sich an jdn./etw. anschmiegen. | **колю́чий:** stachelig. | 24 **отстрани́ть:** von sich schieben. | 25 **терза́ть:** hier: quälen.

в сидящих, и закричал: – Мне страшно, Марго! У меня опять начались галлюцинации …

Рыдания душили Маргариту, она шептала, давясь словами:

– Нет, нет, нет … не бойся ничего … я с тобою … я с тобою …

Коровьев ловко и незаметно подпихнул к мастеру стул, и тот опустился на него, а Маргарита бросилась на колени, прижалась к боку больного и так затихла. В своем волнении она не заметила, что нагота ее как-то внезапно кончилась, на ней теперь был шелковый черный плащ. Больной опустил голову и стал смотреть в землю угрюмыми, больными глазами.

– Да, – заговорил после молчания Воланд, – его хорошо отделали. – Он приказал Коровьеву: – Дай-ка, рыцарь, этому человеку чего-нибудь выпить.

Маргарита упрашивала мастера дрожащим голосом:

– Выпей, выпей! Ты боишься? Нет, нет, верь мне, что тебе помогут.

Больной взял стакан и выпил то, что было в нем, но рука его дрогнула, и опустевший стакан разбился у его ног.

– К счастью! К счастью! – зашептал Коровьев Маргарите. – Смотрите, он уже приходит в себя.

Действительно, взор больного стал уже не так дик и беспокоен.

– Но это ты, Марго? – спросил лунный гость.

– Не сомневайся, это я, – ответила Маргарита.

– Еще! – приказал Воланд.

7 **подпихну́ть:** hinschieben, hinstellen. | 13 **угрю́мый:** düster. | 15 **отде́лать** (umg.): zurichten. | 17 **упра́шивать:** inständig bitten.

После того как мастер осушил второй стакан, его глаза стали живыми и осмысленными.

– Ну вот, это другое дело, – сказал Воланд, прищуриваясь, – теперь поговорим. Кто вы такой?

– Я теперь никто, – ответил мастер, и улыбка искривила его рот.

– Откуда вы сейчас?

– Из дома скорби. Я – душевнобольной, – ответил пришелец.

Этих слов Маргарита не вынесла и заплакала вновь. Потом, вытерев глаза, она вскричала:

– Ужасные слова! Ужасные слова! Он мастер, мессир, я вас предупреждаю об этом! Вылечите его, он стоит этого!

– Вы знаете, с кем вы сейчас говорите, – спросил у пришедшего Воланд, – у кого вы находитесь?

– Знаю, – ответил мастер, – моим соседом в сумасшедшем доме был этот мальчик, Иван Бездомный. Он рассказал мне о вас.

– Как же, как же, – отозвался Воланд, – я имел удовольствие встретиться с этим молодым человеком на Патриарших прудах. Он едва самого меня не свел с ума, доказывая мне, что меня нету! Но вы-то верите, что это действительно я?

– Приходится верить, – сказал пришелец, – но, конечно, гораздо спокойнее было бы считать вас плодом галлюцинации. Извините меня, – спохватившись, прибавил мастер.

5 f. **искриви́ть:** verziehen. | 8 **скорбь** (f.): Gram. | 13 **предупрежда́ть** (o + Präp.): hier: auf etw. aufmerksam machen. | 27 **спохвати́ться** (umg.): sich plötzlich besinnen.

– Ну, что же, если спокойнее, то и считайте, – вежливо ответил Воланд.

– Нет, нет, – испуганно говорила Маргарита и трясла мастера за плечо. – Опомнись! Перед тобою действительно он!

Кот ввязался и тут:

– А я действительно похож на галлюцинацию. Обратите внимание на мой профиль в лунном свете. – Кот полез в лунный столб и хотел что-то еще говорить, но его попросили замолчать, и он, ответив: – Хорошо, хорошо, готов молчать. Я буду молчаливой галлюцинацией, – замолчал.

– А скажите, почему Маргарита вас называет мастером? – спросил Воланд.

Тот усмехнулся и сказал:

– Это простительная слабость. Она слишком высокого мнения о том романе, который я написал.

– О чем роман?

– Роман о Понтии Пилате.

Тут опять закачались и запрыгали язычки свечей, задребезжала посуда на столе, Воланд рассмеялся громовым образом, но никого не испугал и смехом этим не удивил. Бегемот почему-то зааплодировал.

– О чем, о чем? О ком? – заговорил Воланд, перестав смеяться. – Вот теперь? Это потрясающе! И вы не могли найти другой темы? Дайте-ка посмотреть, – Воланд протянул руку ладонью кверху.

– Я, к сожалению, не могу этого сделать, – ответил мастер, – потому что я сжег его в печке.

20 f. **задребезжáть:** schеppern.

– Простите, не поверю, – ответил Воланд, – этого быть не может. Рукописи не горят. – Он повернулся к Бегемоту и сказал: – Ну-ка, Бегемот, дай сюда роман.

Кот моментально вскочил со стула, и все увидели, что он сидел на толстой пачке рукописей. Верхний экземпляр кот с поклоном подал Воланду. Маргарита задрожала и закричала, волнуясь вновь до слез:

– Вот она, рукопись! Вот она!

Она кинулась к Воланду и восхищенно добавила:

– Всесилен! Всесилен!

Obwohl Woland das nicht verbrannte Manuskript nun in den Händen hält, verfällt der Meister grundlos in unruhige Schwermut. Erst ein weiterer Wodka, verbunden mit Clownerien des Katers, muntert ihn ein wenig auf. Woland fragt Margarita erneut nach ihrem sehnlichsten Wunsch, den er ihr erfüllen möchte.

– Ну, Маргарита, – опять вступил в разговор Воланд, – говорите же все, что вам нужно?

Глаза Маргариты вспыхнули, и она умоляюще обратилась к Воланду:

– Позвольте мне с ним пошептаться?

Воланд кивнул головой, и Маргарита, припав к уху мастера, что-то пошептала ему. Слышно было, как тот ответил ей:

– Нет, поздно. Ничего больше не хочу в жизни. Кроме того, чтобы видеть тебя. Но тебе опять советую – оставь меня. Ты пропадешь со мной.

– Нет, не оставлю, – ответила Маргарита и обратилась к Воланду: – Прошу опять вернуть нас в подвал в переулке на Арбате, и чтобы лампа загорелась, и чтобы все стало, как было.

Тут мастер засмеялся и, обхватив давно развившуюся кудрявую голову Маргариты, сказал:

– Ах, не слушайте бедную женщину, мессир. В том подвале уже давно живет другой человек, и вообще не бывает так, чтобы все стало, как было. – Он приложил щеку к голове своей подруги, обнял Маргариту и стал бормотать: – Бедная, бедная …

– Не бывает, вы говорите? – сказал Воланд. – Это верно. Но мы попробуем. – И он сказал: – Азазелло!

Тотчас с потолка обрушился на пол растерянный и близкий к умоисступлению гражданин в одном белье, но почему-то с чемоданом в руках и в кепке. От страху этот человек трясся и приседал.

– Могарыч? – спросил Азазелло у свалившегося с неба.

– Алоизий Могарыч, – ответил тот, дрожа.

– Это вы, прочитав статью Латунского о романе этого человека, написали на него жалобу с сообщением о том, что он хранит у себя нелегальную литературу? – спросил Азазелло.

Новоявившийся гражданин посинел и залился слезами раскаяния.

– Вы хотели переехать в его комнаты? – как можно задушевнее прогнусил Азазелло.

Шипение разъяренной кошки послышалось в комнате, и Маргарита, завывая:

– Знай ведьму, знай! – вцепилась в лицо Алоизия Могарыча ногтями.

3 f. **разви́вшаяся кудря́вая голова́:** Kopf mit seinen aufgelösten Locken. | 24 f. **задуше́вный:** vertraulich.

Произошло смятение.

– Что ты делаешь? – страдальчески прокричал мастер. – Марго, не позорь себя!

– Протестую, это не позор! – орал кот.

Маргариту оттащил Коровьев.

– Я ванну пристроил … – стуча зубами, кричал окровавленный Могарыч и в ужасе понес какую-то околесину, – одна побелка … купорос …

– Ну, вот и хорошо, что ванну пристроил, – одобрительно сказал Азазелло, – ему надо брать ванны. – И крикнул: – Вон!

Тогда Могарыча перевернуло кверху ногами и вынесло из спальни Воланда через открытое окно.

Мастер вытаращил глаза, шепча:

– Однако это будет, пожалуй, почище того, что рассказывал Иван! – Совершенно потрясенный, он оглядывался и наконец сказал коту: – А простите … это ты … это вы … – он сбился, не зная, как обращаться к коту, – вы – тот самый кот, что садились в трамвай?

– Я, – подтвердил польщенный кот и добавил: – Приятно слышать, что вы так вежливо обращаетесь с котом. Котам обычно почему-то говорят «ты», хотя ни один кот никогда ни с кем не пил брудершафта.

– Мне кажется почему-то, что вы не очень-то кот … – нерешительно ответил мастер. – Меня все равно в больнице хватятся, – робко добавил он Воланду.

– Ну, чего они будут хвататься! – успокоил Коровьев, и

3 **позо́рить:** blamieren. | 6 **пристро́ить:** einbauen. | 7 f. **околёсина** (umg.): Blödsinn. | 8 **побе́лка:** Anstrich. | **купоро́с:** Vitriol. | 15 **почи́ще:** hier: (umg.) noch ›doller‹. | 20 **польщённый:** geschmeichelt. | 26 **хвати́ться** (umg.): jds. Fehlen bemerken.

какие-то бумаги и книги оказались у него в руках. – История болезни вашей?

– Да.

Коровьев швырнул историю болезни в камин.

– Нет документа, нет и человека, – удовлетворенно говорил Коровьев, – а это – домовая книга вашего застройщика?

– Да-а …

– Кто прописан в ней? Алоизий Могарыч? – Коровьев дунул в страницу домовой книги. – Раз, и нету его, и, прошу заметить, – не было. А если застройщик удивится, скажите, что ему Алоизий снился. Могарыч? Какой такой Могарыч? Никакого Могарыча не было. – Тут прошнурованная книга испарилась из рук Коровьева. – И вот она уже в столе у застройщика.

– Вы правильно сказали, – говорил мастер, пораженный чистотою работы Коровьева, – что раз нет документа, нету и человека. Вот именно меня-то и нет, у меня нет документа.

– Я извиняюсь, – вскричал Коровьев, – это именно галлюцинация, вот он, ваш документ, – и Коровьев подал мастеру документ.

Ende gut, alles gut? Die Identität einiger weiterer Personen wird wiederhergestellt bzw. neu definiert. Margarita erhält von Korov'ev das angesengte Heft mit dem Romanausschnitt des Meisters, die vertrocknete Rose, die Fotografie und das Sparbuch mit zehntausend Rubeln zurück. Nataša, Margaritas treue Haushaltshilfe, darf auf ihren Wunsch hin Hexe

9 **прописа́ть:** hier: anmelden, registrieren.

bleiben, zumal sie von Žak – gemeint ist Jaques Le Cœur – auf dem Satansball einen Heiratsantrag erhalten hat. Der in einen Eber verzauberte, kleingläubige und verängstigte Nikolaj Ivanovič bekommt sein menschliches Aussehen wieder und bittet darüber hinaus um eine Bescheinigung über seine nächtliche Abwesenheit: zur Vorlage bei der Polizei und – vor allem – bei seiner Gattin. Auch der verschreckte, in einen Vampir verwandelte Varenucha darf nach einigen Ermahnungen von Azazello in gewohnter menschlicher Gestalt das Teufelsdomizil verlassen. Ob die diabolischen Erfahrungen Nikolaj Ivanovič und Varenucha eines Besseren belehrt haben? Es scheint so. Nun wendet sich Woland dem Meister und Margarita zu.

– Теперь все оставьте меня одного с ними, – приказал Воланд, указывая на мастера и на Маргариту.

Приказание Воланда было исполнено мгновенно. После некоторого молчания Воланд обратился к мастеру:

– Так, стало быть, в арбатский подвал? А кто же будет писать? А мечтания, вдохновение?

– У меня больше нет никаких мечтаний и вдохновения тоже нет, – ответил мастер, – ничто меня вокруг не интересует, кроме нее, – он опять положил руки на голову Маргариты, – меня сломали, мне скучно, и я хочу в подвал.

– А ваш роман? Пилат?

– Он мне ненавистен, этот роман, – ответил мастер, – я слишком много испытал из-за него.

– Я умоляю тебя, – жалобно попросила Маргарита, –

19 **вдохнове́ние:** Inspiration.

не говори так. За что же ты меня терзаешь? Ведь ты знаешь, что я всю жизнь вложила в эту твою работу. – Маргарита добавила еще, обратившись к Воланду: – Не слушайте его, мессир, он слишком замучен.

– Но ведь надо же что-нибудь описывать? – говорил Воланд. – Если вы исчерпали этого прокуратора, ну, начните изображать хотя бы этого Алоизия.

Мастер улыбнулся.

– Этого Лапшённикова не напечатает, да, кроме того, это и неинтересно.

– А чем же вы будете жить? Ведь придется нищенствовать.

– Охотно, охотно, – ответил мастер, притянул к себе Маргариту, обнял ее за плечи и прибавил: – Она образумится, уйдет от меня …

– Не думаю, – сквозь зубы сказал Воланд и продолжал: – Итак, человек, сочинивший историю Понтия Пилата, уходит в подвал, в намерении расположиться там у лампы и нищенствовать?

Маргарита отделилась от мастера и заговорила очень горячо:

– Я сделала все, что могла, и я нашептала ему самое соблазнительное. А он отказался от этого.

– То, что вы ему нашептали, я знаю, – возразил Воланд, – но это не самое соблазнительное. А вам скажу, – улыбнувшись, обратился он к мастеру, – что ваш роман вам принесет еще сюрпризы.

– Это очень грустно, – ответил мастер.

– Нет, нет, это не грустно, – сказал Воланд, – ничего

6 **исче́рпать:** erschöpfen. | 14 f. **образу́миться:** Vernunft annehmen.

страшного уже не будет. Ну-с, Маргарита Николаевна, все сделано. Имеете ли вы ко мне какую-нибудь претензию?

– Что вы, о, что вы, мессир!

– Так возьмите же это от меня на память, – сказал Воланд и вынул из-под подушки небольшую золотую подкову, усыпанную алмазами.

– Нет, нет, нет, с какой же стати!

– Вы хотите со мной поспорить? – улыбнувшись, спросил Воланд.

Маргарита, так как в плаще у нее не было кармана, уложила подкову в салфетку и затянула ее узлом. Тут что-то ее изумило. Она оглянулась на окно, в котором сияла луна, и сказала:

– А вот чего я не понимаю … Что же это – все полночь да полночь, а ведь давно уже должно быть утро?

– Праздничную полночь приятно немного и задержать, – ответил Воланд. – Ну, желаю вам счастья!

Маргарита молитвенно протянула обе руки к Воланду, но не посмела приблизиться к нему и тихо воскликнула:

– Прощайте! Прощайте!

– До свидания, – сказал Воланд.

И Маргарита в черном плаще, мастер в больничном халате вышли в коридор ювелиршиной квартиры, в котором горела свеча и где их дожидалась свита Воланда. Когда пошли из коридора, Гелла несла чемодан, в котором был роман и небольшое имущество Маргариты Николаевны, а кот помогал Гелле. У дверей квартиры Коровьев раскланялся и исчез, а остальные пошли провожать

2 f. **прете́нзия:** Anspruch. | 8 **с како́й ста́ти:** aber woher denn.

по лестнице. Она была пуста. Когда проходили площадку третьего этажа, что-то мягко стукнуло, но на это никто не обратил внимания. У самых выходных дверей шестого парадного Азазелло дунул вверх, и только что вышли во двор, в который не заходила луна, увидели спящего на крыльце, и, по-видимому, спящего мертвым сном, человека в сапогах и в кепке, а также стоящую у подъезда большую черную машину с потушенными фарами. В переднем стекле смутно виднелся силуэт грача.

Die Abfahrt verzögert sich, denn Margarita hat beim Verlassen der Wohnung Wolands Geschenk, ein goldenes Hufeisen, verloren. Bei der Suche nach dem kostbaren Präsent trifft Azazello auf die mysteriöse, neugierige, nicht gern gesehene Annuška aus Wohnung Nr. 48 – eben jene, die durch das Verschütten von Sonnenblumenöl unwissentlich den Tod von Berlioz herbeigeführt hat. Verwundert wird sie im Treppenhaus zunächst Zeugin, wie Aloizij Mogaryč, Nikolaj Ivanovič und Varenucha in panischer Hast die Wohnung Nr. 50 verlassen und, aus dem Fenster fliegend, spurlos verschwinden, bevor sie Margaritas verlorenes Hufeisen findet, das sie für sich requiriert und schleunigst in Geld umsetzen will. Azazello, als Ausländer getarnt, bekommt mit erforderlichem Druck – er geht wortwörtlich Annuška an die Gurgel – das teure Stück zurück – und bedankt sich bei ihr mit einem kleinen finanziellen Obolus.

Чувствуя в голове звон и суматоху от всех этих происшествий на лестнице, Аннушка еще долго по инерции продолжала кричать:

8 f. **фáра:** Scheinwerfer. | 27 **по инéрции:** reflexartig.

– Мерси! Мерси! Мерси! – а иностранца уже давно не было.

Не было и машины во дворе. Вернув Маргарите подарок Воланда, Азазелло распрощался с нею, спросил, удобно ли ей сидеть, а Гелла сочно расцеловалась с Маргаритой, кот приложился к ее руке, провожатые помахали руками безжизненно и неподвижно завалившемуся в угол сиденья мастеру, махнули грачу и тотчас растаяли в воздухе, не считая нужным утруждать себя подъемом по лестнице. Грач зажег фары и выкатил в ворота мимо мертво спящего человека в подворотне. И огни большой черной машины пропали среди других огней на бессонной и шумной Садовой.

Через час в подвале маленького домика в одном из арбатских переулков, в первой комнате, где было все так же, как было до страшной осенней ночи прошлого года, за столом, накрытым бархатной скатертью, под лампой с абажуром, возле которой стояла вазочка с ландышами, сидела Маргарита и тихо плакала от пережитого потрясения и счастья. Тетрадь, исковерканная огнем, лежала перед нею, а рядом возвышалась стопка нетронутых тетрадей. Домик молчал. В соседней маленькой комнате на диване, укрытый больничным халатом, лежал в глубоком сне мастер. Его ровное дыхание было беззвучно.

Наплакавшись, Маргарита взялась за нетронутые тетради и нашла то место, что перечитывала перед свида-

5 **со́чный:** saftig, kräftig. | 6 **приложи́ться к руке́:** einen Handkuss geben. | **провожа́тый:** Begleiter. | 9 **утружда́ть себя́** (alt.): sich die Mühe machen. | 18 **абажу́р:** Lampenschirm. | 19 f. **потрясе́ние:** Erschütterung. | 20 **искове́рканный:** verunstaltet. | 21 **сто́пка:** hier: Papierstoß.

нием с Азазелло под Кремлевской стеной. Маргарите не хотелось спать. Она гладила рукопись ласково, как гладят любимую кошку, и поворачивала ее в руках, оглядывая со всех сторон, то останавливаясь на титульном листе, то открывая конец. На нее накатила вдруг ужасная мысль, что это все колдовство, что сейчас тетради исчезнут из глаз, что она окажется в своей спальне в особняке и что, проснувшись, ей придется идти топиться. Но это была последняя страшная мысль, отзвук долгих переживаемых ею страданий. Ничто не исчезало, всесильный Воланд был действительно всесилен, и сколько угодно, хотя бы до самого рассвета, могла Маргарита шелестеть листами тетрадей, разглядывать их и целовать и перечитывать слова:

– Тьма, пришедшая со Средиземного моря, накрыла ненавидимый прокуратором город … Да, тьма …

Szenenwechsel in Kapitel 25 (»Как прокуратор пытался спасти Иуду из Кириафа« – »Wie der Statthalter versuchte, das Leben des Judas zu retten«). Pilatus' verhasste Stadt Jerusalem verschwindet in einem orkanhaften Unwetter. Der unruhige, schwermütige Statthalter mit vom Wein und von Schlaflosigkeit geschwollenen Augen empfängt freudig seinen engsten Vertrauten Afranij, den »Mann in der Kapuze«, Chef des römischen Geheimdienstes, der von den Ereignissen auf dem Schädelberg berichtet und Unruhen in Jerusalem während der Festtage ausdrücklich ausschließt. Mit Genugtuung erfährt der Hegemon, dass Iešua Ha-Nozri vor seinem Tod keine grimmigen Hasspredigten gegen die römischen Be-

9 **о́тзвук:** Widerhall.

satzer gehalten hat und auch keine Anhänger zu haben scheint. Bulgakov legt Iešua allerdings wichtige Worte in den Mund, die nicht nur Pilatus persönlich treffen, sondern vor allem zu einer entscheidenden Deutung des Romans beitragen und später wiederaufgenommen werden: Feigheit hält er für einen der größten menschlichen Makel (»в числе человеческих пороков одним из самых главных он считает трусость«). Pilatus beauftragt Afranij, die Leichen der drei Gehenkten heimlich zu ›entsorgen‹, und weist ihn rhetorisch geschickt, in unmissverständlichen Andeutungen und mit einem Geldgeschenk, an, den Verräter Judas von Kirjath – der hatte gegen Geld Iešua nach einer Fangfrage der Geheimpolizei in die Arme getrieben – aus dem Weg zu räumen.

Die Ausführung des Mordes wird in Kapitel 26 (»Погребение« – »Die Bestattung«) beschrieben. Während Pilatus aufgewühlt, mit schlechtem Gewissen und von seinem Hund Banga getröstet, in dem für ihn unerträglichen Palast auf Schlaf hofft, initiiert in der festlichen Pessach-Nacht Afranij schnell und effizient mit Hilfe des weiblichen Lockvogels Niza, einer rätselhaften Gestalt, und zweier bestellter Meuchelmörder die Bluttat an Judas im Garten von Gat-Schmanim (Gethsemane). Der Statthalter verfällt schließlich, seinen Hund in den Armen haltend, in einen ersehnten, traumbegleiteten Schlaf, in dem sich ihm auf dem Weg zum Mond der wandernde Philosoph Iešua Ha-Nozri anschließt.

Ложе было в полутьме, закрываемое от луны колонной, но от ступеней крыльца к постели тянулась лунная лента. И лишь только прокуратор потерял связь с тем, что было вокруг него в действительности, он немедленно тронулся по светящейся дороге и пошел по ней вверх, прямо к луне. Он даже рассмеялся во сне от счастья, до того все сложилось прекрасно и неповторимо на прозрачной голубой дороге. Он шел в сопровождении Банги, а рядом с ним шел бродячий философ. Они спорили о чем-то очень сложном и важном, причем ни один из них не мог победить другого. Они ни в чем не сходились друг с другом, и от этого их спор был особенно интересен и нескончаем. Само собою разумеется, что сегодняшняя казнь оказалась чистейшим недоразумением – ведь вот же философ, выдумавший столь невероятно нелепую вещь вроде того, что все люди добрые, шел рядом, следовательно, он был жив. И конечно, совершенно ужасно было бы даже помыслить о том, что такого человека можно казнить. Казни не было! Не было! Вот в чем прелесть этого путешествия вверх по лестнице луны.

Свободного времени было столько, сколько надобно, а гроза будет только к вечеру, и трусость, несомненно, один из самых страшных пороков. Так говорил Иешуа Га-Ноцри. Нет, философ, я тебе возражаю: это самый страшный порок!

Вот, например, не трусил же теперешний прокуратор Иудеи, а бывший трибун в легионе, тогда, в Долине Дев, когда яростные германцы чуть не загрызли Крысобоя-Великана. Но, помилуйте меня, философ! Неужели вы, при вашем уме, допускаете мысль, что из-за человека, совершившего преступление против кесаря, погубит свою карьеру прокуратор Иудеи?

7 **сходи́ться:** hier: zur Übereinstimmung kommen. | 19 **поро́к:** Laster. | 24 **загры́зть:** zerfleischen. | 27 **погуби́ть** (umg.): zerstören.

– Да, да, – стонал и всхлипывал во сне Пилат.

Разумеется, погубит. Утром бы еще не погубил, а теперь, ночью, взвесив все, согласен погубить. Он пойдет на все, чтобы спасти от казни решительно ни в чем не виноватого безумного мечтателя и врача![101]

– Мы теперь будем всегда вместе, – говорил ему во сне оборванный философ-бродяга, неизвестно каким образом ставший на дороге всадника с золотым копьем. – Раз один – то, значит, тут же и другой! Помянут меня – сейчас же помянут и тебя! Меня – подкидыша, сына неизвестных родителей, и тебя – сына короля-звездочета и дочери мельника, красавицы Пилы.[102]

– Да, уж ты не забудь, помяни меня, сына звездочета, – просил во сне Пилат. И, заручившись во сне кивком идущего рядом с ним нищего из Эн-Сарида[103], жестокий прокуратор Иудеи от радости плакал и смеялся во сне.

Все это было хорошо, но тем ужаснее было пробуждение игемона. Банга зарычал на луну, и скользкая, как бы укатанная маслом, голубая дорога перед прокуратором провалилась. Он открыл глаза, и первое, что вспомнил, это что казнь была. Первое, что сделал прокуратор, это привычным жестом вцепился в ошейник Банги, потом больными глазами стал искать луну и увидел, что она немного отошла в сторону и посеребрилась. Ее свет перебивал неприятный, беспокойный свет, играющий на балконе перед самыми глазами. В руках у кентуриона Крысобоя пылал и коптил факел. Держащий его со стра-

3 **взве́сить:** abwägen. | 8 **стать:** hier: auftauchen. | 9 **помяну́ть** (+ Gen.): sich an jdn. erinnern. | 10 **подки́дыш:** Findelkind. | 14 **заручи́ться** (+ Instr.): sich einer Sache versichern. | 19 **ука́танный:** glattgewalzt. | 22 **оше́йник:** Halsband. | 27 **копти́ть:** rußen.

хом и злобой косился на опасного зверя, приготовившегося к прыжку.

– Не трогать, Банга, – сказал прокуратор больным голосом и кашлянул. Заслоняясь от пламени рукою, он продолжал: – И ночью, и при луне мне нет покоя. О боги! У вас тоже плохая должность, Марк. Солдат вы калечите …

Im zweiten Gespräch zwischen Afranij und Pilatus berichtet der Geheimdienstchef von dem Mord an Judas, der, anders als in der neutestamentlichen Vorlage, erstochen wurde. Afranijs argumentative Gewiefheit – die Obrigkeit habe hier nach außen hin ihre ›weiße Weste behalten‹ – lässt ihn, nach einer kurzen Schilderung der gewissenhaften Beseitigung der Hingerichteten, im Ansehen des Statthalters weiter steigen. Außerdem hat er Levi Matthäus, der sich und Iešuas Leichnam in einer Höhle versteckt hat, gefangen genommen, so dass Pilatus mit dem heruntergekommenen und erschöpften »Ankömmling« sprechen kann …

Пришедший человек, лет под сорок, был черен, оборван, покрыт засохшей грязью, смотрел по-волчьи, исподлобья. Словом, он был очень непригляден и скорее всего походил на городского нищего, каких много толчется на террасах храма или на базарах шумного и грязного Нижнего Города.

Молчание продолжалось долго, и нарушено оно было странным поведением приведенного к Пилату. Он изменился в лице, шатнулся и, если бы не ухватился грязной рукой за край стола, упал бы.

21 **толóчься** (толкýсь, -чёшься; volkst.): sich herumtreiben.

– Что с тобой? – спросил его Пилат.

– Ничего, – ответил Левий Матвей и сделал такое движение, как будто что-то проглотил. Тощая, голая, грязная шея его взбухла и опять опала.

– Что с тобою, отвечай, – повторил Пилат.

– Я устал, – ответил Левий и мрачно поглядел в пол.

– Сядь, – молвил Пилат и указал на кресло.

Левий недоверчиво поглядел на прокуратора, двинулся к креслу, испуганно покосился на золотые ручки и сел не в кресло, а рядом с ним, на пол.

– Объясни, почему не сел в кресло? – спросил Пилат.

– Я грязный, я его запачкаю, – сказал Левий, глядя в землю.

– Сейчас тебе дадут поесть.

– Я не хочу есть, – ответил Левий.

– Зачем же лгать? – спросил тихо Пилат. – Ты ведь не ел целый день, а может быть, и больше. Ну, хорошо, не ешь. Я призвал тебя, чтобы ты показал мне нож, который был у тебя.

– Солдаты отняли его у меня, когда вводили сюда, – ответил Левий и добавил мрачно: – Вы мне его верните, мне его надо отдать хозяину, я его украл.

– Зачем?

– Чтобы веревки перерезать, – ответил Левий.

– Марк! – крикнул прокуратор, и кентурион вступил под колонны. – Нож его мне дайте.

Кентурион вынул из одного из двух чехлов на поясе грязный хлебный нож и подал его прокуратору, а сам удалился.

3 **то́щий:** hager, dürr. | 4 **взбу́хнуть:** hier: sich aufblähen. | 9 **ру́чки:** Armlehnen. | 27 **чехо́л:** Hülle, Bezug.

– А у кого взял нож?

– В хлебной лавке у Хевронских ворот, как войдешь в город, сейчас же налево.

Пилат поглядел на широкое лезвие, попробовал пальцем, остер ли нож, зачем-то и сказал:

– Насчет ножа не беспокойся, нож вернут в лавку. А теперь мне нужно второе: покажи хартию, которую ты носишь с собой и где записаны слова Иешуа.

Левий с ненавистью посмотрел на Пилата и улыбнулся столь недоброю улыбкой, что лицо его обезобразилось совершенно.

– Все хотите отнять? И последнее, что имею? – спросил он.

– Я не сказал тебе – отдай, – ответил Пилат, – я сказал – покажи.

Левий порылся за пазухой и вынул свиток пергамента. Пилат взял его, развернул, расстелил между огнями и, щурясь, стал изучать малоразборчивые чернильные знаки. Трудно было понять эти корявые строчки, и Пилат морщился и склонялся к самому пергаменту, водил пальцем по строчкам. Ему удалось все-таки разобрать, что записанное представляет собою несвязную цепь каких-то изречений, каких-то дат, хозяйственных заметок и поэтических отрывков. Кое-что Пилат прочел: «Смерти нет … Вчера мы ели сладкие весенние баккуроты …»

Гримасничая от напряжения, Пилат щурился, читал:

4 **ле́звие:** Klinge. | 7 **ха́ртия:** hier: Schrift. | 16 **поры́лся за па́зухой:** wühlte in Brusthöhe unter seiner Kleidung. | 17 **расстели́ть:** ausbreiten. | 18 **малоразбо́рчивый:** schwer entzifferbar. | 19 **коря́вый:** hier: krakelig. | 23 **изре́чение:** Ausspruch. | 25 **весе́нние баккуро́ты:** Frühlingsfeigen, ein typischer Bestandteil des Passahmahls.

«Мы увидим чистую реку воды жизни … Человечество будет смотреть на солнце сквозь прозрачный кристалл …»

Тут Пилат вздрогнул. В последних строчках пергамента он разобрал слова: «… большего порока … трусость».

Пилат свернул пергамент и резким движением подал его Левию.

– Возьми, – сказал он и, помолчав, прибавил: – Ты, как я вижу, книжный человек, и незачем тебе, одинокому, ходить в нищей одежде без пристанища. У меня в Кесарии есть большая библиотека, я очень богат и хочу взять тебя на службу. Ты будешь разбирать и хранить папирусы, будешь сыт и одет.

Левий встал и ответил:

– Нет, я не хочу.

– Почему? – темнея лицом, спросил прокуратор. – Я тебе неприятен, ты меня боишься?

Та же плохая улыбка исказила лицо Левия, и он сказал:

– Нет, потому что ты будешь меня бояться. Тебе не очень-то легко будет смотреть в лицо мне после того, как ты его убил.

– Молчи, – ответил Пилат, – возьми денег.

Левий отрицательно покачал головой, а прокуратор продолжал:

– Ты, я знаю, считаешь себя учеником Иешуа, но я тебе скажу, что ты не усвоил ничего из того, чему он тебя учил. Ибо, если б это было так, ты обязательно взял бы у

6 **сверну́ть:** zusammenrollen. | 9 **не́зачем тебе́:** du hast es nicht nötig. | 10 **приста́нище:** Unterkunft. | 12 **разбира́ть:** hier: ordnen.

меня что-нибудь. Имей в виду, что он перед смертью сказал, что он никого не винит, – Пилат значительно поднял палец, лицо Пилата дергалось. – И сам он непременно взял бы что-нибудь. Ты жесток, а тот жестоким не был. Куда ты пойдешь?

Левий вдруг приблизился к столу, уперся в него обеими руками и, глядя горящими глазами на прокуратора, зашептал ему:

– Ты, игемон, знай, что я в Ершалаиме зарежу одного человека. Мне хочется тебе это сказать, чтобы ты знал, что кровь еще будет.

– Я тоже знаю, что она еще будет, – ответил Пилат, – своими словами ты меня не удивил. Ты, конечно, хочешь зарезать меня?

– Тебя мне зарезать не удастся, – ответил Левий, оскалившись и улыбаясь, – я не такой глупый человек, чтобы на это рассчитывать, но я зарежу Иуду из Кириафа, я этому посвящу остаток жизни.

Тут наслаждение выразилось в глазах прокуратора, и он, поманив к себе пальцем поближе Левия Матвея, сказал:

– Это тебе сделать не удастся, ты себя не беспокой. Иуду этой ночью уже зарезали.

Левий отпрыгнул от стола, дико озираясь, и выкрикнул:

– Кто это сделал?

– Не будь ревнив, – скалясь, ответил Пилат и потер руки, – я боюсь, что были поклонники у него и кроме тебя.

2 **вини́ть:** beschuldigen. | 18 **посвяти́ть:** widmen.

– Кто это сделал? – шепотом повторил Левий.

Пилат ответил ему:

– Это сделал я.

Левий открыл рот, уставился на прокуратора, а тот сказал тихо:

– Это, конечно, немного сделано, но все-таки это сделал я. – И прибавил: – Ну, а теперь возьмешь что-нибудь?

Левий подумал, смягчился и наконец сказал:

– Вели мне дать кусок чистого пергамента.

Прошел час. Левия не было во дворце. Теперь тишину рассвета нарушал только тихий шум шагов часовых в саду. Луна быстро выцветала, на другом краю неба было видно беловатое пятнышко утренней звезды. Светильники давным-давно погасли. На ложе лежал прокуратор. Подложив руку под щеку, он спал и дышал беззвучно. Рядом с ним спал Банга.

Так встретил рассвет пятнадцатого нисана пятый прокуратор Иудеи Понтий Пилат.

Глава 27

Конец квартиры № 50

Когда Маргарита дошла до последних слов главы: «… Так встретил рассвет пятнадцатого нисана пятый прокуратор Иудеи Понтий Пилат», – наступило утро.

Слышно было, как во дворике в ветвях ветлы и липы вели веселый, возбужденный утренний разговор воробьи.[104]

12 **выцвета́ть:** verblassen. | 24 **ветла́:** Weide.

Маргарита поднялась с кресла, потянулась и только теперь ощутила, как изломано ее тело и как хочет она спать. Интересно отметить, что душа Маргариты находилась в полном порядке. Мысли ее не были в разброде, ее совершенно не потрясло то, что она провела ночь сверхъестественно. Ее не волновали воспоминания о том, что она была на балу у сатаны, что каким-то чудом мастер был возвращен к ней, что из пепла возник роман, что опять все оказалось на своем месте в подвале в переулке, откуда был изгнан ябедник Алоизий Могарыч. Словом, знакомство с Воландом не принесло ей никакого психического ущерба. Все было так, как будто так и должно быть.

Она пошла в соседнюю комнату, убедилась в том, что мастер спит крепким и спокойным сном, погасила ненужную настольную лампу и сама протянулась под противоположной стеной на диванчике, покрытом старой разорванной простыней. Через минуту она спала, и никаких снов в то утро она не видела. Молчали комнаты и в подвале, молчал весь маленький домишко застройщика, и тихо было в глухом переулке.

Im folgenden widmet sich das Kapitel 27 (»Конец квартиры № 50« – »Das Ende der Wohnung Nr. 50«) den Versuchen der Behörden, den dubiosen »Fall Woland« aufzuklären. Die Mitarbeiter »eines Moskauer Amtsgebäudes« (»московское учреждение«) an einem großen asphaltierten Platz – gemeint ist hier unstreitig der Sitz der Geheimpolizei am Lubjanka-Platz – sind bestrebt, Licht in die Ereignisse um die sensatio-

4 **разбрóд:** Durcheinander. | 10 **я́бедник:** Denunziant.

nelle Séance der Schwarzen Magie und das seltsame Verschwinden der gesamten Theaterleitung zu bringen. Die Polizei schließt zunächst auf eine Verbindung von Teufelsspuk und krimineller Energie. Jedoch macht die Fülle unterschiedlicher Informationen das Zusammensetzen des Puzzles noch verworrener. Obwohl man durch Semplejarov Wolands Aufenthaltsort erfährt, ist bei Durchsuchungen der Wohnung Nr. 50 niemand anzutreffen. Auch die Aussagen des wiederaufgetauchten Vorsitzenden der Schauspielkommission Prochor Petrovič und der Leitung des Varietétheaters, Lichodeev, Rimskij und Varenucha, sowie die Darlegungen von Annuška und Nikolaj Ivanovič bringen den Fall nicht entscheidend weiter. Ein Rätsel bleibt nach wie vor der »Diebstahl« des Kopfes von Schriftsteller Berlioz und das spurlose Verschwinden zweier Moskauer Bürgerinnen: Margarita und Nataša. Ivan Bezdomnyjs vage Hinweise und Gerüchte liefern weitere Untersuchungsdetails, die die Kriminalisten erneut in die »dreimal vermaledeite Wohnung« (»трижды проклятая квартира«) Nr. 50 führen, zumal dort nun auch der Aufenthalt von Baron Majgel' beobachtet wurde. Außerdem, so munkelt man, habe man dort Klaviermusik gehört und die Gestalt eines schwarzen Katers gesichtet. Schwer bewaffnet, mit Fangschlingen und Chloroformampullen ausgestattet, verschaffen sich Männer in Zivil – »Ankömmlinge« (»вошедшие«, »пришедшие«, »присутствующие«) genannt – gewaltsam Zugang in die Wohnung, wo sie auf einen »riesigen schwarzen Kater« mit einem Petroleumkocher in den Pfoten treffen. Es kommt zu einem spannend-amüsanten Showdown.

В полном молчании вошедшие в гостиную созерцали этого кота в течение довольно долгого времени.

– М-да … действительно здорово … – шепнул один из пришедших.

– Не шалю, никого не трогаю, починяю примус, – недружелюбно насупившись, проговорил кот, – и еще считаю долгом предупредить, что кот древнее и неприкосновенное животное.

– Исключительно чистая работа, – шепнул один из вошедших, а другой сказал громко и отчетливо:

– Ну-с, неприкосновенный чревовещательский кот, пожалуйте сюда!

Развернулась и взвилась шелковая сеть, но бросавший ее, к полному удивлению всех, промахнулся и захватил ею только кувшин, который со звоном тут же и разбился.

– Ремиз, – заорал кот. – Ура! – и тут он, отставив в сторону примус, выхватил из-за спины браунинг. Он мигом навел его на ближайшего к нему стоящего, но у того раньше, чем кот успел выстрелить, в руке полыхнуло огнем, и вместе с выстрелом из маузера[105] кот шлепнулся вниз головой с каминной полки на пол, уронив браунинг и бросив примус.

– Все кончено, – слабым голосом сказал кот и томно раскинулся в кровавой луже, – отойдите от меня на секунду, дайте мне попрощаться с землей. О мой друг Аза-

5 f. **недружелю́бный:** unfreundlich. | 6 **насу́питься:** murren. | 11 **чревовеща́тельский:** чревовеща́тель: Bauchredner. | 13 **взви́ться:** sich in die Höhe schwingen. | 19 **полыхну́ть:** auflodern. | 20 **шлёпнуться** (umg.): hinknallen. | 23 **то́мный:** hier: kraftlos. | 24 **раски́нуться** (umg.): sich rekeln.

зелло! – простонал кот, истекая кровью. – Где ты? – Кот завел угасающие глаза по направлению к двери в столовую. – Ты не пришел ко мне на помощь в момент неравного боя. Ты покинул бедного Бегемота, променяв его на стакан – правда, очень хорошего – коньяку! Ну что же, пусть моя смерть ляжет на твою совесть, а я завещаю тебе мой браунинг …

– Сеть, сеть, сеть, – беспокойно зашептали вокруг кота. Но сеть, черт знает почему, зацепилась у кого-то в кармане и не полезла наружу.

– Единственно, что может спасти смертельно раненного кота, – проговорил кот, – это глоток бензина … – И, воспользовавшись замешательством, он приложился к круглому отверстию в примусе и напился бензину. Тотчас кровь из-под верхней левой лапы перестала струиться. Кот вскочил живой и бодрый, ухватив примус под мышку, сиганул с ним обратно на камин, а оттуда, раздирая обои, полез по стене и через секунды две оказался высоко над вошедшими, сидящим на металлическом карнизе.

Вмиг руки вцепились в гардину и сорвали ее вместе с карнизом, отчего солнце хлынуло в затененную комнату. Но ни жульнически выздоровевший кот, ни примус не упали вниз. Кот, не расставаясь с примусом, ухитрился махнуть по воздуху и вскочить на люстру, висящую в центре комнаты.

6 **лечь** (лягу, -жешь): hier: lasten. | 13 **замеша́тельство:** Konfusion. | 17 **сигану́ть** (volkst.): flitzen. | 20 **карни́з:** Gardinenstange. | 21 **вмиг:** im Nu. | 23 **жу́льнически:** durch Mogelei. | 24 f. **ухитри́лся махну́ть по во́здуху:** brachte es fertig, durch die Luft zu sausen.

– Стремянку! – крикнули снизу.

– Вызываю на дуэль! – проорал кот, пролетая над головами на качающейся люстре, и тут опять в лапах у него оказался браунинг, а примус он пристроил между ветвями люстры. Кот прицелился и, летая, как маятник, над головами пришедших, открыл по ним стрельбу. Грохот потряс квартиру. На пол посыпались хрустальные осколки из люстры, треснуло звездами зеркало на камине, полетела штукатурная пыль, запрыгали по полу отработанные гильзы, полопались стекла в окнах, из простреленного примуса начало брызгать бензином. Теперь уж не могло идти речи о том, чтобы взять кота живым, и пришедшие метко и бешено стреляли ему в ответ из маузеров в голову, в живот, в грудь и в спину. Стрельба вызвала панику на асфальте во дворе.

Но длилась эта стрельба очень недолго и сама собою стала затихать. Дело в том, что ни коту, ни пришедшим она не причинила никакого вреда. Никто не оказался не только убит, но даже ранен; все, в том числе и кот, остались совершенно невредимыми. Кто-то из пришедших, чтобы это окончательно проверить, выпустил штук пять в голову окаянному животному, и кот бойко ответил целой обоймой. И то же самое – никакого впечатления ни на кого это не произвело. Кот покачивался в люстре, размахи которой все уменьшались, дуя зачем-то в дуло браунинга и плюя себе на лапу. У стоящих внизу в молчании на лицах появилось выражение полного недоуме-

1 **стремя́нка:** Stehleiter. | 5 **ма́ятник:** Pendel. | 6 **откры́ть стрельбу́:** das Feuer eröffnen. | 10 **ги́льза:** Patronenhülse. | 22 **окая́нный:** verdammt, verflucht. | 23 **обо́йма:** Magazin (einer Waffe). | 25 **ду́ло:** Mündung (hier: einer Waffe).

ния. Это был единственный, или один из единственных, случай, когда стрельба оказывалась совершенно недействительной. Можно было, конечно, допустить, что браунинг кота – какой-нибудь игрушечный, но о маузерах пришедших этого уж никак нельзя было сказать. Первая же рана кота, в чем уж, ясно, не было ни малейшего сомнения, была не чем иным, как фокусом и свинским притворством, равно как и питье бензина.

Сделали еще одну попытку добыть кота. Был брошен аркан, он зацепился за одну из свечей, люстра сорвалась. Удар ее потряс, казалось, весь корпус дома, но толку от этого не получилось. Присутствующих окатило осколками, а кот перелетел по воздуху и уселся высоко под потолком на верхней части золоченой рамы каминного зеркала. Он никуда не собирался удирать и даже, наоборот, сидя в сравнительной безопасности, завел еще одну речь.

– Я совершенно не понимаю, – говорил он сверху, – причин такого резкого обращения со мной …

Mit diesen Worten zerschlägt der Kater die Fensterscheiben, versprüht Benzin aus seinem Petroleumkocher, was einen Wohnungsbrand zur unmittelbaren Folge hat. Im allgemeinen Chaos macht sich die Woland-Gang aus dem Staub: Der Kater flieht über das Dach, und »drei dunkle männliche Gestalten und die Silhouette einer nackten Frau«, so beobachten Zeugen, fliegen aus dem Fenster der vierten Etage der verwunschenen Wohnung 50 in der Gartenstraße (Sadovaja) 302 a. War alles Wirklichkeit oder nur schiere Einbildung?

2 f. **недействи́тельный:** wirkungslos. | 10 **арка́н:** Fangschlinge.

Das »unzertrennliche Pärchen« (»неразлучная парочка«) startet seine »letzten abenteuerlichen Streiche« (Kapitel 28: »Последние похождения Коровьева и Бегемота«. Im »Torgsin« (торговый синдикат, »Handelssyndikat«), sprich: in einem Devisenladen, in dem auch Sowjetbürger »offiziell« nur gegen nachweisbare Devisen einkaufen dürfen, bringen Korov'ev und Begemot das Personal und die Kunden zur Verzweiflung und setzen, bevor sie laut Augenzeugenberichten unter die Decke schweben und wie Spielzeugluftballons zerplatzen, den Laden in Brand. Erneut irritiert Bulgakovs Erzähler den Leser mit einem diffusen Kommentar: »Es bleibt natürlich rätselhaft, ob es wirklich so geschah, doch was wir nicht wissen, das wissen wir nicht.«

Ironie pur bestimmt dieses Kapitel. Bulgakov nimmt in der folgenden Episode das verlogen-arrogante Gehabe von angepassten Literaten im Schriftstellerhaus aufs Korn. Das »ausgelassene Pärchen« (»неугомонная парочка«) verschafft sich Zugang in das renommierte Restaurant des Griboedov-Hauses – mit Hilfe des Managers Arčibal'd Arčibal'dovič, der sofort erkennt, wen er vor sich hat, und prompt die Behörden informiert. Während einer wilden Schießerei lösen sich Korov'ev und Begemot wiederum in Luft auf, nachdem der Petroleumkocher, den Begemot immer noch bei sich trägt, ein Feuerinferno im Literatenhaus ausgelöst hat.

Глава 29

Судьба мастера и Маргариты определена

На закате солнца высоко над городом на каменной террасе одного из самых красивых зданий в Москве, здания, построенного около полутораста лет назад,[106] находились двое: Воланд и Азазелло. Они не были видны снизу, с улицы, так как их закрывала от ненужных взоров балюстрада с гипсовыми вазами и гипсовыми цветами. Но им город был виден почти до самых краев.

Воланд сидел на складном табурете, одетый в черную свою сутану. Его длинная и широкая шпага была воткнута между двумя рассекшимися плитами террасы вертикально, так что получились солнечные часы. Тень шпаги медленно и неуклонно удлинялась, подползая к черным туфлям на ногах сатаны. Положив острый подбородок на кулак, скорчившись на табурете и поджав одну ногу под себя, Воланд не отрываясь смотрел на необъятное сборище дворцов, гигантских домов и маленьких, обреченных на слом лачуг.

Азазелло, расставшись со своим современным нарядом, то есть пиджаком, котелком, лакированными туфлями, одетый, как и Воланд, в черное, неподвижно стоял невдалеке от своего повелителя, так же, как и он, не спуская глаз с города.

Воланд заговорил:

– Какой интересный город, не правда ли?

10 **складно́й табуре́т:** Klapphocker. | 12 **рассёкшиеся пли́ты:** zerfurchte Steinplatten. | 16 **ско́рчиться:** sich zusammenkrümmen. | **поджа́ть:** unter sich ziehen. | 19 **обречённые на слом лачу́ги:** zum Abriss verurteilte Hütten.

Азазелло шевельнулся и ответил почтительно:

– Мессир, мне больше нравится Рим!

– Да, это дело вкуса, – ответил Воланд.

Через некоторое время опять раздался его голос:

– А отчего этот дым там, на бульваре?

– Это горит Грибоедов, – ответил Азазелло.

– Надо полагать, что это неразлучная парочка, Коровьев и Бегемот, побывала там?

– В этом нет никакого сомнения, мессир.

Опять наступило молчание, и оба находящиеся на террасе глядели, как в окнах, повернутых на запад, в верхних этажах громад зажигалось изломанное ослепительное солнце. Глаз Воланда горел так же, как одно из таких окон, хотя Воланд был спиною к закату.

Но тут что-то заставило Воланда отвернуться от города и обратить свое внимание на круглую башню, которая была у него за спиною на крыше. Из стены ее вышел оборванный, выпачканный в глине мрачный человек в хитоне, в самодельных сандалиях, чернобородый.

– Ба! – воскликнул Воланд, с насмешкой глядя на вошедшего. – Менее всего можно было ожидать тебя здесь! Ты с чем пожаловал, незваный, но предвиденный гость?

– Я к тебе, дух зла и повелитель теней, – ответил вошедший, исподлобья недружелюбно глядя на Воланда.

– Если ты ко мне, то почему же ты не поздоровался со мной, бывший сборщик податей? – заговорил Воланд сурово.

– Потому что я не хочу, чтобы ты здравствовал, – ответил дерзко вошедший.

– Но тебе придется примириться с этим, – возразил Воланд, и усмешка искривила его рот, – не успел ты появиться на крыше, как уже сразу отвесил нелепость, и я тебе скажу, в чем она, – в твоих интонациях. Ты произнес свои слова так, как будто ты не признаешь теней, а также и зла. Не будешь ли ты так добр подумать над вопросом: что бы делало твое добро, если бы не существовало зла, и как бы выглядела земля, если бы с нее исчезли тени? Ведь тени получаются от предметов и людей. Вот тень от моей шпаги. Но бывают тени от деревьев и от живых существ. Не хочешь ли ты ободрать весь земной шар, снеся с него прочь все деревья и все живое из-за твоей фантазии наслаждаться голым светом? Ты глуп.

– Я не буду с тобою спорить, старый софист, – ответил Левий Матвей.

– Ты не можешь со мной спорить, по той причине, о которой я уже упомянул: ты глуп, – ответил Воланд и спросил: – Ну, говори кратко, не утомляя меня, зачем появился?

– Он прислал меня.

– Что же он велел передать тебе, раб?

– Я не раб, – все более озлобляясь, ответил Левий Матвей, – я его ученик.

– Мы говорим с тобой на разных языках, как всегда, – отозвался Воланд, – но вещи, о которых мы говорим, от этого не меняются. Итак?..

– Он прочитал сочинение мастера, – заговорил Левий Матвей, – и просит тебя, чтобы ты взял с собою мастера и наградил его покоем. Неужели это трудно тебе сделать, дух зла?

1 **отве́сить** (umg.): hier: von sich geben. | 9 **ободра́ть:** hier: leerfegen. | 20 **озлобля́ться:** böse werden.

– Мне ничего не трудно сделать, – ответил Воланд, – и тебе это хорошо известно. – Он помолчал и добавил: – А что же вы не берете его к себе, в свет?

– Он не заслужил света, он заслужил покой, – печальным голосом проговорил Левий.

– Передай, что будет сделано, – ответил Воланд и прибавил, причем глаз его вспыхнул: – И покинь меня немедленно.

– Он просит, чтобы ту, которая любила и страдала из-за него, вы взяли бы тоже, – в первый раз моляще обратился Левий к Воланду.

– Без тебя бы мы никак не догадались об этом. Уходи.

Левий Матвей после этого исчез, а Воланд подозвал к себе Азазелло и приказал ему:

– Лети к ним и все устрой.

Азазелло покинул террасу, и Воланд остался один.

Но одиночество его не было продолжительным. Послышался на плитах террасы стук шагов и оживленные голоса, и перед Воландом предстали Коровьев и Бегемот. Но теперь примуса при толстяке не было, а нагружен он был другими предметами. Так, под мышкой у него находился небольшой ландшафтик в золотой раме, через руку был перекинут поварской, наполовину обгоревший халат, а в другой руке он держал цельную семгу в шкуре и с хвостом. От Коровьева и Бегемота несло гарью, рожа Бегемота была в саже, а кепка наполовину обгорела.

– Салют, мессир! – прокричала неугомонная парочка, и Бегемот замахал семгой.

22 **ландша́фтик:** kleines Landschaftsgemälde. | 23 f. **поварско́й хала́т:** Küchenschürze. | 24 **сёмга:** Lachs. | 25 **несло́** (umg.) **га́рью:** es roch nach Verbranntem.

– Очень хороши, – сказал Воланд.

– Мессир, вообразите, – закричал возбужденно и радостно Бегемот, – меня за мародера приняли!

– Судя по принесенным тобою предметам, – ответил Воланд, поглядывая на ландшафтик, – ты и есть мародер.

– Верите ли, мессир … – задушевным голосом начал Бегемот.

– Нет, не верю, – коротко ответил Воланд.

– Мессир, клянусь, я делал героические попытки спасти все, что было можно, и вот все, что удалось отстоять.

– Ты лучше скажи, отчего Грибоедов загорелся? – спросил Воланд.

Оба, и Коровьев и Бегемот, развели руками, подняли глаза к небу, а Бегемот вскричал:

– Не постигаю! Сидели мирно, совершенно тихо, закусывали …

– И вдруг – трах, трах! – подхватил Коровьев. – Выстрелы! Обезумев от страха, мы с Бегемотом кинулись бежать на бульвар, преследователи за нами, мы кинулись к Тимирязеву!..[107]

– Но чувство долга, – вступил Бегемот, – побороло наш постыдный страх, и мы вернулись.

– Ах, вы вернулись? – сказал Воланд. – Ну, конечно, тогда здание сгорело дотла.

– Дотла! – горестно подтвердил Коровьев. – То есть буквально, мессир, дотла, как вы изволили метко выразиться. Одни головешки!

3 **мародёр:** Marodeur, Plünderer. | 10 **отстоя́ть:** hier: erfolgreich gegen einen Angriff behaupten. | 15 **постига́ть:** begreifen. | 21 **чу́вство до́лга:** Pflichtgefühl. | **поборо́ть:** bezwingen. | 24 **дотла́:** bis auf den Grund. | 27 **головéшка:** glimmendes Holzscheit (головня́).

– Я устремился, – рассказывал Бегемот, – в зал заседаний, – это который с колоннами, мессир, – рассчитывая вытащить что-нибудь ценное. Ах, мессир, моя жена, если б только она у меня была, двадцать раз рисковала остаться вдовой! Но, по счастью, мессир, я не женат, и скажу вам прямо – счастлив, что не женат. Ах, мессир, можно ли променять холостую свободу на тягостное ярмо!

– Опять началась какая-то чушь, – заметил Воланд.

– Слушаю и продолжаю, – ответил кот, – да-с, вот ландшафтик. Более ничего невозможно было унести из зала, пламя ударило мне в лицо. Я побежал в кладовку, спас семгу. Я побежал в кухню, спас халат. Я считаю, мессир, что я сделал все, что мог, и не понимаю, чем объясняется скептическое выражение на вашем лице.

– А что делал Коровьев в то время, когда ты мародерствовал? – спросил Воланд.

– Я помогал пожарным, мессир, – ответил Коровьев, указывая на разорванные брюки.

– Ах, если так, то, конечно, придется строить новое здание.

– Оно будет построено, мессир, – отозвался Коровьев, – смею уверить вас в этом.

– Ну, что ж, остается пожелать, чтобы оно было лучше прежнего, – заметил Воланд.

– Так и будет, мессир, – сказал Коровьев.

– Уж вы мне верьте, – добавил кот, – я форменный пророк.

7 f. **тя́гостное ярмо́:** drückendes Joch. | 12 **кладо́вка:** Vorratskammer. | 27 f. **фо́рменный проро́к:** ein regelrechter Prophet.

– Во всяком случае, мы явились, мессир, – докладывал Коровьев, – и ждем ваших распоряжений.

Воланд поднялся со своего табурета, подошел к балюстраде и долго молча, один, повернувшись спиной к своей свите, глядел вдаль. Потом он отошел от края, опять опустился на свой табурет и сказал:

– Распоряжений никаких не будет – вы исполнили все, что могли, и более в ваших услугах я пока не нуждаюсь. Можете отдыхать. Сейчас придет гроза, последняя гроза, она довершит все, что нужно довершить, и мы тронемся в путь.

– Очень хорошо, мессир, – ответили оба гаера и скрылись где-то за круглой центральной башней, расположенной в середине террасы.

Гроза, о которой говорил Воланд, уже скоплялась на горизонте. Черная туча поднялась на западе и до половины отрезала солнце. Потом она накрыла его целиком. На террасе посвежело. Еще через некоторое время стало темно.

Эта тьма, пришедшая с запада, накрыла громадный город. Исчезли мосты, дворцы. Все пропало, как будто этого никогда не было на свете. Через все небо пробежала одна огненная нитка. Потом город потряс удар. Он повторился, и началась гроза. Воланд перестал быть видим в ее мгле.

15 **скопля́ться:** sich zusammenballen.

Глава 30

Пора! Пора![108]

– Ты знаешь, – говорила Маргарита, – как раз когда ты заснул вчера ночью, я читала про тьму, которая пришла со Средиземного моря … и эти идолы, ах, золотые идолы! Они почему-то мне все время не дают покоя. Мне кажется, что и сейчас будет дождь. Ты чувствуешь, как свежеет?

– Все это хорошо и мило, – отвечал мастер, куря и разбивая рукой дым, – и эти идолы, бог с ними … но что дальше получится, уж решительно непонятно!

Разговор этот шел на закате солнца, как раз тогда, когда к Воланду явился на террасе Левий Матвей. Окошко подвала было открыто, и если бы кто-нибудь заглянул в него, он удивился бы тому, насколько странно выглядят разговаривающие. На Маргарите прямо на голое тело был накинут черный плащ, а мастер был в своем больничном белье. Происходило это оттого, что Маргарите решительно нечего было надеть, так как все ее вещи остались в особняке, и хоть этот особняк был очень недалеко, конечно, нечего было и толковать о том, чтобы пойти туда и взять там свои вещи. А мастер, у которого все костюмы нашли в шкафу, как будто мастер никуда и не уезжал, просто не желал одеваться, развивая перед Маргаритой ту мысль, что вот-вот начнется какая-то совершеннейшая чепуха. Правда, он был выбрит впервые, считая с той осенней ночи (в клинике бородку ему подстригали машинкой).

5 **и́дол:** Götze.

Комната также имела странный вид, и что-нибудь понять в хаосе ее было очень трудно. На ковре лежали рукописи, они же были и на диване. Валялась какая-то книжка горбом в кресле. А на круглом столе был накрыт обед, и среди закусок стояло несколько бутылок. Откуда взялись все эти яства и напитки, было неизвестно и Маргарите и мастеру. Проснувшись, они все это застали уже на столе.

Проспав до субботнего заката, и мастер и его подруга чувствовали себя совершенно окрепшими, и только одно давало знать о вчерашних приключениях – у обоих немного ныл левый висок. Со стороны же психики изменения в обоих произошли очень большие, как убедился бы всякий, кто мог бы подслушать разговор в подвальной квартире. Но подслушивать было решительно некому. Дворик-то этот тем был и хорош, что всегда был пуст. С каждым днем все сильнее зеленеющие липы и ветла за окном источали весенний запах, и начинающийся ветерок заносил его в подвал.

– Фу-ты, черт! – неожиданно воскликнул мастер. – Ведь это, подумать только … – он затушил окурок в пепельнице и сжал голову руками. – Нет, послушай, ты же умный человек и сумасшедшей не была … Ты серьезно уверена в том, что мы вчера были у сатаны?

– Совершенно серьезно, – ответила Маргарита.

– Конечно, конечно, – иронически сказал мастер, – теперь, стало быть, налицо вместо одного сумасшедшего

4 **горб:** Buckel. | 6 **я́ства** (Pl.; alt.): Speisen. | 21 **Фу-ты, чёрт!:** Teufel noch mal!

двое! И муж и жена. – Он воздел руки к небу и закричал: – Нет, это черт знает что такое, черт, черт, черт!

Вместо ответа Маргарита обрушилась на диван, захохотала, заболтала босыми ногами и потом уж вскричала:

– Ой, не могу! Ой, не могу! Ты посмотри только, на что ты похож!

Отхохотавшись, пока мастер стыдливо поддергивал больничные кальсоны, Маргарита стала серьезной.

– Ты сейчас невольно сказал правду, – заговорила она, – черт знает, что такое, и черт, поверь мне, все устроит! – Глаза ее вдруг загорелись, она вскочила, затанцевала на месте и стала вскрикивать: – Как я счастлива, как я счастлива, что вступи́ла с ним в сделку! О дьявол, дьявол!.. Придется вам, мой милый, жить с ведьмой! – После этого она кинулась к мастеру, обхватила его шею и стала его целовать в губы, в нос, в щеки. Вихры неприглаженных черных волос прыгали на мастере, и щеки и лоб его разгорались под поцелуями.

– А ты действительно стала похожей на ведьму.

– А я этого и не отрицаю, – ответила Маргарита, – я ведьма и очень этим довольна.

– Ну, хорошо, – говорил мастер, – ведьма так ведьма. Очень славно и роскошно! Меня, стало быть, похитили из лечебницы … Тоже очень мило! Вернули сюда, допустим и это … Предположим даже, что нас не хватятся … Но скажи ты мне ради всего святого, чем и как мы будем жить? Говоря это, я забочусь о тебе, поверь мне!

11 **устро́ить:** in Ordnung bringen. | 13 **сде́лка:** Geschäft. | 16 **вихо́р:** Strähne. | **непригла́женный:** ungekämmt. | 23 **роско́шный:** hier: prachtvoll.

Das intime Gespräch des Meisters und Margaritas wird unterbrochen durch eine mysteriöse Gestalt, die Aloizij, der sich zu Unrecht die Wohnung des Meisters angeeignet hatte und durch den Zauber Wolands verschwunden ist, sprechen möchte. Sie verzieht sich auf der Stelle und wortlos, als Margarita Aloizijs Verhaftung erwähnt.

Die folgende Szene könnte fast einem sentimentalen Rührstück entnommen sein. Der Meister bekundet seine Furchtlosigkeit, die ihm nach seinen Schauererlebnissen in der Psychiatrie zugewachsen sei, und legt Margarita nahe, ihn zu verlassen, um nicht an der Seite eines armen und kranken Mannes darben zu müssen. Margarita ihrerseits gesteht dem Meister wiederholt ihre vorbehaltlose Liebe. Dieser, von der Aufrichtigkeit und Zärtlichkeit seiner Geliebten berührt, beginnt zu weinen und bereut seinen Kleinmut. Und dann …

Тогда мастер вытер глаза, поднял с колен Маргариту, встал и сам и сказал твердо:

– Довольно! Ты меня пристыдила. Я никогда больше не допущу малодушия и не вернусь к этому вопросу, будь покойна. Я знаю, что мы оба жертвы своей душевной болезни, которую, быть может, я передал тебе … Ну что же, вместе и понесем ее.

Маргарита приблизила губы к уху мастера и прошептала:

– Клянусь тебе твоею жизнью, клянусь угаданным тобою сыном звездочета, все будет хорошо.

– Ну и ладно, ладно, – отозвался мастер и, засмеявшись, добавил: – Конечно, когда люди совершенно ограблены, как мы с тобой, они ищут спасения у потусторонней силы! Ну что ж, согласен искать там.

– Ну вот, ну вот, теперь ты прежний, ты смеешься, – отвечала Маргарита, – и ну тебя к черту с твоими учеными словами. Потусторонняя или не потусторонняя – не все ли это равно? Я хочу есть.

И она потащила за руку мастера к столу.

– Я не уверен, что эта еда не провалится сейчас сквозь землю или не улетит в окно, – говорил тот, совершенно успокоившись.

– Она не улетит!

И в этот самый момент в оконце послышался носовой голос:

– Мир вам.

Мастер вздрогнул, а привыкшая уже к необыкновенному Маргарита вскричала:

– Да это Азазелло! Ах, как это мило, как это хорошо! – И, шепнув мастеру: – Вот видишь, видишь, нас не оставляют! – бросилась открывать.

Der Überraschungsgast, mit Cognac bewirtet und vom Meister als Gesandter des Teufels erkannt, kommt natürlich mit einer Mission seines ›Chefs‹. Dem kleinen Ausflug (»небольшая прогулка«), zu dem Azazello die beiden in Wolands Namen einlädt, stimmt Margarita, leicht beschwipst, sogleich zu: sie habe eine Schwäche für Geschwindigkeit und Nacktsein. Nach einigen Hinweisen mit leichten Fußstößen von Margarita willigt auch ihr Geliebter ein. Daraufhin wird Azazello konkreter:

1 **огра́бить:** berauben. | 2 f. **потусторо́нняя си́ла:** jenseitige Macht.

– И опять-таки забыл, – прокричал Азазелло, хлопнув себя по лбу, – совсем замотался! Ведь мессир прислал вам подарок, – тут он отнесся именно к мастеру, – бутылку вина. Прошу заметить, это то самое вино, которое пил прокуратор Иудеи. Фалернское вино[109].

Вполне естественно, что такая редкость вызвала большое внимание и Маргариты и мастера. Азазелло извлек из куска темной гробовой парчи совершенно заплесневевший кувшин. Вино нюхали, налили в стаканы, глядели сквозь него на исчезающий перед грозою свет в окне. Видели, как все окрашивается в цвет крови.

– Здоровье Воланда! – воскликнула Маргарита, поднимая свой стакан.

Все трое приложились к стаканам и сделали по большому глотку. Тотчас предгрозовой свет начал гаснуть в глазах у мастера, дыхание его перехватило, он почувствовал, что настает конец. Он еще видел, как смертельно побледневшая Маргарита, беспомощно простирая к нему руки, роняет голову на стол, а потом сползает на пол.

– Отравитель ... – успел еще крикнуть мастер. Он хотел схватить нож со стола, чтобы ударить Азазелло им, но рука его беспомощно соскользнула со скатерти, все окружавшее мастера в подвале окрасилось в черный цвет, а потом и вовсе пропало. Он упал навзничь и, падая, рассек себе кожу на виске об угол доски бюро.

2 **замота́ться** (umg.): ganz ausgelaugt sein. | 8 **гробова́я парча́:** Sargbrokat. | 8 f. **запле́сневевший:** verschimmelt. | 9 **ню́хать:** beriechen. | 11 **окра́шиваться:** sich verfärben. | 19 **сполза́ть:** hier: herabgleiten. | 26 **рассе́чь** (-сёк): durch einen Riss verletzen. | **доска́ бюро́:** Schreibtischplatte.

Когда отравленные затихли, Азазелло начал действовать. Первым долгом он бросился в окно и через несколько мгновений был в особняке, в котором жила Маргарита Николаевна. Всегда точный и аккуратный, Азазелло хотел проверить, все ли исполнено, как нужно. И все оказалось в полном порядке. Азазелло видел, как мрачная, дожидающаяся возвращения мужа женщина вышла из своей спальни, внезапно побледнела, схватилась за сердце и, крикнув беспомощно:

– Наташа! Кто-нибудь … ко мне! – упала на пол в гостиной, не дойдя до кабинета.

– Всё в порядке, – сказал Азазелло. Через мгновение он был возле поверженных любовников. Маргарита лежала, уткнувшись лицом в коврик. Своими железными руками Азазелло повернул ее, как куклу, лицом к себе и вгляделся в нее. На его глазах лицо отравленной менялось. Даже в наступавших грозовых сумерках видно было, как исчезало ее временное ведьмино косоглазие и жестокость и буйность черт. Лицо покойной посветлело и, наконец, смягчилось, и оскал ее стал не хищным, а просто женственным страдальческим оскалом. Тогда Азазелло разжал ее белые зубы и влил в рот несколько капель того самого вина, которым ее и отравил. Маргарита вздохнула, стала подниматься без помощи Азазелло, села и слабо спросила:

– За что, Азазелло, за что? Что вы сделали со мною?

Она увидела лежащего мастера, содрогнулась и прошептала:

– Этого я не ожидала … убийца!

13 **пове́рженный:** niedergestreckt. | 22 **разжа́ть:** auseinanderdrücken.

– Да нет же, нет, – ответил Азазелло, – сейчас он встанет. Ах, зачем вы так нервны!

Маргарита поверила ему сразу, настолько убедителен был голос рыжего демона. Она вскочила, сильная и живая, и помогла напоить лежащего вином. Открыв глаза, тот глянул мрачно и с ненавистью повторил свое последнее слово:

– Отравитель …

– Ах! Оскорбление является обычной наградой за хорошую работу, – ответил Азазелло. – Неужели вы слепы? Но прозрейте же скорей!

Тут мастер поднялся, огляделся взором живым и светлым и спросил:

– Что же означает это новое?

– Оно означает, – ответил Азазелло, – что вам пора. Уже гремит гроза, вы слышите? Темнеет. Кони роют землю, содрогается маленький сад. Прощайтесь с подвалом, прощайтесь скорее.

– А, понимаю, – сказал мастер, озираясь, – вы нас убили, мы мертвы. Ах, как это умно! Как это вовремя! Теперь я понял все.

– Ах, помилуйте, – ответил Азазелло, – вас ли я слышу? Ведь ваша подруга называет вас мастером, ведь вы мыслите, как же вы можете быть мертвы? Разве для того, чтобы считать себя живым, нужно непременно сидеть в подвале, имея на себе рубашку и больничные кальсоны? Это смешно!

– Я понял все, что вы говорили, – вскричал мастер, – не продолжайте! Вы тысячу раз правы!

11 **прозре́ть:** hier: begreifen. | 16 **рыть** (ро́ю, -ешь): hier: aufscharren.

– Великий Воланд! – стала вторить ему Маргарита, – великий Воланд! Он выдумал гораздо лучше, чем я. Но только роман, роман, – кричала она мастеру, – роман возьми с собою, куда бы ты ни летел!

– Не надо, – ответил мастер, – я помню его наизусть.

– Но ты ни слова … ни слова из него не забудешь? – спрашивала Маргарита, прижимаясь к любовнику и вытирая кровь на его рассеченном виске.

– Не беспокойся! Я теперь ничего и никогда не забуду, – ответил тот.

– Тогда огонь! – вскричал Азазелло. – Огонь, с которого все началось и которым мы все заканчиваем.

– Огонь! – страшно прокричала Маргарита. Оконце в подвале хлопнуло, ветром сбило штору на сторону. В небе прогремело весело и коротко. Азазелло сунул руку с когтями в печку, вытащил дымящуюся головню и поджег скатерть на столе. Потом поджег пачку старых газет на диване, а за нею рукопись и занавеску на окне.

Мастер, уже опьяненный будущей скачкой, выбросил с полки какую-то книгу на стол, вспушил ее листы в горящей скатерти, и книга вспыхнула веселым огнем.

– Гори, гори, прежняя жизнь!

– Гори, страдание! – кричала Маргарита.

Комната уже колыхалась в багровых столбах, и вместе с дымом выбежали через двери трое, поднялись по каменной лестнице вверх и оказались во дворике. Первое, что они увидели там, это сидящую на земле кухарку застройщика; возле нее валялся рассыпавшийся карто-

1 **вто́рить:** beipflichten. | 20 **вспуши́ть:** aufwirbeln. | 24 **колыха́ться:** schwanken.

фель и несколько пучков луку. Состояние кухарки было понятно. Трое черных коней храпели у сарая, вздрагивали, взрывали фонтанами землю. Маргарита вскочила первая, за нею Азазелло, последним мастер. Кухарка, простонав, хотела поднять руку для крестного знамения, но Азазелло грозно закричал с седла:

– Отрежу руку! – Он свистнул, и кони, ломая ветви лип, взвились и вонзились в низкую черную тучу. Тотчас из окошечка повалил дым. Снизу донесся слабый, жалкий крик кухарки:

– Горим!..

Кони уже неслись над крышами Москвы.

– Я хочу попрощаться с городом, – прокричал мастер Азазелло, который скакал впереди. Гром съел окончание фразы мастера. Азазелло кивнул головою и пустил своего коня галопом. Навстречу летящим стремительно летела туча, но еще не брызгала дождем.

Они летели над бульваром, видели, как фигурки людей разбегаются, прячась от дождя. Падали первые капли. Они пролетели над дымом – всем, что осталось от Грибоедова. Они пролетели над городом, который уже заливала темнота. Над ними вспыхивали молнии. Потом крыши сменились зеленью. Тогда только хлынул дождь и превратил летящих в три огромных пузыря в воде.

Маргарите уже было знакомо ощущение полета, а мастеру – нет, и он подивился тому, как быстро они оказались у цели, у того, с кем он хотел попрощаться, потому

1 **пучо́к:** Büschel, Bund. | **лук:** Lauch. | 2 **храпе́ть:** schnauben. | 2 f. **вздра́гивать:** zusammenzucken. | 5 f. **зна́мение:** Zeichen. | 8 **вонзи́ться:** eindringen. | 23 **хлы́нуть:** sich ergießen.

что больше ему не с кем было прощаться. Он узнал сразу в пелене дождя здание клиники Стравинского, реку и очень хорошо изученный им бор на другом берегу. Они снизились в роще на поляне, недалеко от клиники.

– Я подожду вас здесь, – прокричал Азазелло, сложив руки щитком, то освещаясь молниями, то пропадая в серой пелене, – прощайтесь, но скорее!

Мастер и Маргарита соскочили с седел и полетели, мелькая, как водяные тени, через клинический сад. Еще через мгновение мастер привычной рукой отодвигал балконную решетку в комнате № 117-й. Маргарита следовала за ним. Они вошли к Иванушке, невидимые и незамеченные, во время грохота и воя грозы. Мастер остановился возле кровати.

Ihren Gewitterflug unterbrechen die beiden Liebenden an der psychiatrischen Klinik von Dr. Stravinskij, wo sich der Meister von Ivan Bezdomnyj verabschiedet. Dieser verspricht, in Zukunft nie mehr Gedichte zu schreiben, und ist erfreut, Margarita kennenzulernen und von ihr zärtlich geküsst zu werden. Nach dem Verschwinden der beiden Gäste wird Ivan unruhig und führt Selbstgespräche, so dass die besorgte Stationsschwester den Arzt rufen will. Als sie Ivan vom Tod des Patienten in Raum 118 berichtet – es ist das Zimmer des Meisters –, weist Bezdomnyj geheimnisvoll auf den weiteren Tod einer Frau in Moskau hin: Der Leser weiß diese Anspielung natürlich richtig zu deuten.

3 **бор:** Kiefernwald. | 4 **ро́ща:** Hain. | **поля́на:** Waldlichtung. | 8 **седло́** (сёдла): Sattel.

Глава 31

На Воробьевых горах[110]

Грозу унесло без следа, и, аркой перекинувшись через всю Москву, стояла в небе разноцветная радуга, пила воду из Москвы-реки. На высоте, на холме, между двумя рощами виднелись три темных силуэта. Воланд, Коровьев и Бегемот сидели на черных конях в седлах, глядя на раскинувшийся за рекою город с ломаным солнцем, сверкающим в тысячах окон, обращенных на запад, на пряничные башни Девичьего монастыря[111].

В воздухе зашумело, и Азазелло, у которого в черном хвосте его плаща летели мастер и Маргарита, опустился вместе с ними возле группы дожидающихся.

– Пришлось вас побеспокоить, Маргарита Николаевна и мастер, – заговорил Воланд после некоторого молчания, – но вы не будьте на меня в претензии. Не думаю, чтоб вы об этом пожалели. Ну, что же, – обратился он к одному мастеру, – попрощайтесь с городом. Нам пора, – Воланд указал рукою в черной перчатке с раструбом туда, где бесчисленные солнца плавили стекло за рекою, где над этими солнцами стоял туман, дым, пар раскаленного за день города.

Мастер выбросился из седла, покинул сидящих и побежал к обрыву холма. Черный плащ тащился за ним по земле. Мастер стал смотреть на город. В первые мгновения к сердцу подкралась щемящая грусть, но очень бы-

10 **пря́ничные ба́шни:** Lebkuchentürme. | 16 **быть в прете́нзии** (на + Akk., за + Akk.): jdm. etw. übelnehmen. | 20 **пла́вить:** schmelzen. | 26 **подкра́сться:** heranschleichen. | **щемя́щий:** beklemmend.

стро она сменилась сладковатой тревогой, бродячим цыганским волнением.

– Навсегда! Это надо осмыслить, – прошептал мастер и лизнул сухие, растрескавшиеся губы. Он стал прислушиваться и точно отмечать все, что происходит в его душе. Его волнение перешло, как ему показалось, в чувство глубокой и кровной обиды. Но та была нестойкой, пропала и почему-то сменилась горделивым равнодушием, а оно – предчувствием постоянного покоя.

Группа всадников дожидалась мастера молча. Группа всадников смотрела, как черная длинная фигура на краю обрыва жестикулирует, то поднимает голову, как бы стараясь перебросить взгляд через весь город, заглянуть за его края, то вешает голову, как будто изучая истоптанную чахлую траву под ногами.

Während Woland sinnierend von Moskau Abschied nimmt, wird es Begemot und Korov'ev langweilig. Und wieder einmal sorgt das »ausgelassene Pärchen« für Aufheiterung. In einem Pfeifwettbewerb bringen sie – erneut – Natur, Leben und Ordnung aus dem Lot: Margarita wird etliche Meter zur Seite geschleudert, ein Ausflugsboot wird weggepustet, Bäume fallen um und Vögel tot zu Boden. Das Pfeifen schreckt den Meister auf.

– Ну что же, – обратился к нему Воланд с высоты своего коня, – все счеты оплачены? Прощание совершилось?

– Да, совершилось, – ответил мастер и, успокоившись, поглядел в лицо Воланду прямо и смело.

1 **бродя́чий:** umherschweifend. | 4 **растре́скавшийся:** rissig. | 7 **нестóйкий:** unbeständig. | 15 **ча́хлый:** kärglich.

Тут вдалеке за городом возникла темная точка и стала приближаться с невыносимой быстротой.[112] Два-три мгновения, точка эта сверкнула, начала разрастаться. Явственно послышалось, что всхлипывает и ворчит воздух.

– Эге-ге, – сказал Коровьев, – это, по-видимому, нам хотят намекнуть, что мы излишне задержались здесь. А не разрешите ли мне, мессир, свистнуть еще раз?

– Нет, – ответил Воланд, – не разрешаю. – Он поднял голову, всмотрелся в разрастающуюся с волшебной быстротою точку и добавил: – У него мужественное лицо, он правильно делает свое дело, и вообще все кончено здесь. Нам пора!

В этот момент аэроплан, ослепительно сверкая, ревел уже над Девичьем монастырем. В воздухе прокатился стук. Вокруг Маргариты подняло тучу пыли. Сквозь нее Маргарита видела, как мастер вскакивает в седло. Тут все шестеро коней рванулись вверх и поскакали на запад. Маргариту понесло карьером, и мастер скакал у нее на левой руке, а Воланд – на правой. Маргарита чувствовала, как ее бешеный конь грызет и тянет мундштук. Плащ Воланда вздуло над головами всей кавалькады, этим плащом начало закрывать вечереющий небосвод. Когда на мгновение черный покров отнесло в сторону, Маргарита на скаку обернулась и увидела, что сзади нет не только разноцветных башен с разворачивающимся

10 **му́жественный:** mannhaft, mutvoll. | 13 **аэропла́н:** Flugzeug. | 15 **по́дняло ту́чу пы́ли:** erhob sich eine Staubwolke. | 18 **Маргари́ту понесло́ карье́ром:** Margarita stürmte in vollem Galopp voran. | 20 **грызть** (-зу́, -ёшь): beißen, nagen. | **мундшту́к:** hier: Kandare, Gebissstück. | 21 **кавалька́да:** Kavalkade; Reitertrupp. | 22 **небосво́д:** Firmament, Himmelsgewölbe. | 25 **развора́чиваться:** hier: wenden.

над ними аэропланом, но нет уже давно и самого города, который ушел в землю и оставил по себе только туман.

Глава 32

Прощение и вечный приют

Боги, боги мои! Как грустна вечерняя земля! Как таинственны туманы над болотами. Кто блуждал в этих туманах, кто много страдал перед смертью, кто летел над этой землей, неся на себе непосильный груз, тот это знает. Это знает уставший. И он без сожаления покидает туманы земли, ее болотца и реки, он отдается с легким сердцем в руки смерти, зная, что только она одна …

Волшебные черные кони и те утомились и несли своих всадников медленно, и неизбежная ночь стала их догонять. Чуя ее за своею спиной, притих даже неугомонный Бегемот и, вцепившись в седло когтями, летел молчаливый и серьезный, распушив свой хвост.

Ночь начала закрывать черным платком леса и луга, ночь зажигала печальные огонечки где-то далеко внизу, теперь уже не интересные и не нужные ни Маргарите, ни мастеру, чужие огоньки. Ночь обгоняла кавалькаду, сеялась на нее сверху и выбрасывала то там, то тут в загрустившем небе белые пятнышки звезд.

Ночь густела, летела рядом, хватала скачущих за плащи и, содрав их с плеч, разоблачала обманы. И когда Маргарита, обдуваемая прохладным ветром, открывала

5 **проще́ние:** Vergebung. | **ве́чный прию́т:** ewige Bleibe. | 15 **неугомо́нный:** unbändig. | 17 **распуши́ть:** aufplustern.

глаза, она видела, как меняется облик всех летящих к своей цели. Когда же навстречу им из-за края леса начала выходить багровая и полная луна, все обманы исчезли, свалились в болото, утонула в туманах колдовская нестойкая одежда.

Вряд ли теперь узнали бы Коровьева-Фагота, самозваного переводчика при таинственном и не нуждающемся ни в каких переводах консультанте, в том, кто теперь летел непосредственно рядом с Воландом по правую руку подруги мастера. На место того, кто в драной цирковой одежде покинул Воробьевы горы под именем Коровьева-Фагота, теперь скакал, тихо звеня золотою цепью повода, темно-фиолетовый рыцарь с мрачнейшим и никогда не улыбающимся лицом. Он уперся подбородком в грудь, он не глядел на луну, он не интересовался землею, он думал о чем-то своем, летя рядом с Воландом.

– Почему он так изменился? – спросила тихо Маргарита под свист ветра у Воланда.

– Рыцарь этот когда-то неудачно пошутил, – ответил Воланд, поворачивая к Маргарите свое лицо с тихо горящим глазом, – его каламбур, который он сочинил, разговаривая о свете и тьме, был не совсем хорош. И рыцарю пришлось после этого прошутить немного больше и дольше, нежели он предполагал. Но сегодня такая ночь, когда сводятся счеты. Рыцарь свой счет оплатил и закрыл!

Ночь оторвала и пушистый хвост у Бегемота, содрала

10 **дра́ный** (volkst.): zerlumpt. | 22 **каламбу́р:** Wortspiel. | 26 **своди́ть счёты:** Bilanz ziehen.

с него шерсть и расшвыряла ее клочья по болотам. Тот, кто был котом, потешавшим князя тьмы, теперь оказался худеньким юношей, демоном-пажом, лучшим шутом, какой существовал когда-либо в мире. Теперь притих и он и летел беззвучно, подставив свое молодое лицо под свет, льющийся от луны.

Сбоку всех летел, блистая сталью доспехов, Азазелло. Луна изменила и его лицо. Исчез бесследно нелепый безобразный клык, и кривоглазие оказалось фальшивым. Оба глаза Азазелло были одинаковые, пустые и черные, а лицо белое и холодное. Теперь Азазелло летел в своем настоящем виде, как демон безводной пустыни, демон-убийца.

Себя Маргарита видеть не могла, но она хорошо видела, как изменился мастер. Волосы его белели теперь при луне и сзади собрались в косу, и она летела по ветру. Когда ветер отдувал плащ от ног мастера, Маргарита видела на ботфортах его то потухающие, то загорающиеся звездочки шпор. Подобно юноше-демону, мастер летел, не сводя глаз с луны, но улыбался ей, как будто знакомой хорошо и любимой, и что-то, по приобретенной в комнате № 118-й привычке, сам себе бормотал.

И наконец, Воланд летел тоже в своем настоящем обличье. Маргарита не могла бы сказать, из чего сделан повод его коня, и думала, что возможно, что это лунные цепочки и самый конь – только глыба мрака, и грива

2 **потеша́ть** (umg.): erheitern. | 6 **ли́ться** (льётся): strömen, sich ergießen. | 7 **доспе́хи** (Pl.): Rüstung. | 18 **ботфо́рты:** Reitstiefel. | 21 **приобретённый:** erworben. | 23 f. **обли́чье** (volkst.): Aussehen, Gestalt. | 26 **глы́ба:** Klumpen, Block. | **гри́ва:** Mähne.

этого коня – туча, а шпоры всадника – белые пятна звезд.

Так летели в молчании долго, пока и сама местность внизу не стала меняться. Печальные леса утонули в земном мраке и увлекли за собою и тусклые лезвия рек. Внизу появились и стали отблескивать валуны, а между ними зачернели провалы, в которые не проникал свет луны.

Воланд осадил своего коня на каменистой безрадостной плоской вершине[113], и тогда всадники[114] двинулись шагом, слушая, как кони их подковами давят кремни и камни. Луна заливала площадку зелено и ярко, и Маргарита скоро разглядела в пустынной местности кресло и в нем белую фигуру сидящего человека. Возможно, что этот сидящий был глух или слишком погружен в размышление. Он не слыхал, как содрогалась каменистая земля под тяжестью коней, и всадники, не тревожа его, приблизились к нему.

Луна хорошо помогала Маргарите, светила лучше, чем самый лучший электрический фонарь, и Маргарита видела, что сидящий, глаза которого казались слепыми, коротко потирает свои руки и эти самые незрячие глаза вперяет в диск луны. Теперь уж Маргарита видела, что рядом с тяжелым каменным креслом, на котором блестят от луны какие-то искры, лежит темная, громадная остроухая собака и так же, как ее хозяин, беспокойно глядит на луну. У ног сидящего валяются черепки разбитого кувшина и простирается невысыхающая черно-красная лужа.

10 **креме́нь** (m.): Feuerstein. | 21 **незря́чий:** blind. | 21 f. **вперя́ть глаза́** (alt.): den Blick heften. | 26 **черепо́к:** Scherbe. | 27 **невысыха́ющий:** nicht versiegend.

Всадники остановили своих коней.

– Ваш роман прочитали, – заговорил Воланд, поворачиваясь к мастеру, – и сказали только одно, что он, к сожалению, не окончен. Так вот, мне хотелось показать вам вашего героя. Около двух тысяч лет сидит он на этой площадке и спит, но когда приходит полная луна, как видите, его терзает бессонница. Она мучает не только его, но его верного сторожа, собаку. Если верно, что трусость – самый тяжкий порок, то, пожалуй, собака в нем не виновата. Единственно, чего боялся храбрый пес, это грозы. Ну что ж, тот, кто любит, должен разделять участь того, кого он любит.

– Что он говорит? – спросила Маргарита, и совершенно спокойное ее лицо подернулось дымкой сострадания.

– Он говорит, – раздался голос Воланда, – одно и то же. Он говорит, что и при луне ему нет покоя и что у него плохая должность. Так говорит он всегда, когда не спит, а когда спит, то видит одно и то же – лунную дорогу, и хочет пойти по ней и разговаривать с арестантом Га-Ноцри, потому что, как он утверждает, он чего-то не договорил тогда, давно, четырнадцатого числа весеннего месяца нисана. Но, увы, на эту дорогу ему выйти почему-то не удается, и к нему никто не приходит. Тогда, что же поделаешь, приходится разговаривать ему с самим собою. Впрочем, нужно же какое-нибудь разнообразие, и к своей речи о луне он нередко прибавляет, что более всего в мире ненавидит свое бессмертие и неслыханную славу. Он утверждает, что он охотно бы поменялся своею участью с оборванным бродягой Левием Матвеем.

25 **разнообра́зие:** Abwechslung.

– Двенадцать тысяч лун[115] за одну луну когда-то, не слишком ли это много? – спросила Маргарита.

– Повторяется история с Фридой?[116] – сказал Воланд. – Но, Маргарита, здесь не тревожьте себя. Все будет правильно, на этом построен мир.

– Отпустите его! – вдруг пронзительно крикнула Маргарита так, как когда-то кричала, когда была ведьмой, и от этого крика сорвался камень в горах и полетел по уступам в бездну, оглашая горы грохотом. Но Маргарита не могла сказать, был ли это грохот падения или грохот сатанинского смеха. Как бы то ни было, Воланд смеялся, поглядывая на Маргариту, и говорил:

– Не надо кричать в горах, он все равно привык к обвалам, и это его не встревожит. Вам не надо просить за него, Маргарита, потому что за него уже попросил тот, с кем он так стремится разговаривать. – Тут Воланд опять повернулся к мастеру и сказал: – Ну что же, теперь ваш роман вы можете кончить одною фразой!

Мастер как будто бы этого ждал уже, пока стоял неподвижно и смотрел на сидящего прокуратора. Он сложил руки рупором и крикнул так, что эхо запрыгало по безлюдным и безлесым горам:

– Свободен! Свободен! Он ждет тебя!

Горы превратили голос мастера в гром, и этот же гром их разрушил. Проклятые скалистые стены упали. Осталась только площадка с каменным креслом. Над черной бездной, в которую ушли стены, загорелся необъятный город с царствующими над ним сверкающими идолами

9 **бéздна:** Abgrund. | **оглашáть:** mit Schall erfüllen. | 13 f. **обвáл:** Bergrutsch. | 25 **скали́стые стéны:** Felswände.

поверх пышно разросшегося за много тысяч этих лун сада. Прямо к этому саду протянулась долгожданная прокуратором лунная дорога, и первым по ней кинулся бежать остроухий пес. Человек в белом плаще с кровавым подбоем поднялся с кресла и что-то прокричал хриплым, сорванным голосом. Нельзя было разобрать, плачет ли он или смеется и что он кричит. Видно было только, что вслед за своим верным стражем по лунной дороге стремительно побежал и он.

– Мне туда, за ним? – спросил беспокойно мастер, тронув поводья.

– Нет, – ответил Воланд, – зачем же гнаться по следам того, что уже окончено?

– Так, значит, туда? – спросил мастер, повернулся и указал назад, туда, где соткался в тылу недавно покинутый город с монастырскими пряничными башнями, с разбитым вдребезги солнцем в стекле.

– Тоже нет, – ответил Воланд, и голос его сгустился и потек над скалами. – Романтический мастер! Тот, кого так жаждет видеть выдуманный вами герой, которого вы сами только что отпустили, прочел ваш роман. – Тут Воланд повернулся к Маргарите: – Маргарита Николаевна! Нельзя не поверить в то, что вы старались выдумать для мастера наилучшее будущее, но, право, то, что я предлагаю вам, и то, о чем просил Иешуа за вас же, за вас, – еще лучше. Оставьте их вдвоем, – говорил Воланд, склоняясь со своего седла к седлу мастера и указывая вслед ушедшему прокуратору, – не будем им мешать. И может быть, до чего-нибудь они договорятся,

6 **разобра́ть:** hier: unterscheiden. | 20 **жа́ждать:** dürsten.

– тут Воланд махнул рукой в сторону Ершалаима, и он погас.

– И там тоже, – Воланд указал в тыл, – что делать вам в подвальчике? – Тут потухло сломанное солнце в стекле. – Зачем? – продолжал Воланд убедительно и мягко. – О трижды романтический мастер[117], неужто вы не хотите днем гулять со своею подругой под вишнями, которые начинают зацветать, а вечером слушать музыку Шуберта? Неужели же вам не будет приятно писать при свечах гусиным пером? Неужели вы не хотите, подобно Фаусту, сидеть над ретортой в надежде, что вам удастся вылепить нового гомункула[118]? Туда, туда! Там ждет уже вас дом и старый слуга, свечи уже горят, а скоро они потухнут, потому что вы немедленно встретите рассвет. По этой дороге, мастер, по этой. Прощайте! Мне пора.

– Прощайте! – одним криком ответили Воланду Маргарита и мастер. Тогда черный Воланд, не разбирая никакой дороги, кинулся в провал, и вслед за ним, шумя, обрушилась его свита. Ни скал, ни площадки, ни лунной дороги, ни Ершалаима не стало вокруг. Пропали и черные кони. Мастер и Маргарита увидели обещанный рассвет. Он начинался тут же, непосредственно после полуночной луны. Мастер шел со своею подругой в блеске первых утренних лучей через каменистый мшистый мостик. Он пересекли его. Ручей остался позади верных любовников, и они шли по песчаной дороге.

– Слушай беззвучие, – говорила Маргарита мастеру, и

8 f. **Шу́берт:** Franz Schubert (1797–1828), österreichischer Komponist der Romantik. | 11 f. **вы́лепить:** formen, herstellen. | 17 f. **не разбира́я никако́й доро́ги:** ohne auf irgendeinen Weg zu achten. | 24 **мши́стый:** bemoost. | 26 **песча́ный:** sandig.

песок шуршал под ее босыми ногами, – слушай и наслаждайся тем, чего тебе не давали в жизни, – тишиной. Смотри, вон впереди твой вечный дом, который тебе дали в награду. Я уже вижу венецианское окно и вьющийся виноград, он подымается к самой крыше. Вот твой дом, вот твой вечный дом. Я знаю, что вечером к тебе придут те, кого ты любишь, кем ты интересуешься и кто тебя не встревожит. Они будут тебе играть, они будут петь тебе, ты увидишь, какой свет в комнате, когда горят свечи. Ты будешь засыпать, надевши свой засаленный и вечный колпак, ты будешь засыпать с улыбкой на губах. Сон укрепит тебя, ты станешь рассуждать мудро. А прогнать меня ты уже не сумеешь. Беречь твой сон буду я.

Так говорила Маргарита, идя с мастером по направлению к вечному их дому, и мастеру казалось, что слова Маргариты струятся так же, как струился и шептал оставленный позади ручей, и память мастера, беспокойная, исколотая иглами память стала потухать. Кто-то отпускал на свободу мастера, как сам он только что отпустил им созданного героя. Этот герой ушел в бездну, ушел безвозвратно, прощенный в ночь на воскресение[119] сын короля-звездочета, жестокий пятый прокуратор Иудеи всадник Понтийский Пилат.

1 **шурша́ть:** knirschen. | 4 **вью́щийся:** hier: rankend. | 11 **колпа́к:** hier: Schlafkappe. | 21 **прощённый:** verziehen, vergeben (von прости́ть).

ЭПИЛОГ

Но все-таки, что же было дальше-то в Москве после того, как в субботний вечер на закате Воланд покинул столицу, исчезнув вместе со своей свитой с Воробьевых гор?

О том, что в течение долгого времени по всей столице шел тяжелый гул самых невероятных слухов, очень быстро перекинувшихся и в отдаленные и глухие места провинции, и говорить не приходится, и слухи эти даже тошно повторять.

Пишущий эти правдивые строки сам лично, направляясь в Феодосию, слышал в поезде рассказ о том, как в Москве две тысячи человек вышли из театра нагишом в буквальном смысле слова и в таком виде разъехались по домам в таксомоторах.

Шепот «Нечистая сила …» слышался в очередях, стоявших у молочных, в трамваях, в магазинах, в квартирах, в кухнях, в поездах, и дачных и дальнего следования, на станциях и полустанках, на дачах и на пляжах.

Наиболее развитые и культурные люди в этих рассказах о нечистой силе, навестившей столицу, разумеется, никакого участия не принимали и даже смеялись над ними и пытались рассказчиков образумить. Но факт все-таки, как говорится, остается фактом, и отмахнуться

12 **Феодо́сия:** Theodosia, Hafenstadt auf der Krim. | 13 **нагишо́м** (umg.): splitterfasernackt. | 15 **таксомото́р:** Taxi. | 18 f. **в поезда́х, и да́чных и да́льнего сле́дования:** in Nahverkehrs- und Fernzügen. | 19 **полуста́нок:** kleine Bahnstation. | 23 **образу́мить** (umg.): zur Vernunft bringen. | 24 **отмахну́ться** (от + Gen.; umg.): hier: sich vor etw. verschließen.

от него без объяснений никак нельзя: кто-то побывал в столице. Уж одни угольки, оставшиеся от Грибоедова, да и многое другое слишком красноречиво это подтверждали.

Культурные люди стали на точку зрения следствия: работала шайка гипнотизеров и чревовещателей, великолепно владеющая своим искусством.

Меры к ее поимке, как в Москве, так и за пределами ее, были, конечно, приняты немедленные и энергичные, но, к великому сожалению, результатов не дали. Именующий себя Воландом со всеми своими присными исчез и ни в Москву более не возвращался и нигде вообще не появился и ничем себя не проявил. Совершенно естественно, что возникло предположение о том, что он бежал за границу, но и там нигде он не обозначился.

Следствие по его делу продолжалось долго. Ведь как-никак, а дело это было чудовищно! Не говоря уже о четырех сожженных домах и о сотнях сведенных с ума людей, были и убитые. О двух это можно сказать точно: о Берлиозе и об этом злосчастном служащем в Бюро по ознакомлению иностранцев с достопримечательностями Москвы, бывшем бароне Майгеле. Ведь они-то были убиты. Обгоревшие кости второго были обнаружены в квартире № 50 по Садовой улице, после того как потушили пожар. Да, были жертвы, и эти жертвы требовали следствия.

Но были и еще жертвы, и уже после того, как Воланд покинул столицу, и этими жертвами стали, как это ни грустно, черные коты.

3 **красноречи́вый:** beredt. | 8 **по́имка:** Ergreifen. | 11 **при́сные:** Helfershelfer. | 20 **злосча́стный** (alt.): unglückselig.

Штук сто примерно этих мирных, преданных человеку и полезных ему животных были застрелены или истреблены иными способами в разных местах страны. Десятка полтора котов, иногда в сильно изуродованном виде, были доставлены в отделения милиции в разных городах. Например, в Армавире один из ни в чем не повинных зверей был приведен каким-то гражданином в милицию со связанными передними лапами.

Подкараулил этого кота гражданин в тот момент, когда животное с вороватым видом (что же поделаешь, что у котов такой вид? Это не оттого, что они порочны, а оттого, что они боятся, чтобы кто-либо из существ более сильных, чем они, – собаки или люди, – не причинили им какой-нибудь вред или обиду. И то и другое очень нетрудно, но чести в этом, уверяю, нет никакой. Да, нет никакой!), да, так, с вороватым видом кот собирался устремиться зачем-то в лопухи.

Навалившись на кота и срывая с шеи галстух, чтобы вязать его, гражданин ядовито и угрожающе бормотал:

– Ага! Стало быть, теперь к нам, в Армавир, пожаловали, господин гипнотизер? Ну, здесь вас не испугались. Да вы не притворяйтесь немым. Нам уже понятно, что вы за гусь!

Вел кота в милицию гражданин, таща бедного зверя за передние лапы, скрученные зеленым галстухом, и доби-

1 **пре́данный:** treu ergeben. | 3 **истреби́ть:** ausmerzen. | 4 **деся́тка полтора́:** anderthalb Dutzend. | 6 **Армави́р:** Armavir, Stadt im Süden Russlands mit heute rund 190 000 Einwohnern. | 9 **подкарау́лить** (+ Akk.): jdm. auflauern. | 10 **ворова́тый:** verstohlen. | 11 **поро́чный:** lasterhaft. | 17 **лопу́хи:** Klettengebüsch. | 19 **ядови́тый:** hier: bissig. | 25 **скрути́ть:** fesseln.

ваясь легкими пинками, чтобы кот непременно шел на задних лапах.

– Вы, – кричал гражданин, сопровождаемый свистящими мальчишками, – бросьте, бросьте дурака валять! Не выйдет это! Извольте идти, как все ходят!

Черный кот только заводил мученические глаза. Лишенный природой дара слова, он ни в чем не мог оправдаться. Спасением своим бедный зверь обязан в первую очередь милиции, а кроме того, своей хозяйке, почтенной старушке-вдове. Лишь только кот был доставлен в отделение, там убедились, что от гражданина сильнейшим образом пахнет спиртом, вследствие чего в показаниях его тотчас же усомнились. А тем временем старушка, узнавшая от соседей, что ее кота замели, кинулась бежать в отделение и поспела вовремя. Она дала самые лестные рекомендации коту, объяснила, что знает его пять лет с тех пор, как он был котенком, ручается за него, как за самое себя, доказала, что он ни в чем плохом не замечен и никогда не ездил в Москву. Как родился он в Армавире, так в нем и вырос и учился ловить мышей.

Кот был развязан и возвращен владелице, хлебнув, правда, горя: узнав на практике, что такое ошибка и клевета.

Кроме котов, некоторые незначительные неприятности постигли кое-кого из людей. Произошло несколько арестов. В числе других задержанными на короткое вре-

1 **пино́к:** Fußtritt. | 4 **дурака́ валя́ть** (umg.): sich dumm stellen. | 13 **усомни́ться** (в + Präp.): etw. anzweifeln. | 14 **замести́** (-ету́, -ёшь; umg.): einbuchten. | 15 **отделе́ние:** hier: Milizrevier. | 16 **ле́стный:** schmeichelhaft. | 21 f. **хлебну́ть го́ря** (umg.): einiges durchmachen. | 22 f. **клевета́:** Verleumdung.

мя оказались: в Ленинграде – граждане Вольман и Вольпер, в Саратове, Киеве и Харькове – трое Володиных, в Казани – Волох, а в Пензе, и уж совершенно неизвестно почему, – кандидат химических наук Ветчинкевич. Правда, тот был огромного роста, очень смуглый брюнет.

Попались в разных местах, кроме того, девять Коровиных, четыре Коровкина и двое Караваевых.

Gerüchte blühen, Angst und Vorurteile greifen um sich, Unschuldige werden vorverurteilt bzw. dingfest gemacht. Die Behörden sind unermüdlich bestrebt, Licht in die Vorfälle um die Woland-Clique zu bringen. Zusammen mit Psychiatern kommen die Ermittler zu dem Ergebnis, dass die unerklärlichen Geschehnisse auf die hypnotischen und suggestiven Kräfte der Verbrecherbande zurückzuführen seien. Der sprechende Kater etwa sei in Wirklichkeit der Trick eines Bauchredners gewesen. Vor allem Korov'ev schiebt man die Hauptschuld zu: Er sei beispielsweise für das Verschwinden von Stëpa Lichodeev sowie Margarita und Nataša, für den Tod von Berlioz und für Ivans Geisteskrankheit verantwortlich. Nur ein plausibler Grund für die Entführung des Meisters aus der psychiatrischen Klinik wurde nicht gefunden. (Hier, wie auch an anderen Stellen, widerspricht sich Bulgakov, der unterschiedliche Fassungen des Romanschlusses im Sinn hatte und sie schließlich verwechselte: Am Ende von Kapitel 30 ist vom Tod des Meisters die Rede.)

3 **Пéнза:** Stadt mit heute ca. 500 000 Einwohnern, ca. 600 km südöstlich von Moskau. | 4 **кандидáт хими́ческих наýк:** Kandidat der chemischen Wissenschaften (akademischer Grad in der UdSSR). | 5 **брюнéт:** braunhaarig.

Selbst nach etlichen Jahren zeigen die Ereignisse noch Auswirkungen auf das Leben der Betroffenen. Žorž Bengal'skij wird zwar geheilt aus der Psychiatrie entlassen, kann aber aufgrund psychischer Komplikationen seine Arbeit als Conférencier im Variété nicht mehr aufnehmen; Rimskijs Platz im Theater als Finanzdirektor – er hat nun eine Stelle im Moskauer Kinderpuppentheater – hat Aloizij Mogaryč übernommen; der Kantinenwirt Andrej Fokič Sokov ist neun Monate nach Wolands Prophezeiung an Leberkrebs gestorben.

Да, прошло несколько лет, и затянулись правдиво описанные в этой книге происшествия и угасли в памяти. Но не у всех, но не у всех!

Каждый год, лишь только наступает весеннее праздничное полнолуние, под вечер появляется под липами на Патриарших прудах человек лет тридцати или тридцати с лишним. Рыжеватый, зеленоглазый, скромно одетый человек. Это – сотрудник Института истории и философии, профессор Иван Николаевич Понырев.

Придя под липы, он всегда садится на ту самую скамейку, на которой сидел в тот вечер, когда давно позабытый всеми Берлиоз в последний раз в своей жизни видел разваливающуюся на куски луну.

Теперь она, цельная, в начале вечера белая, а затем золотая, с темным коньком-драконом, плывет над бывшим поэтом, Иваном Николаевичем, и в то же время стоит на одном месте в своей высоте.

Ивану Николаевичу все известно, он все знает и понимает. Он знает, что в молодости стал жертвой преступ-

24 **конёк-дракóн:** Drachenpferdchen.

ных гипнотизеров, лечился после этого и вылечился. Но знает он также, что кое с чем он совладать не может. Не может он совладать с этим весенним полнолунием. Лишь только оно начинает приближаться, лишь только начинает разрастаться и наливаться золотом светило, которое когда-то висело выше двух пятисвечий, становится Иван Николаевич беспокоен, нервничает, теряет аппетит и сон, дожидается, пока созреет луна. И когда наступает полнолуние, ничто не удержит Ивана Николаевича дома. Под вечер он выходит и идет на Патриаршие пруды.

Сидя на скамейке, Иван Николаевич уже откровенно разговаривает сам с собой, курит, щурится то на луну, то на хорошо памятный ему турникет.

Час или два проводит так Иван Николаевич. Затем снимается с места и всегда по одному и тому же маршруту, через Спиридоновку, с пустыми незрячими глазами идет в арбатские переулки.

Sein Spaziergang während der Vollmondnacht führt den Professor Ivan Nikolaevič Ponyrev alias Bezdomnyj zu einer gotischen Villa im Arbatviertel, wo sich gedankenverloren ein weiteres »Opfer des Mondes« (»жертва луны«), Nikolaj Ivanovič, Vorwürfe macht, damals aus Angst nicht mit Margarita weggeflogen zu sein (siehe Kapitel 20), und nun seinem nicht verwirklichten Traum nachtrauert. Zu Hause angekommen, wird der schwerkranke Professor liebevoll von seiner Frau mit einer Spritze verarztet, bevor er glückselig in einen erhabenen und paradiesischen Traum verfällt …

6 **пятисве́чие:** fünfarmiger Leuchter. | 8 **созре́ть:** heranreifen.

Будит же ученого и доводит его до жалкого крика в ночь полнолуния одно и то же. Он видит неестественного безносого палача, который, подпрыгнув и как-то ухнув голосом, колет копьем в сердце привязанного к столбу и потерявшего разум Гестаса. Но не столько страшен палач, сколько неестественное освещение во сне, происходящее от какой-то тучи, которая кипит и наваливается на землю, как это бывает только во время мировых катастроф.

После укола все меняется перед спящим. От постели к окну протягивается широкая лунная дорога, и на эту дорогу поднимается человек в белом плаще с кровавым подбоем и начинает идти к луне. Рядом с ним идет какой-то молодой человек в разорванном хитоне и с обезображенным лицом. Идущие о чем-то разговаривают с жаром, спорят, хотят о чем-то договориться.

– Боги, боги! – говорит, обращая надменное лицо к своему спутнику, тот человек в плаще. – Какая пошлая казнь! Но ты мне, пожалуйста, скажи, – тут лицо из надменного превращается в умоляющее, – ведь ее не было! Молю тебя, скажи, не было?

– Ну конечно, не было, – отвечает хриплым голосом спутник, – это тебе померещилось.

– И ты можешь поклясться в этом? – заискивающе просит человек в плаще.

– Клянусь! – отвечает спутник, и глаза его почему-то улыбаются.

– Больше мне ничего не нужно! – сорванным голосом

3 **у́хнуть:** hier: dumpf aufschreien. | 18 **по́шлый:** gemein, geschmacklos. | 24 **заискивающий:** unterwürfig.

вскрикивает человек в плаще и поднимается все выше к луне, увлекая своего спутника. За ними идет спокойный и величественный гигантский остроухий пес.

Тогда лунный путь вскипает, из него начинает хлестать лунная река и разливается во все стороны. Луна властвует и играет, луна танцует и шалит. Тогда в потоке складывается непомерной красоты женщина и выводит к Ивану за руку пугливо озирающегося обросшего бородой человека. Иван Николаевич сразу узнает его. Это – тот номер сто восемнадцатый, его ночной гость. Иван Николаевич во сне протягивает к нему руки и жадно спрашивает:

– Так, стало быть, этим и кончилось?

– Этим и кончилось, мой ученик, – отвечает номер сто восемнадцатый, а женщина подходит к Ивану и говорит:

– Конечно, этим. Все кончилось и все кончается … И я вас поцелую в лоб, и все у вас будет так, как надо.

Она наклоняется к Ивану и целует его в лоб, и Иван тянется к ней и всматривается в ее глаза, но она отступает, отступает и уходит вместе со своим спутником к луне …

Тогда луна начинает неистовствовать, она обрушивает потоки света прямо на Ивана, она разбрызгивает свет во все стороны, в комнате начинается лунное наводнение, свет качается, поднимается выше, затопляет постель. Вот тогда и спит Иван Николаевич со счастливым лицом.

6 **вла́ствовать:** herrschen. | 7 **непоме́рный:** unermesslich. | 8 **озира́ться:** um sich blicken. | 8 f. **обро́сший бородо́й:** stoppelbärtig. | 22 **неистовствовать:** außer Rand und Band sein. | 25 **затопля́ть:** überfluten.

Наутро он просыпается молчаливым, но совершенно спокойным и здоровым. Его исколотая память затихает, и до следующего полнолуния профессора не потревожит никто: ни безносый убийца Гестаса, ни жестокий пятый прокуратор Иудеи всадник Понтий Пилат.

1929–1940

Editorische Notiz

Der russische Text folgt der Ausgabe: Michail Bulgakov, *Master i Margarita. Okončatel'naja redakcija*, in: *»Moj bednyj, bednyj master ...« Polnoe sobranie redakcij i variantov romana »Master i Margarita«*, hrsg. von Viktor Losev, Moskau: Vagrius, 2006, S. 645–934 (Textherausgabe: Viktor Losev und Boris Sokolov).

Das Glossar erklärt in der Regel alle Wörter, die nicht in dem von Ljubov Jakovleva und Martin Schneider herausgegebenen *Thematischen Grund- und Aufbauwortschatz Russisch* (Stuttgart: Ernst Klett Sprachen, 2010) enthalten sind.

Im Glossar verwendete Abkürzungen

Adv.	Adverb	jds.	jemandes
Akk.	Akkusativ	lit.	literatursprachlich
alt.	veraltet	m.	Maskulinum
Dat.	Dativ	Nom.	Nominativ
Dim.	Diminutiv	Part.	Partikel
etw.	etwas	Pl.	Plural
f.	Femininum	Präp.	Präpositiv
Gen.	Genitiv	umg.	umgangssprachlich
Imp.	Imperativ	uv.	unvollendeter Verbaspekt
Instr.	Instrumental	v.	vollendeter Verbaspekt
jdm.	jemandem	volkst.	volkstümlich
jdn.	jemanden		

Anmerkungen

1 Die Patriarchenteiche sind eine kleine idyllische Parkanlage mit einem Teich (früher: drei Teichen), umgeben von Linden, Trauerweiden, schattigen Alleen mit Bänken, im historischen Zentrum von Moskau, unweit von Bulgakovs ehemaliger »unheimlicher Wohnung« in der Bol'šaja Sadovaja ulica (Große Gartenstraße) Nr. 10, Wohnung 50, in der er 1921–24 mit seiner ersten Frau Tat'jana Lappa lebte. Im 17. Jh. gehörte das Gelände dem Moskauer Patriarchen. 1924–92 trug der Teich den Namen Pionerskie Prudy (Pionierstseiche). Heute ist die Gegend ein bevorzugtes Wohngebiet für Moskauer Prominenz. Der Plan 1999, dort ein Bulgakov und den Figuren seines Romans gewidmetes Denkmal zu errichten, wurde verworfen. – Unmittelbar am Patriarchenteich liegen die Malaja Bronnaja, die Ermolaevskij-Gasse und der Gartenring (Sadovoe kol'co).

2 *Массолит:* erfundene Abkürzung für Московская ассоциация литераторов oder Массовая литература. Bulgakov parodiert hier die sowjetische Abkürzungsmanie.

3 *нарзан:* eine bekannte Mineralwassersorte. Der folgende Dialog spielt ironisch auf den für die Sowjetunion typischen Mangel an Waren und Lebensmitteln an.

4 *бросить всё к чёрту:* alles hinschmeißen. – Erste (ironische) Anspielung auf чёрт, den Teufel. Bulgakov spielt doppelbödig mit diesem Wort (schon in Kap. 1 noch mehrmals in umgangssprachlicher Wendung).

5 Kislovodsk im Nordkaukasus, populärer Kurort – zu Sowjetzeiten vor allem für verdiente Persönlichkeiten wie Schriftsteller, hohe Beamte usw. –, war bekannt für seine Mineralquellen.

6 Der römisch-jüdische Historiker Josephus Flavius (um 37 – um 100) schrieb historische Abhandlungen über die Geschichte des jüdischen Volkes, wo – entgegen Berlioz' Behauptung – auch Jesus Erwähnung findet.

7 Die nicht vollständig erhaltenen *Annales* des Historikers Publius Tacitus (um 58 – um 120) beschreiben die römische Geschichte vom Tod Augustus' bis zum Tod Neros. Auch hier irrt Berlioz; es wurden keine späteren »gefälschten Einschübe« vorgenommen.

8 Der ägyptische Osiris war der Gott der Toten und der Unterwelt, der Wiedergeburt, der Fruchtbarkeit und des Nils; der phönizische Thammus (Фаммýз), bei den Griechen als Adonis bekannt, ein Vegetations- und Fruchtbarkeitsgott; der Sonnengott Marduk der oberste der babylonischen Götter; Vitzulipuzli oder Huitzilopochtli ein aztekischer Sonnen- und Kriegsgott, dem Menschenopfer dargebracht wurden.

9 Ausländer, zumal aus westlichen Ländern, lösten in Stalins isolierter Sowjetunion gleichermaßen Neugier wie den Verdacht aus, womöglich ein Spion bzw. Feind zu sein. In alter Zeit hatten die Russen den Ausländer нéмец genannt (von немóй): den ›Stummen‹, der der (russischen) Sprache nicht mächtig ist; heute bezeichnet dieses Wort den Deutschen.

10 Der phrygische Attis war Sohn einer Flussnymphe; der persische Mithra eine Licht-Gottheit.

11 Die fünf »Gottesbeweise« basieren auf der *Summa Theologica* des Thomas von Aquin (1225–1274), dem zufolge Vernunft und Glaube sich nicht ausschließen und rationale Argumente für die Existenz Gottes sprechen.

12 Immanuel Kant (1724–1804), deutscher Philosoph der Aufklärung, versuchte in seiner Abhandlung *Der einzige mögliche Beweisgrund zu einer Demonstration des Daseins Gottes* (1762) darzustellen, dass die bisherigen Beweise für die Existenz Gottes nicht tragfähig sind. Er entwickelte einen (sechsten) moralischen Gottesbeweis, der auf der Existenz des menschlichen Gewissens basiert.

13 David Friedrich Strauß (1808–1874), deutscher Schriftsteller, Philosoph und evangelischer Theologe, versuchte in seiner Schrift *Das Leben Jesu, kritisch bearbeitet* (1835/36) die Berichte der Evangelien ihrer Mythen zu entkleiden und auf ein historisches Fundament zu stellen.

14 *Соловкú:* die Soloveckij-Inseln im Weißen Meer im Norden Russlands. Hier wurde 1923 auf Lenins Geheiß eines der schlimmsten Konzentrationslager, das »Solovecker Lager besonderer Bestimmung« (Соловéцкий Лáгерь Осóбого Назначéния – СЛОН), »die Mutter des GULag« (A. Solženicyn), errichtet, um zumeist politi-

sche Gegner und »Klassenfeinde« mittels Schwerstarbeit »umzuerziehen«, was zu Tausenden von Todesopfern führte.

15 *»Háша мáрка«:* eine der ältesten russischen Zigarettenmarken, seit 1903 in Rostov am Don produziert. Die Fabrik, 1920 verstaatlicht, existiert noch heute (»Donsker Tabak AG«, ОАО Донскóй Табáк). Das Anbieten der Zigaretten spielt auf Goethes *Faust* an. Auf die Frage von Mephistopheles in Auerbachs Keller in Leipzig: »Nun sagt, was wünschet Ihr zu schmecken?« antwortet einer der Zecher: »Wie meint Ihr das? Habt Ihr so mancherlei?« (V. 2260 f.)

16 Das Dreieck wird vielfach als okkultes Emblem des Teufels und ausgeprägtes Freimaurersymbol verstanden.

17 In der frühen Sowjetunion wurde die Furcht davor geschürt, dass ausländische »Interventen« und Feinde der Revolution den neuen Arbeiter- und Bauernstaat stürzen könnten.

18 *комсомóлка:* Komsomolzin. Der 1918 gegründete Kommunistische Jugendverband (Коммунистúческий сою́з молодёжи; Kurzform: комсомóл) sollte, als ›Kaderschmiede‹ der Partei, den sowjetischen Jugendlichen die marxistisch-leninistische Ideologie vermitteln.

19 Das Wort граждани́н bezeichnete im zaristischen Russland allgemein den Bewohner einer Stadt (altkirchenslavisch градъ: Stadt). Nach der Oktoberrevolution wurden die Wörter für »Herr« und »Frau« (господи́н/госпожá) als veraltete bourgeoise Wörter aus dem Wortschatz des neuen Staatssystems entfernt bzw. mit ironischem, nicht selten beleidigendem Unterton benutzt; an ihre Stelle traten die Begriffe »Genosse/Genossin« (товáрищ) und »Bürger/Bürgerin« (граждани́н/граждáнка). Dabei drückte die letztere, förmliche Anrede im Gegensatz zu dem freundschaftlicheren, das sozialistische Zusammengehörigkeitsgefühl hervorhebenden Begriff товарищ eine größere Distanz aus. Heute sind wieder die Anreden господин/госпожа üblich.

20 Die *Literaturnaja gazeta* (1830 von Aleksandr Puškin gegründet), war ab 1934 das staatlich kontrollierte Organ des sowjetischen Schriftstellerverbandes. In der populären »Literaturka« wurden Werke der damals ideologisch genehmen Schriftsteller sowie Rezensionen, Interviews, Beiträge zu Kultur, Gesellschaft und Politik veröffentlicht. Seit 1990 ist die Literaturzeitung unabhängig;

ihre einstige Millionenauflage hat sich seitdem drastisch reduziert.

21 Viele Russen, darunter zahlreiche Schriftsteller, hatten nach der Oktoberrevolution ihre Heimat verlassen und lebten in Städten Westeuropas (wie Berlin, Paris, Prag, Belgrad), teils auch etwa in Shanghai oder in den USA. Unter Stalin konnte fast niemand mehr ausreisen, auch Bulgakov nicht, der seit 1929 mehrmals vergebens um eine Ausreisegenehmigung bat. Russische Emigranten wurden von sowjetischen Organen vielfach als Verräter betrachtet und als mögliche »Interventen« und Spione beargwöhnt, emigrierte Schriftsteller totgeschwiegen oder verleumdet.

22 Dem Universalgelehrten Gerbert von Aurillac (auch: von Reims; 950–1003; als Silvester II. erster französischer Papst) wurde angedichtet, als Magier mit dem Teufel im Bunde gestanden zu haben, auch Urbild des Faust zu sein. Das Wort чернокни́жник spielt auf ein *Grimoire* an, ein Buch mit magischem Wissen.

23 Der Nisan ist der siebte Monat nach dem »bürgerlichen« jüdischen Kalender, der erste Monat nach dem »religiösen« Kalender. Er dauert immer dreißig Tage. Nach dem gregorianischen Kalender beginnt der Nisan Mitte März.

24 Bulgakov hat die historischen Fakten zu Pontius Pilatus, dem Statthalter (прокура́тор) des Kaisers Tiberius in der Provinz Judäa, eingehend recherchiert; u.a. im Rückgriff auf Frederic Farrars *The Life of Christ* (1874), *Jésus* von Henri Barbusse (1927) und Ernest Renans *La vie de Jésus* (1863). – Herodes (И́род) der Große (um 73 – 4 v. Chr.), römischer Klientelkönig in Judäa, Galiläa und Samarien mit eingeschränkter Macht (im Christentum wegen der ihm von der Legende zugeschriebenen Ermordung aller männlichen Kleinkinder in Bethlehem traditionell als Verkörperung des Bösen dargestellt), ließ u.a. die Palastfestung Herodium und die Tempelanlage errichten, die Wasserleitung in Jerusalem erneuern und gründete die Stadt Caesarea Maritima. – Judäa, der südliche Teil Palästinas, das im wesentlichen das Gebiet des früheren israelitischen Königreichs Juda umfasste, war seit 63 v. Chr. römische Provinz. Die Verwaltung unterstand römischen Statthaltern (Präfekten bzw. Prokuratoren) mit Sitz im Mittelmeerhafen Caesarea Maritima. Der

Jüdische Krieg gegen die Römer (66–70 n. Chr.) endete mit der Zerstörung des Tempels in Jerusalem.

25 *Ершалаим:* Jerusalem. Bei den Ort- und Personennamen im Pilatus-Roman ersetzt Bulgakov die gewohnten Formen durch Rückgriff aufs Hebräische: z. B. Иешуа: Jesus; Га-Ноцри: aus Nazareth; Каифа: Kaiphas; Ки-риаф: Ischariot. – Topographisch weicht Bulgakovs *Eršalaim* wesentlich vom historischen Jerusalem ab.

26 *когóрта Двенáдцатого Молниенóсного легиóна:* Kohorte der XII. (der »Blitz«-)Legion. Das Feldzeichen der *Legio XII Fulminata*, ausgehoben 58 v. Chr. von Gaius Iulius Caesar, war ein Blitz (*fulmen*).

27 Den Ausruf »O ihr Götter!«, der sich als Leitmotiv durch den Roman zieht, hat Bulgakov aus Giuseppe Verdis Oper *Aida* (Uraufführung 1871) entlehnt.

28 Das Synedrion war das oberste jüdische religiöse und politische Organ (Hoher Rat) in Jerusalem (2. Jh. v. Chr. bis 70 n. Chr.), bestehend aus 71 Mitgliedern, unter Vorsitz des amtierenden Hohenpriesters.

29 Das Aramäische (zur semitischen Sprachfamilie gehörend), das um die Zeitenwende neben dem Griechischen die Verkehrssprache im Nahen Osten war und das Hebräische zunehmend zurückdrängte, war mutmaßlich das von Jesus verwendete Idiom. Mit der Ausbreitung des Islam wurde das Aramäische vor allem durch das Arabische verdrängt, so dass es heute vom Aussterben bedroht ist.

30 Gamala (auch: Gamla) im Norden Palästinas, östlich des Sees Genezareth, war bis zu seiner Zerstörung durch die Römer 67 n. Chr. eine bedeutende jüdische Stadt; in den Evangelien findet sie keine Erwähnung.

31 Mit dem прáздник ist das Pessach-(Passah-)Fest gemeint, eines der wichtigsten Feste des Judentums, das an die Befreiung der Israeliten aus ägyptischer Sklaverei erinnert.

32 *Виффáгия:* Bethanien (hebr., ›Haus der Feigen‹), Ort in der Nähe von Jerusalem, an der Ostseite des Ölbergs, nach der Bibel Wohnort der Geschwister Maria, Martha und Lazarus.

33 *Елеóнская горá:* Der Ölberg (gemeint: Olivenberg, da einst mit Olivenbäumen bewachsen) im Osten von Jerusalem spielt im Neuen Testament mehrfach eine wichtige Rolle: Von hier aus sei Jesus

nach Jerusalem eingezogen; am Fuß des Berges, im Garten von Getsemani, gefangen genommen worden; vom Ölberg aus in den Himmel aufgefahren.

34 *Су́зские воро́та:* Das Tor von Susa (heute: Goldenes Tor) an der Ostmauer des Tempelbergs, durch das Jesus am Palmsonntag nach Jerusalem geritten sein soll.

35 Dismas und Gestas (auch: Kosmas) waren die beiden »Schächer« (Räuber, Verbrecher), die zusammen mit Christus gekreuzigt wurden. Ihre Namen, in den vier Evangelien nicht genannt, erscheinen im apokryphen Nikodemusevangelium (»Pilatus-Akten«). Barabbas (hier War-Rawwan; ›Sohn des Vaters‹) wurde, im Zuge der für die Passionszeit üblichen Amnestie, aus der Haft entlassen, nachdem Pontius Pilatus dem Volk die Alternative angeboten hatte, entweder Barabbas oder Jesus freizulassen.

36 Eine Legion, kommandiert vom Legaten, bestand aus 3000–6000 Soldaten (Fuß- und Reitertruppen); die Untereinheit Manipel (lat. *manipulus* ›Handvoll, Schar‹) – hier aus den Fußtruppen (*пехо́та*) – umfasste ca. 160 Soldaten, kommandiert vom Centurio. Die Kavallerie-Turma (lat.: *turma* ›Schwarm‹) war die kleinste taktische Reitereinheit, bestehend aus rund 30 Reitern.

37 *Идистави́зо, в Доли́не Дев:* Idistavizo im Tal der Jungfrauen. Nach Tacitus (*Annalen* 2,16) fand im Jahre 16 n. Chr. bei Idistavizo, wahrscheinlich am Ostufer der Weser gelegen, eine erste offene – nicht kriegsentscheidende – Feldschlacht zwischen dem römischen Feldherrn Nero Claudius Germanicus und dem Cheruskerfürsten Arminius (»Hermann der Cherusker«) statt.

38 Das Symbol der Schwalbe ist vielfältig: Eine fliegende Schwalbe bedeutet Erfolg und Glück. Wer Schwalben ein Nest bauen sieht, will sich verändern, um glücklich zu werden. In der Antike war dieser Vogel ein Symbol für das Licht, im späten Mittelalter für die Auferstehung. Nach anderen Überlieferungen bedeutet der Traum von einer Schwalbe die Androhung eines großen Unglücks. Die Schwalbe könnte hier die Anwesenheit des Teufels nahelegen.

39 *Кесари́я Страто́новая:* Das in der Bibel mehrfach erwähnte Caesarea Stratonis (auch: Caesarea Maritima) war eine von Herodes

dem Großen zu Ehren der römischen Kaiser großzügig angelegte Hafenstadt; Residenz der römischen Statthalter.

40 *вене́ц:* Krone, Kranz. Anspielung auf die Dornenkrone, die Christus von römischen Soldaten zum Spott aufgesetzt bekam.

41 *капре́йские сады́:* Gärten von Capri. Kaiser Tiberius wählte 26 n. Chr., amtsmüde und voll Argwohn gegen die politischen Kräfte in Rom, die Insel Capri zu seinem Regierungssitz und verbrachte dort den Großteil seiner letzten Lebensjahre (die Historiographen schildern ihn als unansehnlichen, durch Hautgeschwüre entstellten Lustgreis) bis zum Tod im Jahr 37.

42 Durch das Anzünden von Öllämpchen (свети́льники) – Iešua wundert sich, dass der Statthalter davon weiß – hat Judas Ischariot den verborgenen Augenzeugen ermöglicht, das Gesicht seines Besuchers zu erkennen.

43 *Лы́сая Гора́:* Kahler Berg. Bulgakov verwendet nicht den biblischen Namen »Golgatha« (›Ort des Schädels‹), sondern die aus der russischen Folklore bekannte Bezeichnung für einen – in früheren Jahrhunderten als Ort der Zauberei und Hexerei beschworenen – Hügel bei Kiew, Bulgakovs Geburtsstadt (aus seiner dortigen Wohnung hatte er einst einen Ausblick auf diesen »Kahlen Berg«).

44 Als höchster jüdischer Kirchenvertreter lehnt Kaifa die Einladung von Pilatus ab, weil ihn der Besuch bei einem Nichtjuden vor dem Passahfest zu einer unreinen Person abgestempelt hätte.

45 *юро́дивый:* wunderlich. – Anspielung auf die in der alten russischen Kultur mit diesem Adjektiv bezeichnete exzentrische, »verrückte«, außerhalb der Gesellschaft stehende Figur, die man auch »Narr in Christo« nannte. Da man ihm göttliche Inspiration zusprach, durfte ein solcher *юродивый* auch unangenehme Wahrheiten aussprechen, ohne dafür gerichtlich belangt zu werden.

46 »Salomons Teich« (auch: Teich von Siloah) war ein aus der Gihon-Quelle gespeistes künstliches Reservoir bei Jerusalem, das die Stadt mit Wasser versorgte. König Salomo soll in der Nähe einst einen Obstgarten angelegt haben.

47 *итуре́йская вспомога́тельная213 когóрта:* ituräische Hilfskohorte. – Die Ituräer, ein arabisches Nomadenvolk, das die Römer wegen seiner herausragenden Fertigkeiten im Bogenschießen

schätzten, bewohnten in der Antike eine Landschaft im Norden Palästinas.

48 Das Metropol', Moskaus traditionsreichstes Nobelhotel im Jugendstil, 1905 eröffnet, beliebter Treffpunkt der Moskauer Hautevolée und Künstlerszene, zur Zeit des Bürgerkriegs Hauptquartier des Volkskommissariats des Äußeren, beherbergte in späteren Jahren vor allem prominente Ausländer. 1934 fand hier ein bedeutender Schriftstellerkongress statt, an dem u. a. Klaus Mann, Egon Erwin Kisch, Oskar Maria Graf, Romain Rolland, Louis Aragon und André Malraux teilnahmen.

49 Historikern zufolge fuhren an dieser Stelle zu Bulgakovs Zeit keine Straßenbahnen.

50 Das Symbol des Mondes, das sich durch den Roman zieht, ist eng mit Pilatus verbunden. Es steht für Wandel und Wechsel, verkörpert die Stimme des Gewissens; der Vollmond steht in engem Zusammenhang mit diabolischen Kräften.

51 *а́лая повя́зка:* das rote Kopftuch, das die Straßenbahnfahrerin trägt.

52 Der »Kopf« ist ein zentrales Motiv des Romans – 283 Mal tritt es auf.

53 *подно́жка мото́рного ваго́на «А»:* Trittbrett/Plattform des Straßenbahnwaggons der Linie A. Diese Linie heißt heute »Annuška«; auf ihr fährt ein »Straßenbahnrestaurant« *Traktir Annuška* (›Wirtshaus zur Annuška‹).

54 Das Haus des Schriftstellerverbandes »Massolit« ist bei Bulgakov nach Aleksandr Griboedov (1795–1829) benannt, dem Verfasser der satirischen Verskomödie *Gore ot uma* (*Verstand schafft Leiden*, 1823/33). Vorbild war das nach dem antizaristischen Publizisten Aleksandr Gercen benannte »Gercen-Haus« am Tverskoj-Boulevard, das in den 1920er Jahren dem Russischen Verband Proletarischer Schriftsteller (RAPP) gehörte und für seine außergewöhnliche Restauration bekannt war.

55 *соврамши:* verballhornte Form von совра́вший, Partizip Präteritum Aktiv von совра́ть (umg.) ›lügen‹, also ›Lügner‹ (›gelogen Habender‹). Die Form entspricht Fagots familiärem Sprachstil.

56 *су́дарь:* Herr. Veraltete Form für господи́н, die, bisweilen auch mit ironischem Unterton, Ehrerbietung gegenüber intellektuell überlegenen bzw. sozial höherstehenden Menschen ausdrückt.

57 Eine »Akustische Kommission der Moskauer Theater« gab es nicht. Möglicherweise nimmt Bulgakov hier ironisch auf die »Verwaltung der Theater- und Schauspielunternehmen« (Управлéние театрáльных зрéлищных предприя́тий) Bezug.

58 Anspielung auf Luise Miller in Friedrich Schillers »bürgerlichem Trauerspiel« *Kabale und Liebe* (1784), das häufig in der Sowjetunion aufgeführt wurde.

59 *кафешантáн:* Für solche »Cafés mit Gesang« (frz. *café chantant),* d. h. mit Musikdarbietungen und Kabarett, populär in Paris Ende des 19. / Anfang des 20. Jh.s, war im vorrevolutionären Russland besonders Odessa bekannt.

60 Bulgakov paraphrasiert hier Verse aus dem Vaudeville *Lev Guryč Siničkin ili Provincial'naja debutantka* (»Die Debütantin aus der Provinz«; 1839) von Dmitrij Lenskij, nach der Vorlage *Le père de la débutante* (1837) von Emmanuel Théaulon und Jean-François-Alfred Bayard.

61 »Dunkelhaarig, mit spitzer Nase, Haarsträhne über der Stirn«: die Beschreibung des Meisters lässt an den von Bulgakov verehrten Nikolaj Gogol' denken. Das Alter von 38 Jahren wiederum stimmt mit Bulgakovs Lebensalter zu Beginn der Arbeit an seinem Roman überein.

62 Mit dem Namen Mstislav Lavrovič wird ironisch auf den parteikonformen Dramatiker Vsevolod Višnevskij (1900–1950) angespielt, der durch diffamierende Kritik die Absetzung von Bulgakovs Stück *Beg* (*Die Flucht*, 1929) und seines Molière-Dramas *Kabala svjatoš* (*Die Kabale der Scheinheiligen*, 1930) mit bewirkt hatte.

63 Die Oper *Faust* (1859) des französischen Komponisten Charles-François Gounod (1818–1893), nach Goethes Schauspiel, schätzte Bulgakov.

64 *облигáция:* Obligation, Wertpapier, Pfandbrief. Obligationen waren Staatsanleihen, die man am Arbeitsplatz zu kaufen hatte. Häufig waren mit ihnen Lotterien verbunden, durch die der Geldgewinn erheblich erhöht werden konnte.

65 *застрóйщик:* Bauherr. Zur Zeit der Neuen Ökonomischen Politik (NĖP) durften Privatpersonen kleine Häuser bauen und besitzen.

66 Im Arbat, dem alten Literaten- und Künstler-, heute beliebten Tou-

ristenviertel in Moskau, finden etliche Aktionen des Romans statt. Alexandr Puškin, Michail Lermontov, Nikolaj Gogol', Ivan Turgenev, Andrej Belyj, Marina Cvetaeva, Anatolij Rybakov, Bulat Okudžava, Bulgakov und andere Schriftsteller lebten zeitweise im alten Arbat-Viertel, dessen nostalgischer Charme in den 1960er Jahren durch den Bau einer von Chruščëv initiierten 70 m breiten Straße (ulica Novyj Arbat) mit angrenzenden Hochhäusern zerstört wurde. – Bulgakov spielt hier auf ein Häuschen in der Mansurov-Gasse (Mansurovskij pereulok Nr. 9) an, das seinem Freund, dem Bühnenbildner Sergej Topleninov, gehörte. Der Autor fühlte sich dort wohl, schrieb oft in der Kellerwohnung an seinem neuen Roman, aus dem er seinen Freunden wiederholt vorlas.

67 *ра́ковина:* Wasserbecken. – Der Meister (Bulgakov) betont hier – mit vielen liebevoll gemeinten Diminutiven – die private Wohnatmosphäre, wo er sich im Gegensatz zu den chaotischen Zuständen in Kommunalwohnungen ohne eigenen privat-intimen Bereich wie in einem ›Goldenen Zeitalter‹ fühlt.

68 Mit dem »чуде́сный рестора́н« ist das Jugendstilgebäude des Restaurants »Praga« am Arbat gemeint, das sich größter Popularität unter Künstlern und Schriftstellern erfreute.

69 *отврати́тельные, трево́жные жёлтые цветы́:* ekelhafte, beunruhigende gelbe Blumen. – Margaritas Blumen – Mimosen (vgl. Kap. 19) – symbolisieren Trübsal; Gelb hat im russischen Verständnis die Negativkonnotation von Neid, Verrat und Wahnsinn. Mit einem »жёлтый дом« assoziiert man bis heute ein Irrenhaus.

70 Die Tverskaja ulica ist eine der zentralen Moskauer Hauptstraßen, die von der Nähe des Kreml bis zum nordwestlich gelegenen Gartenring führt. Im 14. Jahrhundert bildete sie den Beginn des Handelsweges von Moskau bis zur Hauptstadt des Fürstentums Tver'.

71 Dass Margarita die »heimliche Frau« des Meisters wird, hat seine Parallele in der – zunächst verheimlichten – Affäre des verheirateten Bulgakov mit Elena Šilovskaja (1893–1970), noch während diese (in zweiter Ehe) mit dem General Evgenij Šilovskij verheiratet war. Bulgakov und Šilovskaja heirateten 1932.

72 Ein »seltsames Thema« musste das Sujet des Romans über Pontius Pilatus in den Augen der offiziellen Literaturpolitik Ende der 1920er

Jahre in der Tat darstellen. Verkörpert in der führenden kommunistischen Schriftstellerorganisation RAPP (s. Anm. 54), forderte sie unter dem Zeichen des »sozialen Auftrags« Themen ein, die den Aufbau und die »lichte Zukunft« des neuen Systems unterstützten. Ewige, allgemeingültige Themen, wie der Sinn des Lebens, Liebe, Religion, Kunst, Tod, Natur, wurden rigoros dem Zeitbezug untergeordnet, andere literarische Vereinigungen systematisch zerschlagen. Bulgakov erfuhr mehrfach die Beschneidung seiner Werke.

73 Mit dem Namen »Ahriman« – der Geist der Zerstörung im Glauben des alten Persien – spielt Bulgakov auf den Generalsekretär der RAPP und überzeugten Stalinisten Leopol'd Averbach (1903–1937) an, einen seiner schärfsten Opponenten.

74 Das Bild des »schrägen Regens« stammt aus Vladimir Majakovskijs Gedicht *Domoj!* (*Nach Hause!*, 1926): »Я хочу быть понят моей страной, / а не буду понят – что ж?! / По родной стране пройду стороной, / как проходит косой дождь« – »Ich will von meinem Land verstanden sein, / und werde ich es nicht – was soll's?! / Dann werde ich an meinem Heimatland vorbeiziehen, / wie ein schräger Regen vorbeizieht.«

75 *пила́тчина:* »Pilatentum«. Mit der Endung *-чина/-щина* lassen sich im Russischen bestimmte Eigenschaften des Namens oder Begriffs, an den sie gefügt ist, zu einer – meist kritisch gesehenen – Erscheinung verallgemeinern (etwa die обло́мовщина, die träge Initiativlosigkeit, nach der Titelfigur von Ivan Gončarovs Roman *Oblomov*, oder die де́довщина, die Unterdrückung der jüngeren Soldaten durch die älteren, die »де́ды«, in der russischen Armee). In der Propaganda der Stalinzeit wurden viele Missliebige auf diese Weise gleich als Symbol einer ganzen zu bekämpfenden ›Richtung‹ angeprangert – so auch Bulgakov: »Удари́м по булга́ковщине!«, »Schlagen wir das Bulgakovtum!«, titelte 1928 die Zeitung *Rabočaja Moskva*.

76 Die Initialen »M. З.« stehen wahrscheinlich für den Theaterkritiker Michail Zagorskij (1885–1951), der einen scharfen Artikel gegen Bulgakovs Drama *Die Tage der Turbins* verfasste.

77 *»Воинствующий старообря́дец«:* »Der streitbare Altgläubige«. – Die Altgläubigen lösten sich im 17. Jh. von der orthodoxen Kirche,

weil sie die Reform von Texten und Riten durch den Patriarchen Nikon ablehnten.

78 Der Nachname »Мога́рыч« enthält eine Anspielung, die erst später verständlich wird: Das aus dem Arabischen stammende Wort *могоры́ч* bedeutet den gemeinsamen Umtrunk, mit dem unter Kaufleuten ein erfolgreich abgeschlossenes Geschäft begossen wird.

79 »Die Artikel hörten nicht auf«: Innerhalb von zehn Jahren erschienen in der Presse rund dreihundert diffamierende Artikel gegen Bulgakov.

80 *черновы́е тетра́ди:* Hefte mit Entwürfen/Rohfassung. – Bulgakov verbrannte 1930 Teile seines Werks, u. a. die erste Version des Romans, nachdem seine Theaterstücke mit einem Aufführungsverbot belegt worden waren.

81 Dass das »Klopfen an der Scheibe« die Verhaftung des Meisters signalisiert hat, lässt sich daraus schließen, dass er erst drei Monate später heimgekehrt ist – »mit abgerissenen Knöpfen«: in sowjetischen Gefängnissen wurden den Häftlingen die Schnürsenkel, Gürtel, Mantelknöpfe u. ä. entfernt.

82 *Гио́нская доли́на:* Tal von Hinnom, südlich von Jerusalem. Im Alten Testament wird der Ort als Hölle bezeichnet, da dort, so im Buch Jeremia, dem Gott Baal Kinderopfer dargebracht worden seien (Jer. 19).

83 Anders als im Johannesevangelium dargestellt (Joh. 19,34), wird Ieŝua hier mit der Lanze getötet.

84 *особня́к цел:* die Villa steht noch. – Die Beschreibung der Villa passt auf das Haus Taneev-Gasse 10, das 1964 abgerissen wurde.

85 *Анто́ниева ба́шня:* die Burg Antonia in Jerusalem. Hier soll Jesus von Pilatus verurteilt worden sein.

86 Mit den »Leuchtröhren« des an einer Straßenecke gelegenen Theaters spielt Bulgakov auf das Vachtangov-Theater am Arbat an.

87 *Дом Драмли́та:* auch: Дом драмату́рга и литера́тора (›Haus des Dramatikers und Literaten‹) . – Als Vorbild für das von Bulgakov erdachte Haus hat man ein ebenfalls siebenstöckiges (восьмиэта́жный) Gebäude in der Nähe des Arbat in der Großen Nikolopeskovskij-Gasse (Большо́й Николопеско́вский переу́лок) ausgemacht.

88 *бе́ккеровский кабине́тный инструме́нт:* Beckersches Hausinstrument. – Der deutschstämmige Jakob Becker gründete 1841 in St. Petersburg ein namhaftes Klavierunternehmen.

89 *Вьета́н:* Henri Vieuxtemps (1820–1881), belgischer Komponist und Violinvirtuose, 1846–52 Hofmusiker am Kaiserlichen Theater in St. Petersburg.

90 Der Wiener »Walzerkönig« Johann Strauß (1825–1899), der u. a. den Walzer »Mephistos Höllenrufe« komponierte, hielt sich als beliebter Dirigent und Komponist häufig in Russland auf.

91 *Аллилу́йя:* Halleluja. – Hinweis auf den – zuvor schon zweimal (in hier weggelassenen Passagen: im Griboedov-Haus und, Kap. 18, bei Professor Kuz'min) erklungenen – Foxtrott *Hallelujah* des US-amerikanischen Komponisten Vincent Youmans (1927). Eine Strophe des von Leon Robin und Clifford Grey verfassten, offensichtlich Bulgakov bekannten Songs lautet: »Satan lies a waitin' / and creatin' skies of grey, / but Hallelujah, Hallelujah / helps to shoo the clouds away!«

92 *амети́стовая коло́нка:* niedrige Amethystsäule. Amethyst ist ein violetter Mineralstein, der dem Mythos zufolge seinen Träger vor Trunkenheit bewahrt.

93 *Абадо́нна:* Abadon, ein gefallener Engel. Margarita ist in Kap. 22 von den schwarzen Brillengläsern des blinden Abadon beeindruckt.

94 *Жак:* Jaques Le Cœur (1395–1456), Finanzier des französischen Königs Karl VII., wurde beschuldigt, dessen Mätresse Agnès Sorel vergiftet zu haben. Sein immenses Vermögen wurde beschlagnahmt.

95 Robert Dudley, Earl of Leicester (1532–1588), Staatsmann, Oberstallmeister unter Elisabeth I. von England und deren angeblicher Geliebter, wurde bezichtigt, seine Frau, die durch einen Treppensturz starb, umgebracht zu haben, um die Königin heiraten zu können.

96 Mit dem Namen »Frida« nimmt Bulgakov Bezug auf Frieda Keller, eine Kindsmörderin, deren Schicksal er aus dem Buch *Die sexuelle Frage* (1905) des Schweizer Psychiaters Auguste-Henri Forel kannte.

97 Gaius Caesar Augustus Germanicus, genannt Caligula, römischer Kaiser 31–41, und Valeria Messalina (um 25–48), die ausschwei-

fende, nymphoman veranlagte Ehefrau des römischen Kaisers Claudius, waren Menschen, deren rücksichtsloser Machtgier zahlreiche Menschen zum Opfer fielen.

98 Maljuta Skuratov war der Hauptmann der Opričniki, der gefürchteten Terrortruppe von Ivan IV., dem Schrecklichen (1530–1584); auf sein Konto gingen zahlreiche Morde und Folterungen.

99 Der gegen das Feuer gefeite Salamander war das Symbol des französischen Königs Franz I. (1494–1547), des Großvaters von Margarete von Valois (*la Reine Margot*, s. S. 198). Er pflegte zahlreiche Liebschaften.

100 Als Vorbild für den Baron Majgel' diente Bulgakov der ehemalige Baron Boris Štejger (1892–1937). In den zwanziger und dreißiger Jahren bespitzelte er im Auftrag des sowjetischen Geheimdienstes russische Bürger, die mit Ausländern Kontakt pflegten. 1937 geriet er selber in das Räderwerk des Terrors und wurde hingerichtet.

101 Mit dem »unschuldigen, verrückten Träumer und Arzt« ist zugleich Bulgakov selbst gemeint, der Mediziner war.

102 Dass Pilatus sich hier als der Sohn eines Sterndeuter-Königs (королЯ́-звездочёта) und einer Müllerstochter (до́чери ме́льника), der schönen Pila, angesprochen findet, geht auf die Legende von dem Astrologen Ata und der Müllerstochter Pila zurück, festgehalten in einem von Petrus Pictor im 12. Jh. lateinisch verfassten Gedicht, das die Abstammung des Pilatus beleuchtet.

103 En-Sarid, die arabische Bezeichnung für Iešuas Geburtsort Nazareth, der im Roman, allerdings nicht konsequent, durch »Gamala« ersetzt wurde (s. Kap. 2).

104 Bemerkenswert ist in diesem Satz die lyrische Färbung mit vielen Alliterationen auf »-ве-« und »-во-«.

105 Der Angriff auf den Kater erfolgt mit dem »Browning«, einer um 1900 von John Moses Browning entwickelte Selbstladepistole, und dem von einer süddeutschen Firma produzierten Mauser-Gewehr.

106 Mit diesem zu den schönsten Gebäuden Moskaus zählenden Haus meint Bulgakov das klassizistische Paškov-Haus auf der Vozdviženka, in dem eine Abteilung der Russischen Staatsbibliothek mit seltenen Manuskripten untergebracht ist.

107 Gemeint ist das 1923 errichtete Denkmal für den Naturforscher Kliment Timirjazev (1843–1920) auf dem Tverskoj-Boulevard.

108 *Порá! Порá!*: Anspielung auf ein berühmtes Gedicht von Puškin (1834), das mit den Worten beginnt: »Пора, мой друг, пора! покоя сердце просит« – »'s ist Zeit, mein Freund, 's ist Zeit! Das Herz verlangt nach Ruhe«.

109 Der Falerner-Wein, oft gerühmt von römischen Autoren, war eine kostbare Weinsorte des antiken Italien, angebaut in der Region Kampanien.

110 Die Anhöhen der rund siebzig Meter hohen *Vorob'ëvy gory* (»Sperlingsberge«) im Südwesten Moskaus (1935–99 »Leninberge«) sind ein beliebter Aussichtspunkt; hier erhebt sich auch das Hauptgebäude der Lomonosov-Universität.

111 *Дéвичьий монастырь* Gemeint ist das Novodevičij monastyr' (Neujungfrauenkloster), das in einer Biegung der Moskwa etwa vier Kilometer südwestlich des Moskauer Stadtzentrums liegt. 1524 vom Moskauer Großfürsten Vasilij III. gegründet, war es dank der engen Verbindungen zu angesehenen Familien äußerst wohlhabend. 1689 zwang Peter I. seine mit ihm um die Macht konkurrierende Halbschwester Sofia Alekseevna, später auch seine erste Frau Evdokija Lopuchina, sich für immer ins Neujungfrauenkloster zurückzuziehen. Auf dem angegliederten Friedhof (Новодéвичье клáдбище) sind zahlreiche prominente Persönlichkeiten beigesetzt, u. a. Gogol', Čechov – und Bulgakov.

112 Die Passage mit dem Flugzeug, von »Тут вдалеке за городом« bis »поскакали на запад«, die, obgleich in Bulgakovs Arbeitsfassung vorhanden, in bisherigen Ausgaben des Romans fehlte, war von Elena Bulgakova herausgenommen und durch eine kürzere Paraphrase ersetzt worden. Wie Viktor Losev plausibel macht, wurde das äußerst Heikle dieser in Andeutungen verbleibenden Stelle offenbar als zu gefährlich empfunden: mit dem »er« (dem Insassen des Flugzeugs?), dessen »Gesicht Mut zeigt« und der »seine Sache richtig macht«, dürfte Stalin gemeint sein, über den sich Woland hier positiv äußert (»*сатана* хвалил генсека!« – »Der Generalsekretär von *Satan* gelobt!«, bringt Losev das Skandalon auf den Punkt).

113 Mit dem »freudlosen, flachen Berggipfel« wird auf den Berg Pilatus (*Mons pileatus*) in der Nähe von Luzern angespielt: Dort soll der Sage nach Pilatus in dem – trockengelegten – Pilatussee begraben liegen und an jedem Karfreitag aus dem See steigen, um zu Gericht zu sitzen.

114 Bulgakov hat es versäumt, Gella als weiteres Mitglied von Wolands Gefolge zu erwähnen.

115 Mit den »zwölftausend Monden« ist Bulgakov ein Rechenfehler unterlaufen: sie entsprächen tausend Jahren, Pilatus befindet sich aber auf seinem »steinernen Sessel« bereits fast zweitausend Jahre.

116 »Wiederholt sich jetzt die Geschichte mit Frieda?« – Der Kindsmörderin Frida (Kap. 23) war ihre jahrhundertelange Strafe auf Margaritas Bitte erlassen worden.

117 Mit dem Ausdruck »dreifach (три́жды) romantischer Meister« verweist Bulgakov auf Vorbilder unter den Autoren der Romantik, etwa E. T. A. Hoffmann. Der Künstler ist nach Auffassung der Romantiker ein Werkzeug göttlicher Eingebung.

118 Die künstliche Erschaffung eines Menschen, des Homunkulus (lat., ›Menschlein‹), weist in Goethes *Faust. Der Tragödie zweiter Teil* auf die Fortschritte und Abgründe einer alles ergreifenden Naturwissenschaft voraus.

119 Mit dem Sonntag ist der Ostersonntag gemeint. Die Moskau- und Eršalaim-Episoden zeigen, was die Tageszeiten betrifft, eine zeitliche Übereinstimmung. Bulgakov beendet seinen Roman mit ähnlichen Worten wie der Meister sein Werk (s. S. 283 und 293).

Personen (Auswahl)

AFRÁNIJ (AFRANIUS) »Der Mann mit der Kapuze«, durchtriebener, hochintelligenter, undurchschaubarer Chef des römischen Spitzelsystems, Mitstreiter von Pilatus. Ist maßgeblich an der Ermordung von Judas beteiligt.

ÁNNUŠKA Spekulantin, der auf den Straßenbahnschienen eine Flasche mit Sonnenblumenöl zerschellt, auf dem Berlioz ausrutscht, mit tödlicher Folge.

ARČIBÁL'D ARČIBAL'DOVIČ resoluter Manager des beliebten Restaurants im Griboedov-Haus, genannt »der Pirat« oder »Kapitän der Piratenbrigg«.

AZAZÉLLO Einer von Wolands gewaltbereiten Helfern mit Verbrechervisage; ein aus dem Mund ragender Stoßzahn und rote Haare sind sein Markenzeichen; außerdem trägt er gerne einen Anzug, eine Melone und Lackschuhe. Er gibt Margarita eine magische Crème, die sie zur fliegenden Hexe transformiert. – »Asasel« ist in jüdischer Überlieferung ein bocksgestaltiger Dämon; laut den Apokryphen hat er den Menschen die Waffen- und Schminkkunst beigebracht und, ähnlich dem Prometheus, göttliche Geheimnisse verraten.

BARON MÁJGEL' Denunziant; als Repräsentant der Schauspielkommission führt er ausländische Gäste durch Moskau; wird auf dem Satansball von Woland als Spitzel erkannt und umgehend von Azazello getötet.

BEGEMÓT Riesiger, sprechender, menschenartiger schwarzer Kater mit brüskem Betragen; geht aufrecht und wechselt häufig sein Äußeres; Wolands mürrischer Spaßvogel und Narr, witzig-ironischer Kommentator von Menschen und Ereignissen; Korov'evs Freund; immer zu Schandtaten bereit; mag Wodka, Pistolen und spielt gerne Schach. – БЕГЕМОТ bedeutet im Russischen ›Nilpferd‹, was auf das mythische Ungeheuer Behemoth im Alten Testament anspielt.

BENGÁL'SKIJ, ŽORŽ Populärer Conférencier im Variété; ihm wird während der Theatervorstellung der Kopf abgetrennt und später wieder aufgesetzt; wird in die psychiatrische Klinik von Dr. Stravinskij eingeliefert.

BERLIÓZ, MICHAIL ALEKSANDROVIČ Vorsitzender der Literaturvereinigung Massolit, Herausgeber eines толстый журнал, eines periodisch erscheinenden Literaturalmanachs; typischer angepasster, intellektueller Mitläufer des Systems, der Religion, d. h. Gott und Teufel, sowie alles Übersinnliche leugnet. Woland prophezeit Berlioz' Tod am Anfang des Romans. – Der Name spielt auf den Komponisten Hector Berlioz an, der durch die auf Goethes *Faust* basierende Oper *La damnation de Faust* (1846) bekannt wurde. Einer der Prototypen der Figur war offenbar der Generalsekretär der Russischen Assoziation Proletarischer Schriftsteller (RAPP) Leopol'd Averbach (1903–1939), der viele Autoren anderer Richtungen diffamierte und auch Bulgakov verfolgte.

BEZDÓMNYJ siehe PONYREV.

BOSÓJ, NIKANÓR IVANOVIČ Vorsitzender des Hauskomitees in der Sadovaja 302 a; wird von Korov'ev bestochen, damit Woland unbehelligt in der Wohnung Nr. 50 wohnen kann; wird wegen unerlaubten Devisenbesitzes verraten, festgenommen und in die psychiatrische Klinik eingeliefert. – Der Name (босóй ›barfuß‹) spielt auf seine bäuerliche Herkunft an.

FAGÓT (KORÓV'EV) Einer von Wolands Helfershelfern, der aufgrund seiner großen Gestalt sowie Fähigkeit des Stimmen- und Tonwechsels Ähnlichkeiten mit einem Fagott aufweist; als Vorbild gilt der Ritter Samson aus Miguel de Cervantes' Roman *Don Quijote* (1605/15); karnevalesker Clown und Gauner mit wechselnden Funktionen: mal Kirchenchorleiter, mal Dolmetscher des »Professors«, mal Hanswurst (ráep), Magier oder Zauberer; typisch sind der Zwicker mit einem gesprungenen und fehlenden Glas sowie seine karierte Hose. Intrigiert gewaltlos. – Der Name *Korov'ev* bezieht sich auf корóва ›Kuh‹ bzw. das hebräische Wort *karov* ›nah, vertraut‹; *Fagot* könnte sich auf das französische Wort *fagot* ›Unfug‹ bzw. *fagotin* ›Narr‹ beziehen.

FRÍDA Als junge Frau hat sie ihr aus einer Vergewaltigung entstandenes Kind mit einem Tuch erstickt; wird, auf Margaritas Bitten bei Woland, von ihrer Schuld befreit.

GÉLLA Vampirin, grünäugige, nackte, fliegende Hexenschönheit mit Narbe am Hals; Wolands effiziente Gehilfin. – Der Name kommt wohl von Gello, einem weiblichen, kleinen Kindern nachstellenden Dämon aus der antiken Mythologie.

IEŠÚA GA-NÓCRI (JESUS VON NAZARETH) Das aramäische *Iešua* bedeutet ›Gott ist Rettung‹, *Ha-Nozri* steht für ›Nazareth‹. Iešua unterscheidet sich bei Bulgakov maßgeblich von der biblischen Vorlage; er ist trotz utopischer Ideen kein Prophet, nicht der Messias, sondern ein naiver, einfacher, 27 Jahre alter Mann, mit Menschenkenntnis, Empathie und seherischen Fähigkeiten, eher ängstlich und versonnen als zielstrebiger und selbstbewusster Rebell. Auch die Kreuzigung gleicht nicht dem im Neuen Testament Berichteten.

IÚDA IZ KIRIÁFA (JUDAS ISCHARIOT) Oberflächliche, leicht beeinflussbare, materiell ausgerichtete Figur, die stark von der biblischen Vorlage abweicht. Bekommt dreißig Tetradrachmen für den Verrat an Iešua Ha-Nozri, wird bei Bulgakov vom römischen Geheimdienst ermordet. Laut Neuem Testament begeht Judas Selbstmord.

IÓSIF KÁIFA (KAIPHAS) Berechnender, rücksichtsloser Politiker und eloquenter Hohepriester, der dem Synedrion (Hohen Rat), dem obersten jüdischen religiösen und politischen Organ und obersten Gericht, vorsteht; fürchtet den Aufstand der Juden als Folge von Iešuas »revolutionären« Ideen. Im Neuen Testament ist es nicht Kaiphas, sondern das jüdische Volk, das den Tod von Jesus fordert.

KORÓV'EV Siehe FAGOT.

LATÚNSKIJ Verhasster Literaturkritiker, dessen Wohnung Margarita nach ihrer Verwandlung zur Hexe zerstört. – Der Name ist gebildet aus den Namen der Literaturkritiker Orlinskij (eigtl. Krips, 1892–1938) und Litovskij (eigtl. Kagan, 1892–1971).

LÉVIJ MATVÉJ (LEVI MATTHÄUS) Einziger Anhänger und bedingungsloser, gefühlsbetonter Freund Iešuas, dessen Worte er auf einer Pergamentrolle festhält. Beobachtet Iešuas Hinrichtung, scheitert mit dem Plan, ihn durch einen Messerstich von seinen Qualen zu befreien; versteckt den Leichnam in einer Höhle, wird von der Geheimpolizei aufgespürt. – Anspielung auf den biblischen Evangelisten Matthäus.

LICHODÉEV, STEPAN BOGDANOVIČ (STËPA) Direktor des Varietétheaters, in dem Woland auftritt; bewohnt zusammen mit Berlioz die Wohnung Nr. 50 in der Sadovaja 302 a; Woland, der sich in dieser

Wohnung für einige Zeit niederlassen möchte, ›zaubert‹ den von ihm verabscheuten Lichodeev kurzerhand nach Jalta. – Der Name verweist auf лиходе́й ›Übeltäter, Halunke‹.

MARGARÍTA NIKOLAEVNA Mit einem erfolgreichen Ingenieur verheiratete, lebenshungrige, verwöhnte und zuweilen gelangweilte junge Frau von dreißig, die Geliebte des Meisters, die einige Seiten des von ihm verbrannten Manuskripts des Pilatus-Romans rettet; sie akzeptiert Wolands Begehr, als Königin beim Satansball zu fungieren, um ihren Wunschtraum, mit dem Meister vereinigt zu sein, vom Teufel erfüllt zu bekommen; wird in Hexerei und Zauberei eingeweiht, kann fliegen und sich unsichtbar machen; verkörpert Mut, Furchtlosigkeit, Stärke, Klugheit, Schönheit, Liebe und Uneigennützigkeit. – Der Prototyp für Margarita, die auch einige Züge von Gretchen aus Goethes *Faust* trägt, war Bulgakovs dritte Ehefrau Elena Sergeevna Šilovskaja.

MARK KRYSOBÓJ »Rattenkämpfer«, »Rattenkiller« (крыса ›Ratte‹, бой ›Kampf‹, ›Schlachten‹); hünenhafter römischer Centurio, das Gesicht durch den Keulenschlag eines Germanen entstellt; wortkarger, aber willfähriger Leibwächter von Pilatus, sorgt bei der Kreuzigung für Ruhe und Ordnung.

MASTER Namenloser 38jähriger Schriftsteller, ursprünglich Historiker von weitem geistigen Horizont, verliebt sich in Margarita, die ihn liebevoll »мастер« nennt; Verfasser eines Romans über Pontius Pilatus und Iešua Ha-Nozri; der Roman passiert aufgrund seines unwillkommenen religiös-politischen Inhalts nicht die staatliche Zensur; der Meister wird durch Kritik öffentlich bloßgestellt, verbrennt (wie es Bulgakov selbst und vor ihm Gogol' tat) in einem Verzweiflungsanfall das Manuskript, wird verhaftet und in die Psychiatrie eingeliefert. Kehrt mit Margaritas Hilfe in seine Kellerwohnung zurück und erhält auf wundersame Weise seinen verbrannten Roman wieder. Der Meister und Margarita verlassen zusammen für immer Moskau und folgen Woland – der auf Geheiß eines Höheren handelt – in ihren »ewigen Hort« (ве́чный прию́т). – Prototyp für den Meister ist Bulgakov.

MOGARÝČ, ALOIZIJ Obskure Gestalt, Spion, Verräter, erschleicht sich mit vorgetäuschter Begeisterung für Literatur das Vertrauen des gutgläubigen Meisters und horcht ihn aus, um ihn bei staatlichen Organen zu denunzieren. Der Lohn des Verrats: die kleine Kellerwohnung des Meisters.

NATÁL'JA PROKOF'EVNA (NATAŠA) Margaritas hübsche Hausangestellte, die sich heimlich mit Azazellos Zaubersalbe eincremt und, gleich Margarita, zu einer Hexe mutiert. Sie unterstützt Margarita beim Satansball und bittet Woland, ihren Hexenzustand fortan aufrechtzuerhalten.

PÓNTIJ PILÁT (PONTIUS PILATUS) Bulgakovs Figur des römischen Statthalters in Judäa unterscheidet sich von der historisch-biblischen. Pilatus, nicht Iešua, steht im Zentrum des vom Meister verfassten Romans, der den Themenkomplex Gewissenskonflikt – Verantwortung – Schuld – Reue behandelt. Der äußerlich als Machtmensch Auftretende ist ein innerlich zerrissener, unglücklicher, einsamer, mitunter melancholischer Mann, stets unter Kopfschmerzen leidend, der sich in Eršalaim (Jerusalem) an Leib und Seele qualvoll unbehaglich fühlt und einzig seinen Hund Banga zum zuverlässigen Vertrauten hat; er verurteilt gegen seinen Willen Iešua zum Tod; gibt danach den Mord an Judas in Auftrag. Der zu Stein gewordene Pilatus wird am Ende des Romans auf Wolands Geheiß nach zweitausend Jahren von seinen Schuldgefühlen und seinem unsterblichen Ruhm befreit und verschwindet für immer auf dem »ersehnten Mondpfad«.

PÓNYREV, IVAN NIKOLAEVIČ (Bezdomnyj) 23jähriger, aufstrebender Dichter, Mitglied der offiziellen literarischen Organisation »Massolit«; schreibt antireligiöse Gedichte; wird nach der Begegnung mit Woland und nach Berlioz' Unfalltod in eine psychiatrische Klinik eingewiesen, wo er den Meister kennenlernt, der ihn als »unglücklichen Dichter« durchschaut. Nach Aufgabe der Schriftstellerei erscheint er am Ende des Romans als Geschichts- und Philosophieprofessor. – Die Figur mit dem sprechenden Beinamen (бездóмный ›ohne Haus‹) weist auf den Lyriker Demian Bednyj (auch er mit einem Künstlernamen: бéдный ›der Mittellose‹; eigtl. Efim Pridvorov, 1883–1945), der im Sinne der sowjetischen Staatsideologie antireligiöse Gedichte verfasste; vielfach wird auch ein Bezug zu dem parteikonformen Dichter Aleksandr Bezymenskij (1898–1973) gesehen, der Bulgakovs Drama *Dni Turbninych* scharf angegriffen hatte. – Der Vorname könnte auf den naiv-aufrechten Ива́нушка-дурачо́к, eine populäre Figur des russischen Volksmärchens, anspielen.

Poplávskij, Maksimilian Andreevič Kiever Onkel von Berlioz, der sich nach einem Leben in Moskau sehnt, die Wohnung Nr. 50 seines tödlich verunglückten Neffen für sich fordert, nach einer diabolischen Vorstellung von Begemot und Azazello aber zur Rückkehr nach Kiev ›aufgefordert‹ wird.

Dr. Stravínskij, Aleksandr Nikolaevič 45 Jahre alt, gepflegte Erscheinung, Chefarzt der Psychiatrie. – Anspielung auf den Komponisten Igor' Stravinskij (1882–1971) und auf Grigorij Rossolimo (1860–1928), den Neuropsychologen und Direktor des Moskauer Neurologischen Instituts sowie der Koževnikov-Klinik für Nervenkrankheiten.

Rímskij, Grigorij Danilovič Finanzdirektor des Variététheaters; flieht ins Hotel »Astoria« in Leningrad. – Sein Name spielt auf den russischen Komponisten Nikolaj Rimskij-Korsakov (1844–1908) an.

Semplejárov, Arkadij Apollonovič Selbstgefälliger Vorsitzender der sogenannten »Akustischen Kommission der Moskauer Theater«, dessen Liebesabenteuer von Korov'ev in aller Öffentlichkeit während der Variété-Vorstellung bloßgestellt werden. – Bulgakov persifliert den sowjetischen Politiker und Bol'ševik der ersten Stunde Avel' Enukidze (1877–1937), einen Verwandten Stalins, der für seine Liebeseskapaden mit Minderjährigen bekannt war.

Sókov, Andrej Fokič Leiter des Buffets im Variété. Beschwert sich bei Woland wegen des Erhalts von verzaubertem wertlosem Geld. Hat, wohl durch Betrug, große Summen an Geld angehäuft. Woland prophezeit ihm einen frühen Tod durch Leberkrebs. – Sprechender Name (сок ›Saft‹).

Varenúcha, Ivan Savel'evič Gutmütiger, höflicher Administrator des Variététheaters; wird von Gella zum Vampir »geküsst«, terrorisiert Rimskij, den Finanzmanager des Theaters, wird nach dem Satansball wieder in einen Menschen zurückverwandelt.

Wóland Fürst der Finsternis (князь тьмы), Geist des Bösen (дух зла), Herr der Schatten (повели́тель тене́й), alter Sophist (ста́рый софи́ст), der Teufel (дья́вол, сатана́) höchstpersönlich, gibt sich –

geheimnisvoll, eloquent und polyglott – als Professor der »Schwarzen Magie« und »Historiker« aus; hinkt, hat Augen von zweierlei Farbe; elegant gekleidet; Spazierstock mit Pudelknauf und Zigarettenetui mit diamantenem Dreieck, einem ausgeprägten Freimaurersymbol; ist listig, scheinheilig, aber auch großzügig. Verkörpert verschiedene Rollen und mit seinen dämonischen Helfershelfern Azazello, Begemot, Fagot (Korov'ev) und Gella unterschiedliche Teufelsgestalten, die Chaos in Moskau verursachen, um Vergehen zu entlarven und Ungerechte zu bestrafen. Wird generell mit »мессúр« oder »господúн« angesprochen. – Als Prototyp gilt Goethes Mephistopheles. »Voland« oder »Valand« – bei Goethe »Junker Voland« – ist eine alte Benennung des Teufels. Woland wird aufgrund einiger Ähnlichkeiten auch als Parodie auf Stalin (1878–1953) gesehen.

Zeittafel

1891 3. Mai (nach neuem Kalenderstil: 15. Mai) wird Michail Bulgakov in Kiev als Sohn eines Professors an der Kiever Geistlichen Akademie geboren.

1909 Medizinstudium in Kiev; Abschluss 1916.

1913 Heirat mit Tat'jana Nikolaevna Lappa (1892–1982).

1916 Freiwillig in verschiedenen Frontlazaretten tätig; Landarzt bei Smolensk.

1918 Entlassung aus dem medizinischen Dienst; Rückkehr nach Kiev; praktiziert als Venerologe.

1919 Wird in die ukrainische Armee als Arzt eingezogen; desertiert; zieht mit der Weißen Armee in den Kaukasus.

1920 Lebt in Vladikavkaz; beschließt, Schriftsteller zu werden; schreibt Feuilletons, Skizzen, Kurzprosa und Theaterstücke.

1921 Übersiedlung nach Moskau; Mitarbeiter bei Zeitungen und Zeitschriften; erstes literarisches Werk *Zapiski na manžetach* (*Notizen auf Manschetten*); Bekanntschaft mit Kataev, Oleša, Il'f, Petrov, Paustovskij und anderen Schriftstellern.

1922–24 Veröffentlichungen in der sowjetfreundlichen Berliner Exilzeitung *Nakanune* (»Am Vorabend«).

1923–26 Humorvolle Miniaturen über die NĖP-Zeit für das Organ der Eisenbahnergewerkschaft *Gudok* (»Die Signalpfeife«).

1924 Zwei Drittel des Romans *Belaja gvardija* (*Die weiße Garde*) erscheinen in der Zeitschrift *Rossija*.

1925 Nach Scheidung zweite Ehe mit Ljubov' Evgen'evna Belozerskaja (1895–1987).
Fünf Erzählungen unter dem Titel *D'javoliada* (*Teufeliaden*), darunter die Science-Fiction-Groteske *Rokovye jajcy* (*Die verhängnisvollen Eier*) erscheinen in dem Almanach *Nedra*. Es entstehen der Kurzroman *Sobač'e serdce* (*Hundeherz*), der unveröffentlicht bleibt (erscheint 1968 in Frankfurt a. M. und London; in Russland erst 1987) und ein Erzählband *Zapiski junogo vrača* (*Aufzeichnungen eines jungen Arztes*), der erst 1963 erscheint.

1926 7. Mai: Hausdurchsuchung und Konfiszierung von Bulgakovs Tagebüchern und zwei Exemplaren von *Hundeherz*.

5. Oktober: Uraufführung des Dramas *Dni Turbinych* (*Tage der Turbins*) im Moskauer Künstlertheater (MChAT); 28. Oktober: Premiere der Komödie *Zojkina kvartira* (*Zojkas Wohnung*) im Vachtangov-Theater.

1927 Hetzkampagnen seitens parteikonformer Schriftsteller nehmen zu.

9. November: Absetzung der Komödie *Zojkas Wohnung* vom Repertoire; Erzählung *Morfij* (*Morphium*).

1928 Erste Entwürfe für den Roman *Master i Margarita* (*Der Meister und Margarita*) mit unterschiedlichen Titelvorschlägen.

11. Dezember: Uraufführung des Dramas *Bagrovyj ostrov* (*Die Purpurinsel*).

1929 *Tage der Turbins, Zojkas Wohnung* und *Die Purpurinsel* erhalten wie bereits zuvor das Drama *Beg* (*Die Flucht*) Aufführungsverbot.

Anfang Juli: Bulgakovs Antrag auf eine Reise ins Ausland wird abgelehnt.

3. Oktober: Rückgabe der 1926 vom Geheimdienst konfiszierten Manuskripte von *Hundeherz* und des Tagebuches.

1930 Bulgakov vernichtet am 18. März die erste Version des Romans *Der Meister und Margarita*, nachdem er vom Aufführungsverbot seines Molière-Dramas *Kabala svatoš* (*Die Kabale der Scheinheiligen*) am Moskauer Künstlertheater erfahren hat. Er bittet Stalin brieflich um Ausreise aus Russland bzw. eine Arbeitsmöglichkeit. Nach einem Anruf von Stalin bei Bulgakov erhält er eine Stelle als Regieassistent am MChAT und als Dramaturg am »Theater der Arbeiterjugend«.

1931 Ein erneuter Ausreiseantrag bleibt unbeantwortet.

1932 Nach Scheidung dritte Ehe mit Elena Sergeevna Šilovskaja (1893–1970).

Überraschende Wiederaufnahme des Dramas *Tage der Turbins* ins Repertoire des MChAT; Inszenierung von Gogol's *Toten Seelen*. Bulgakov wähnt sich unter Stalins Schutz.

1933 Ablehnung der Biographie *Žizn' gospodina de Mol'era* (*Das Leben des Herrn Molière*) durch das Lektorat und Maksim Gor'kij (Veröffentlichung erst 1962 in Moskau); intensive Arbeit an der Neufassung des Romans *Der Meister und Margarita* (zweite Redaktion).

1934 Aufführungsverbot des Dramas *Blaženstvo* (*Glückseligkeit*).

1935 Arbeit am Puškin-Drama *Poslednie dni* (*Die letzten Tage*).

1936 16. Februar: Premiere der *Kabale der Scheinheiligen* im MChAT; 9. März: ein anonymer Hetzartikel gegen Bulgakov in der *Pravda* führt zur Absetzung des Dramas.

Ab 1. Oktober: Opernlibrettist und Übersetzer am Bol'šoj-Theater.

Bis 1936: zweite Redaktion von *Master i Margarita*, mit dem Untertitel »Fantastičeskij roman« und verschieden erwogenen Haupttiteln, etwa »Satana« (›Der Satan‹) oder »Čërnyj mag« (›Der schwarze Magier‹).

Zweite Hälfte 1936: dritte Redaktion des Romans, zunächst mit dem Titel »Knjaz' t'my (›Fürst der Dunkelheit‹); der endgültige Titel *Master i Margarita* stand 1937 fest.

1937 Abbruch der Ende 1936 begonnenen Arbeit am *Teatral'nyj roman. Zapiski pokojnika* (*Theaterroman. Aufzeichnungen eines Toten*).

1938 Arbeit an dem Drama *Don Kichot* (*Don Quijote*) nach Cervantes' Roman; Arbeit an *Master i Margarita*: erste Druckversion der dritten Redaktion am 25. Juni.

1939 Sein Stück *Batum* über den jungen Stalin wird vom Spielplan genommen. Nierensklerose und allmähliche Erblindung.

1940 Bulgakov überarbeitet den Roman *Der Meister und Margarita* bis kurz vor seinem Tod.

10. März: Tod in Moskau; Begräbnis auf dem Moskauer Novodevič'e-Friedhof.

1955 Beginn der Veröffentlichung seiner Dramen.

1966–67 Veröffentlichung von *Master i Margarita* mit tiefgreifenden Kürzungen in der Zeitschrift *Moskva*; Vorworte: Abram Vulis und Konstantin Simonov.

1968 Übersetzung der zensurbedingt gekürzten Fassung unter dem Titel *Der Meister und Margarita* durch Thomas Reschke (Verlag Kultur und Fortschritt, Berlin); weitere Fassungen des

Übersetzers erscheinen in Ost- und Westdeutschland 1978, 1982, 1985, 1994, 2005, 2007.

Die englische Rock-Band »The Rolling Stones« veröffentlicht den Song *Sympathy for the Devil*, dessen Text der Sänger Mick Jagger nach eigener Aussage unter dem Eindruck von Bulgakovs Roman verfasst hat.

1972 Verfilmung des Romans durch den jugoslawischen Filmregisseur Aleksandar Petrović.

1973 Die vollständige russische Fassung von *Master i Margarita* erscheint in der UdSSR, ebenso einige andere Romane des Autors.

1982 Zehnbändige Werkausgabe in den USA (Hrsg.: Ellendea Proffer).

1987 Beginn der vollständigen Freigabe von Bulgakovs Werk in Russland.

1989 Uraufführung der Oper *Der Meister und Margarita* des deutschen Komponisten York Höller in Paris; weitere Aufführungen: Köln (1991) und Hamburg (2013).

1992 Oper *Master i Margarita* des weißrussischen Komponisten Evgenij Glebov.

1992 ff. Deutschsprachige Gesamtausgabe in 13 Bänden, übersetzt von Thomas Reschke (Verlag Volk und Welt, Berlin: Hrsg.: Ralf Schröder).

1994 Verfilmung von *Master i Margarita* unter der Regie von Jurij Kara.

2005 Verfilmung von *Master i Margarita* als zehnteilige Fernsehserie unter der Regie von Vladimir Bortko.

2009 Oper *Master i Margarita* des russischen Komponisten Aleksandr Gradskij.

2012 Neuübersetzung des Romans unter dem Titel *Meister und Margarita* von Alexander Nitzberg, mit ausführlichem Kommentar, Notizen des Übersetzers und einem Nachwort der Büchnerpreisträgerin Felicitas Hoppe (Verlag Galiani, Berlin).

Literaturhinweise

Ausgaben und Übersetzungen

Master i Margarita. Okončatel'naja redakcija. In: »Moj bednyj, bednyj master ...« Polnoe sobranie redakcij i variantov romana *Master i Margarita*. Hrsg. von Viktor Losev. Moskau: Vagrius, 2006. S. 645–934.

Master i Margarita. In: Sobranie sočinenij v 8 tomach. Bd. 5. Hrsg. von Viktor Losev. St. Petersburg: Azbuka-klassika, 2002. S. 97–544. [Kommentar: S. 545–594.]

Dnevnik. Pis'ma, 1914–1940. Hrsg. von Viktor Losev. Moskau: Sovremennyj pisatel', 1997.

Michail i Elena Bulgakovy. Dnevnik Mastera i Margarity. Moskau: Vagrius, 2001.

Die Treppe ins Paradies. Erzählungen, Feuilletons, Tagebücher, Briefe. Übers. von Thomas Reschke. Hrsg. von Ralf Schröder. Berlin: Volk und Welt, 1991.

Der Meister und Margarita. Roman. Übers. von Thomas Reschke. (Gesammelte Werke in 13 Bänden. Mit literaturgeschichtlichen Anmerkungen von Ralf Schröder. Bd. 3.) Berlin: Volk und Welt. – Diese Edition des Romans auch als Lizenzausgabe: München: Luchterhand, 2005.

Meister und Margarita. Roman. Aus dem Russ. übertr. und komm. von Alexander Nitzberg. Mit einem Nachw. von Felicitas Hoppe. Berlin: Galiani, 2012.

Teufeleien. Skizzen, Satiren, Grotesken. Übers. von Aggy Jais, Schamma Schahadat und Dorothea Trottenberg. Hrsg. von Jochen-Ulrich Peters. Stuttgart: Reclam, 1994. (Universal-Bibliothek. 8964.)

Manuskripte brennen nicht. Eine Biographie in Briefen und Tagebüchern. Hrsg. von Julie Curtis. Aus dem Russ. von Swetlana Geier. Frankfurt a. M.: S. Fischer, 1991.

Bulgakowa, Jelena: Margarita und der Meister. Tagebücher. Erinnerungen. Übers. von Antje Leetz und Ottokar Nürnberg. Berlin: Volk und Welt, 1993. – Tb.-Ausg. München: btb, 2006.

Sekundärliteratur

Abraškin, Anatolij / Makarova, Galina: Tajnopis' *Mastera i Margarity*: Meždu strok velikogo romana. Moskau 2006.

Avins, Carol: Reaching a Reader: The Master's Audience in *The Master and Margarita*. In: Slavic Review 45 (1986) Nr. 2. S. 272–285.

Baberowski, Jörg: Der rote Terror. Die Geschichte des Stalinismus. München 2003.

Barkov, Al'fred: Roman Michaila Bulgakova *Master i Margarita*: al'ternativnoe pročtenie. Kiev 1994.

Barratt, Andrew: Between Two Worlds. A Critical Introduction to the *Master and Margarita*. Oxford 1987.

– Beyond Parody. The Goethe Connection. In: *The Master and Margarita*. A Critical Companion. Hrsg. von Laura D. Weeks. Evanston (Ill.) 1996. S. 113–121.

Beatie, Bruce / Powell, Phyllis: Story and Symbol: Notes toward a Structural Analysis of Bulgakov's *The Master and Margarita*. In: Russian Literature Triquarterly 15 (1978) S. 219–251.

Beermann, René: Bulgakows *Meister und Margarita* und die Wertordnung. In: Osteuropa 3 (1970) S. 176–183.

Belobrovceva, Irina: Putevoditel' po romanu M. A. Bulgakova *Master i Margarita*: učebnoe posobie. Moskau 2012.

– / Kul'jus, Svetlana: Roman Michaila Bulgakova *Master i Margarita*. Kommentarij. Moskau 2007.

Belozerskaja-Bulgakova, Ljubov': Vospominanija. Moskva 1989.

– O, mëd vospominanij. Ann Arbor (Mich.) 1979.

Bolen, Val: Theme and Coherence in Bulgakov's *The Master and Margarita*. In: Slavic and East European Journal 16 (1972) S. 427–437.

Briker, Boris: Nakazanie v romane M. Bulgakova *Master i Margarita*: tipologija motiva. In: Russian Literature 35 (1994) S. 1–38.

Chudakova, Marietta: *The Master and Margarita*: The Development of a Novel. In: Russian Literature Triquarterly 15 (1978) S. 177–209.

Čudakova, Mariėtta: Žizneopisanie Michaila Bulgakova. Moskva 1988.

– Pasternak und Bulgakov. An der Scheidelinie zweier literarischer Zyklen. In: Kassek/Rollberg (1992) S. 67–85.

Dahlheim, Werner: Die Welt zur Zeit Jesu. München 2013.

Drawicz, Andrzej: Michail Bulgakov als Klassiker der Literatur des zwanzigsten Jahrhunderts. In: Kassek/Rollberg (1992) S. 58–66.
Drawicz, Andrzej: The Master and the Devil – a Study of Mikhail Bulgakov. Lewiston (N. Y.) [u. a.] 2001.
Ėl'baum, Genrich: Analiz iudejskich glav *Mastera i Margarity* M. Bulgakova. Ann Arbor (Mich.) 1981.
Elbaum, Henry: The Evolution of *The Master and Margarita*: Text, Context, Intertext. In: Canadian Slavonic Papers 37 (1995) Nr. 1–2. S. 59–87.
Ericson, Edward: The Apocalyptic Vision of Mikhail Bulgakov's *The Master and Margarita*. Lewiston (N. Y.) [u. a.] 1991.
– The Satanic Incarnation: Parody in Bulgakov's *The Master and Margarita*. In: Russian Review 33 (1974) S. 32–35.
Fieseler, Margret: Stilistische und motivische Untersuchungen zu Michail Bulgakovs Romanen *Belaja gvardija* und *Master i Margarita*. Hildesheim [u. a.] 1982.
Filat'ev, Ėduard: Tajna bulgakovskogo »Mastera ...«. Moskau 2011.
Frank, Margot: The Mystery of the Master's Final Destination. In: Canadian-American Slavic Studies 15 (1981) Nr. 2–3. S. 287–294.
Günther, Hans: Das Zerbrechen des Raums: Zum Weltmodell von Bulgakovs *Der Meister und Margarita* (*Master i Margarita*). In: Kassek/Rollberg (1992) S. 19–29.
Haber, Edythe C.: Dwellings and Devils in Early Bulgakov. In: Slavic and East European Journal 37 (1993) Nr. 3. S. 326–338.
– The Mythic Structure of Bulgakov's *The Master and Margarita*. In: The Russian Review. Jg. 34. Nr. 4. Oktober 1975. S. 382–409.
Hoisington, Sona: Fairy-Tale Elements in Bulgakov's *The Master and Margarita*. In: Slavic and East European Journal 25 (1981) Nr. 2. S. 44–55.
Jablokov, Evgenij: Motivy prozy Michaila Bulgakova. Moskau 1997.
Janovskaja, Lidija M.: Treugol'nik Volanda. K istorii romana *Master i Margarita*. Kiev 1992.
– Tvorčeskij put' Michaila Bulgakova. Moskau 1983.
– Zapiski o Michaile Bulgakove. Moskau 2002.
Kassek, Dagmar / Rollberg, Peter (Hrsg.): Michail Afanas'evič Bulgakov, 1891–1991: Text und Kontext. Berlin / New York 1992.

Kolganov, Vladimir: Bulgakov i »Margarita«, ili Istorija nesčastnoj ljubvi »Mastera«. Moskau 2012.

Kolganov, Vladimir: Dom Margarity. Moskovskie tajny Michaila Bulgakova. Moskau 2012.

Kuraev, Andrej: *Master i Margarita*. Za Christa ili protiv? Moskau 2004.

Lachmann Renate: Bachtin und das Konzept der Karnevalskultur. Vorwort zu: Michail Bachtin: Rabelais und seine Welt: Volkskultur als Gegenkultur. Übers. von Gabriele Leupold. Frankfurt a. M. 1987. S. 7–46.

Lamberz, Irene: Die topologische Unbeherrschbarkeit des Raums als Semantisierungsstrategie in Michail Bulgakovs *Master i Margarita*. In: I. L.: Raum und Subversion. Die Semantisierung des Raums als Gegen- und Interdiskurs in russischen Erzähltexten des 20. Jahrhunderts (Charms, Bulgakov, Trifonov, Pelevin). München 2010. S. 158–199.

Le Fleming, Svetlana: Bulgakov's Use of the Fantastic and Grotesque. In: New Zealand Slavonic Journal 2 (1977) S. 29–42.

Lesskis, Georgij / Atarova, Ksenija: Putevoditel' po romanu Michaila Bulgakova *Master i Margarita*. Moskau 2007.

Levin, Volker: Das Groteske in Michail Bulgakovs Prosa. Mit einem Exkurs zu A. Sinjavskij. München 1975.

Ljubimov, Jurij: Sceničeskaja adaptacija *Mastera i Margarity* M. A. Bulgakova. London 1985.

Losev, Viktor / Petelin, Viktor (Hrsg.): Michail Bulgakov: Pis'ma. Žizneopisanie v dokumentach. Moskva 1989.

Lovell, Stephen: Bulgakov as Soviet Culture. In: The Slavonic and East European Review. Jg. 76. Nr. 1. Januar 1998. S. 28–48.

Lysjuk, Natalija: Misterija vsepobeždajuščej ljubvi: mifologičeskie osnovanija romana Michaila Bulgakova *Master i Margarita*. Kiev 2008.

Mahlow, Elena: Bulgakov's *Master and Margarita*. The Text as a Cipher. New York 1975.

Michajlov, Oleg: M. A. Bulgakov: Sud'ba i tvorčestvo. Moskau 2011.

Milne, Lesley (Hrsg.): Mikhail Bulgakov. A Critical Biography. Cambridge 1990.

– Bulgakovskaja Moskva. Moskva 1992.

Naschpitz, Ewgenij: Chronotopische Strukturen in Bulgakows *Meister und Margarita*. München 2011.

Natov, Nadine: Mikhail Bulgakov. Boston 1985.

Natterer, Claudia: Faust als Künstler: Michail Bulgakovs *Master i Margarita* und Thomas Manns *Doktor Faustus*. Heidelberg 2002.

Opitz, Roland: Zur internationalen Aufnahme von Michael Bulgakows *Meister und Margarita*. In: Weimarer Beiträge 3 (1988) S. 425–447.

Palievski, Pëtr V.: M. A. Bulgakov. In: P. P.: Iz vyvodov XX veka. St. Petersburg 2004, S. 288–304.

– Poslednjaja kniga M. Bulgakova. In: P. P.: Iz vyvodov XX veka. St. Petersburg 2004. S. 255–269.

Paustovskij, Konstantin: Bulgakov. In: Elena Bulgakova / Semën Ljandres (Hrsg.): Vospominanija o Michaile Bulgakove. Moskau 1988. S. 93–109.

Petelin, Viktor: Žizn' Bulgakova. Dopisat' ran'še, čem umeret'. Moskau 2001.

Peters, Jochen-Ulrich: Bulgakovs *Der Meister und Margarita* (*Master i Margarita*) als ironische Replik auf den sowjetischen Entwicklungsroman der 30er Jahre. In: Kassek/Rollberg (1992) S. 117–128.

Pittman, Riitta: The Writer's Divided Self in Bulgakov's *The Master and Margarita*. London 1991.

Pozdnjaeva, Tat'jana: Voland i Margarita. St. Petersburg 2007.

Proffer, Ellendea: Bulgakov: Life and Work. Ann Arbor (Mich.) 1984.

– An International Bibliography of Works by and about Mikhail Bulgakov. Ann Arbor (Mich.) 1976.

Richmond, Steven: »And who are the judges?« Mikhail Bulgakov versus Soviet Censorship, 1926–1936. In: Russian History / Histoire Russe 33 (2006) Nr. 1. S. 83–107.

Riggenbach, Heinrich: Michail Bulgakovs Roman *Master i Margarita* – Stil und Gestalt. Bern / Frankfurt a. M. 1979.

Schlögel, Karl: Terror und Traum. Moskau 1937. München 2008.

Sokolov, Boris: Bulgakovskaja ėnciklopedija. Personaži, prototipy, proizvedenija, druz'ja i vragi, sem'ja. Moskau 2005.

– Roman M. Bulgakova *Master i Margarita*. Očerki tvorčeskoj istorii. Moskau 1991.

– Tajny *Mastera i Margarity*: rasšifrovannyj Bulgakov. Moskau 2006.

Stojkova, Tat'jana: Slovo personaža v mire avtora: roman M. A. Bulgakova *Master i Margarita*. Moskau 2012.

Testa, Carlos: Bulgakov's *Master and Margarita*: Post-Romantic Devil Pacts. In: Canadian Slavic Studies 24 (1990) Nr. 3. S. 257–278.

Torizin, Dimitrij: Der Roman *Master i Margarita* von Michail A. Bulgakow. Text und Kontext. Saarbrücken 2008.

Vulis, Abram: Roman Bulgakova *Master i Margarita*. Moskau 1991.

Weeks, Laura D. (Hrsg.): *The Master and Margarita.* A Critical Companion. Evanston (Ill.) 1996.

Wolffheim, Elsbeth: Michail Bulgakow. Reinbek bei Hamburg 1996. (Rowohlts Monographien. 426.)

Wright; A. C.: Satan in Moscow: An Approach to Bulgakov's *The Master and Margarita.* In: Publications of the Modern Language Association (PMLA), Vol. 88, Nr. 5 (1973) S. 1162–1172.

Zelinsky, Barbara: Bulgakow. *Der Meister und Margarita.* In: Der russische Roman. Hrsg. von Bodo Zelinsky. Düsseldorf 1979. S. 330–353; 429–433.

– Die *Faust*-Rezeption in Bulgakows *Der Meister und Margarita.* In: *Faust*-Rezeption in Rußland und in der Sowjetunion. Hrsg. von Günther Mahal. Knittlingen 1983. S. 86–91.

Zerkalov, Aleksandr: Ėtika Michaila Bulgakova. Moskau 2004.

Internetseiten (Auswahl)

http://www.bulgakov.ru
http://bildungsserver.hamburg.de
http://www.masterandmargarita.eu
http://www.masterimargarita.com
http://m-a-bulgakov.ru
http://master-i-m.book-pr.org.ua
http://lib.ru//BULGAKOW

Nachwort

Feigheit ist unbestritten eine der schlimmsten Sünden.
»Der Meister und Margarita« (Kap. 26)

Folge mir nach, Leser! Wer hat dir erzählt, es gäbe auf der Welt keine echte, treue, ewige Liebe? ... ich zeige dir eine solche Liebe!
»Der Meister und Margarita« (Kap. 19)

In Sowjetrussland ist die Irrenanstalt der einzige Ort, wo ein normaler Mensch leben kann.
Il'ja Il'f / Evgenij Petrov, »Das Goldene Kalb oder Die Jagd nach der Million« (1931)

I

»*Der Meister und Margarita*«, urteilt der Literaturwissenschaftler Oleg Michajlov, »ist der Gipfelpunkt der russischen Prosa des 20. Jahrhunderts, eine Apologie des künstlerischen Schaffens und der idealen Liebe in Zeiten der Verzweiflung und Finsternis, eine vollendete, vernichtende Satire auf das gesamte sowjetische System.« Michajlov ordnet unter Anspielung auf das von Hieronymus Bosch Ende des 15. Jahrhunderts gemalte Bild *Das Narrenschiff*, eine Allegorie der Maßlosigkeit (einer der sieben Todsünden), Bulgakovs literarisches »корабль дураков« in eine Reihe mit den Werken der Satiriker Nikolaj Gogol', Michail Saltykov-Ščedrin und Jonathan Swift ein.[1] Der Roman ruft aber auch Assoziationen zu dem Œuvre von Puškin und E. T. A. Hoffmann, Dantes *Göttlicher Komödie*, Dostoevskijs *Großinquisitor* und Goethes *Faust* hervor; mit letzterem Werk war Bulgakov besonders gut vertraut.

1 Michajlov (2011) S. 220.

Master i Margarita ist ein geniales, weltweit außerordentlich bewundertes und äußerst vielschichtiges Narrativ, vielleicht sogar einer der geheimnisvollsten Prosatexte der Weltliteratur überhaupt. Bulgakov schrieb zwölf Jahre (1928–40) an seinem letzten Werk und rechnete nicht mit der Veröffentlichung zu seinen Lebzeiten. Ähnlich der Entstehungs- und Publikationsgeschichte seines Kurzromans *Sobač'e serdce* (*Hundeherz*, 1925) ist auch die editorische Entwicklung von *Master i Margarita* brisant. Die Bulgakov-Forschung verständigt sich auf insgesamt acht, zum Teil stark divergierende Romanvarianten mit verschiedenen Titel- und Kapitelbezeichnungen. Im März 1930 vernichtete Bulgakov, der sich in einem Brief an Stalin 1930 als »literarischer Wolf« und »mystischer Schriftsteller« wahrnahm, die erste (Ur-)Fassung, nachdem er Hetzkampagnen in der sowjetischen Presse über sich ergehen lassen musste und vom Verbot der Aufführung seines Dramas *Kabala svjatoš* (*Die Kabale der Scheinheiligen*) am Moskauer Künstlertheater erfahren hatte. Nach Wiederaufnahme der Arbeit 1931 war der Roman dann 1937 zwar praktisch fertig geschrieben, allerdings stand ein kritischer Korrekturdurchgang noch aus. 1938 legte Bulgakov den endgültigen Romantitel fest. Von Krankheit beeinträchtigt, überarbeitete er den Text, konnte aber die Änderungen nicht abschließen: im Frühjahr 1940 starb er. So weist der »unabgeschlossene« Roman (bis heute) etliche inhaltliche, strukturelle und stilistische Unstimmigkeiten, Schwachstellen, Auslassungen und Widersprüche auf – die jedoch, darüber sind sich alle Kritiker einig, dem Romanganzen aufgrund der hohen künstlerischen Qualität des Werks keinen Abbruch tun.

Nikolaj Angarskij, der Herausgeber des literarischen Almanachs *Nedra* (»Tiefen«), in dem Bulgakov bereits 1925 einige

Erzählungen publiziert hatte, hielt es 1938 nach dem Lesen der ersten drei Kapitel für undenkbar, dass diese Gesellschaftssatire die sowjetische Zensur passieren und an die Öffentlichkeit gelangen könne. Bulgakovs dritte Ehefrau Elena Bulgakova (Šilovskaja), die den literarischen Nachlass ihres Mannes verwaltete, fertigte nach seinem Tod eine redigierte Reinschrift des Romans mit Änderungen und Streichungen an, die bis heute in der Bulgakov-Rezeption umstritten sind; so entfernte sie eine als Auftritt Stalins zu deutende Szene (S. 274) in Kapitel 31 und fügte den von Bulgakov verworfenen (kitschigen?) Schlussabsatz von Kapitel 32 wieder ein. Bis heute gibt es keine ›kanonisierte‹ Ausgabe des Romans.

Als *Master i Margarita*, mit erheblichen Kürzungen durch die Zensur, 1966/67 in der Zeitschrift *Moskva* zum erstenmal in der UdSSR erschien, wurde der Roman von der russischen Intelligenzija als Sensation empfunden. Aufgrund seiner einschneidenden politisch-kulturell-philosophisch-religiösen Thematik, generell karnevalesk-grotesk-romantisch-phantastischen Orientierung, außergewöhnlichen Sprache, reichen Bildlichkeit und Symbolik, originellen, komplexen Doppelstruktur, unvergesslichen Figuren und zahlreichen ausgeklügelten Anspielungen avancierte er rasch zu einer Art ›Kultbuch‹. Eine fast ›religiöse Ehrfurcht‹ vor dem ›Sonnenuntergangsroman‹ und dessen Autor kam, nachdem das Buch während der Perestrojka endlich unzensiert publiziert worden war, in den 1990er Jahren in der russischen alternativen Jugend- und Undergroundszene auf, die sich inoffiziell und regelmäßig an Bulgakovs »unheimlicher Wohnung« Nr. 50 (»нехорошая квартира«), einem der zentralen Schauplätze des Romans, in der Bol'šaja Sadovaja ulica (Großen Gartenstraße)

Nr. 10 (im Roman: »№ 302-бис«) traf, in der Bulgakov 1921–24 gelebt hatte.[2] Die »emotionale und gedankliche Aufladung« des Buches stimulierte die Vorstellungskraft vieler Bulgakov-Anhänger, die in der von ihnen vergötterten, viele Lesarten zulassenden Offenbarungsschrift nach universellen Wahrheiten und verborgenen Botschaften forschten.[3] Die Fülle von (Über-)Interpretationen, Detailuntersuchungen und kommentierenden Publikationen übersteigt bis heute den Umfang des Romans um ein Vielfaches.[4]

II

Dass der Roman zwei ganz verschiedene Handlungs-, Erzähl- und Zeitebenen miteinander verknüpft – den Moskau- bzw. Teufelsroman: Moskau zur Stalinzeit; und, als »Text im Text«,

2 Im dritten Stock des Gebäudes (Eingang Nr. 6) befindet sich in der Wohnung Nr. 50 heute ein intimes, sehenswertes Bulgakov-Museum (www.bulgakovmuseum.ru). Im Untergeschoss (Eingang Nr. 1) ist das Kulturzentrum »Bulgakov-Haus« (Bulgakovskij Dom) untergebracht (www.dombulgakova.ru).

3 Nitzberg (2012) S. 563. – Rund zwölf Prozent des Textes der Erstpublikation in der Zeitschrift *Moskva* (1966.11 und 1967.1) fielen der Zensur zum Opfer. Die erste unzensierte Fassung des Romans, die diese gestrichenen – jedoch im damaligen russischen Selbstverlag (Samizdat) heimlich veröffentlichten – Textpassagen einfügte, erschien 1967 in Paris bei YMCA-Press; der exilrussische Verlag »Posev« in Frankfurt a. M. brachte 1969 eine Fassung heraus, in der alle Auslassungen und Kürzungen der *Moskva*-Publikation kursiv markiert waren.

4 Der Roman wurde unter den Aspekten des Karnevalesken, der menippeischen, ideologiekritischen, religiösen Satire, eines dramatischen Doppel-, eines Schlüsselromans, einer Allegorie, einer *Faust*-Parodie, einer grotesken Utopie, des Märchens, eines historischen, philosophischen Prosatexts u. a. untersucht.

den Pilatus- bzw. Jesusroman: Jerusalem zur Zeit der Kreuzigung Christi –, und dass er zugleich zahlreiche Szenen und Episoden des Realen mit denen des Phantastischen verzahnt und dabei auch noch Elemente eines Kriminal-, eines Liebes- und eines Künstlerromans einbezieht, trug nicht nur zur Verwirrung der damaligen sowjetischen Zensur bei, sondern irritiert bis heute die Leser und erschwert die Auslegung des komplizierten Prosawerks, einer Synthese von scheinbar unterhaltsamer Lockerheit und gedanklich-sprachlichem Anspruch.

Die reale Schicht des Romans, die Moskau-Handlung, in der zweifellos autobiographische Elemente sichtbar sind, gleicht einer Zeitreise in die 1930er Jahre und entfaltet in satirischer Form historische und geistesgeschichtliche Aspekte des düsteren stalinistischen Alltags, mit besonderer Anspielung auf das Jahr 1937. Dieses einem »Hexensabbat« gleichende Terrorjahr, in dem fast zwei Millionen Menschen verhaftet, 700 000 ermordet wurden und 1,3 Millionen zumeist einfache Leute in Arbeitslagern verschwanden, stellte eine von Bulgakov hautnah erlebte Tragödie in der russischen Geschichte dar. Unschuldige Menschen standen, unter abstrusen und phantastischen Beschuldigungen, plötzlichen Verhaftungen aus heiterem Himmel fassungslos gegenüber, einer Willkür, der auch zahlreiche Freunde und Bekannte des Autors zum Opfer fielen.[5] Bulgakov selbst litt unter ständiger Anspannung und Angst, wusste sich von Spitzeln beobachtet. Der Leser kann die zahlreichen Anspielungen im Roman nur mit dem Hintergrundwissen jener Zeit verstehen, denn »hinter jeder Erwähnung eines Straßen- oder Figurennamens, eines Charakter- oder Kleidungsmerkmals einer Figur o. ä. [verbirgt sich] ein

5 Schlögel (2008) S. 17–25.

zeitgeschichtlicher oder biographischer Bezug, etwa auf eine zeitgenössische Persönlichkeit oder einen sowjetischen Typus, eine typische alltägliche Situation oder Angewohnheit, einen bekannten politischen Slogan, der das damalige Alltagswissen und die Interpretation der Wirklichkeit prägt«.[6] So bekommt der Leser Einblicke in die Bulgakov äußerst vertraute Topographie der Hauptstadt – der Roman ist aufgrund seiner kartographischen Genauigkeit nachgerade ein idealer Reiseführer durch das Moskau der 1930er Jahre – und in die alltägliche bedrohliche, unmenschliche Lebenswelt, die »Facetten des Schreckens« des »real existierenden Irrsinns« (Felicitas Hoppe): Er erfährt von der massiven Angst der traumatisierten Bevölkerung vor Stalinschen Säuberungsaktionen, vom Leben des »Normalrussen« in Kommunalwohnungen und der privilegierten (Literaten-)Schicht, von Restaurants und Wohnungen der »Auserwählten«, von Luxusgeschäften und Orten der Massenkultur (Theater, Variété), vom Schlangestehen, von allgegenwärtigen staatlichen Behörden (wie dem Geheimdienst des NKVD, des Volkskommissariats des Inneren), Gerüchten, Hausdurchsuchungen, vom plötzlichen Verschwinden, von Verhaftungen und unerwarteten Todesfällen, von psychiatrischen Kliniken, antireligiösen Kampagnen u. ä. Bulgakov deckt in ironisch-slapstickhafter Weise vor allem die Willkür des stalinistischen Machtapparats, die Unzulänglichkeiten der Gesellschaft und den moralischen Verfall der agierenden, meist gewöhnlichen Menschen auf: der allgemein angepassten, materialistisch eingestellten und raffgierigen Masse, der heuchelnden, selbstzufriedenen Schriftsteller, der feigen Intellektuellen, Lügner, Denunzianten, Betrüger, Ehe-

6 Lamberz (2010) S. 160 f.

brecher, der bestechlichen Funktionäre und Bürokraten und anderen. Die meisten dieser typisierten Figuren, die kryptographisch auf damals real existierende Individuen anspielen, werden im Roman ›karnevalisiert‹, d.h. mit grotesken Stilmitteln lächerlich gemacht, wie etwa mit sprechenden Namen.

III

In diese Welt der Verrohung, eine Art Vorhölle, kommt der Teufel, der »Fürst der Finsternis« Woland[7] mit seinen verschrobenen, diabolischen Begleitern, dem skurril-clownesken langen Lulatsch Korov'ev-Fagot, dem schalkhaft-brüsken Riesenkater Begemot (diese beiden als unzertrennliches Komikerpärchen auftretenden Figuren, die der Moskauer Gesellschaft den Spiegel vorhalten, sind die unangefochtenen Favoriten der Leserschaft), dem dämonisch-brutalen Azazello sowie der nackten Hexe und Vampirin Gella. Der »Messere« (»мессир«) Woland, ein elegant und aristokratisch auftretender, zunächst für einen Deutschen gehaltener schillernder Gelehrter und Experte für Schwarze Magie, der mit diversen traditionellen äußeren Attributen verschiedener Teufelsfiguren versehen ist,[8] weist trotz der Namensgleichheit mit »Junker Voland« – so Mephistos Pseudonym in der Walpurgisnacht (*Faust. Der Tra-*

7 Im ersten Kapitel fällt Berlioz und Bezdomnyj das »двойное ›В‹«, das doppelte »V«, also ein deutsches »W«, auf Wolands Visitenkarte auf. Abweichend von der ansonsten verwendeten wissenschaftlichen Transliteration wird daher hier bei diesem Namen die Duden-Transkription beibehalten.

8 Woland hinkt, hat verschiedenfarbene und glühende Augen, einen Spazierstock mit Pudelknauf, ein Kettchen, einen Degen; er ist ein reisender Teufel, spricht teilweise mit einem ausländischen Akzent u.a.; vgl. Fieseler (1982) S. 219–229.

gödie zweiter Teil, V. 4023) – in seiner vom Autor dargestellten Wesensart kaum Ähnlichkeiten zu Goethes »Geist, der stets verneint« auf und ist gänzlich gelöst von typischen niederen teuflischen Eigenschaften. Bulgakov hat Woland durchweg als positive Figur mit sympathischen Zügen gestaltet. Die negativen Merkmale des Teufels verkörpern dagegen Wolands Komplizen, die sich durch äußere Erscheinung, Verhaltensweisen und Sprachduktus voneinander unterscheiden. Bulgakov mischt in seinem Roman mehrere Typen von Teufelsfiguren, die auf christlichem, volkstümlich-slawischem, gnostischem und esoterischem Verständnis sowie auf intertextuellen Vorbildern beruhen.

Woland erfüllt nicht, wie sein literarisches Vorbild, die Rolle des Anklägers, Nihilisten und Verführers zum Bösen, sondern die des Beobachters, Beurteilers und Aufklärers, der als Medium der göttlichen Instanz letztlich mit dem Guten kooperiert. In *Master i Margarita* erfährt »der Teufel, der Inbegriff des Bösen, [...] eine ironische Umwertung«: er ist der »gute« Teufel, der zum Schluss den kreativen Meister aus der Klinik erlöst und den Pilatus-Roman rettet.[9] Mit seiner Entourage mischt Woland die dekadente Moskauer Gesellschaft auf, deckt deren Missetaten und Doppelmoral auf, bestraft die Bösen und belohnt die Guten. Obwohl Woland keine komische Figur ist, setzt er mit seinem Teufels-Team karnevaleske Komik in Gang, indem er sowjetische Gegenwart entlarvt. Diese Schar treibt – unbarmherzig, launenhaft, scheinbar ohne ersichtlichen Grund – Schabernack mit Repräsentanten der Bürokratie und Kultur, lässt sie auf unerklärliche Weise von ihren Posten verschwinden und/oder in der Psychiatrie landen. In der Varié-

9 Natterer (2002) S. 176.

tévorstellung (Kap. 12), einer theatralischen Glanzleistung von Possenspiel im Roman, wo reale und irrationale Elemente zusammentreffen, piesacken Wolands Gefährten das verlogene, geldgierige und selbstgefällige Publikum auf üble Weise und lassen wortwörtlich Köpfe rollen. Der von Korov'ev initiierte Bluff mit herunterflatterndem Falschgeld, auf den die spießigen Zuschauer allesamt hereinfallen, erinnert an Mephistos Papiergeldschwindel im zweiten Teil von Goethes *Faust*.

In dem vom Erzähler als »Hölle« bezeichneten »Griboedov«, dem Haus der Schriftstellervereinigung »Massolit« (Kap. 5), parodiert Bulgakov das moralisch abstoßende und katzbuckelnde Verhalten von systemkonformen Literaten und die Allmacht des sowjetischen Schriftstellerverbandes. In Anspielung auf die Einheitskultur und damit verbundene gewaltsame Unterordnung des Literaturbetriebs unter die Politik Stalins thematisiert der Autor hier, wie auch in seinen Werken über Puškin (*Poslednie dni*) und Molière (*Žizn' gospodina Mol'era; Kabala svjatoš*), den Konflikt zwischen Künstler und Gesellschaft, wobei der Meister, das Alter ego des Autors, den unverfälschten Künstler verkörpert, der zwar in der Auseinandersetzung mit der Staatsmacht zum Schweigen verurteilt wird, aber dessen »Manuskripte nicht verbrennen« (»рукописи не горят«) – trotz Beschlagnahmung des Geschriebenen. Bulgakov postuliert unbeirrt die geistige Unabhängigkeit des Künstlers, dessen bedingungslose Wahrheitsliebe, Visionen und Hingabe an das Gute, unabhängig von bedrohlichen äußeren Zwängen. Diesem Primat blieben Bulgakov und viele andersdenkende, während der stalinistischen Terrorwelle umgebrachte oder umgekommene Schriftsteller treu: Isaak Babel', Daniil Charms, Leonid Dobyčin, Nikolaj Kljuev, Osip Mandel'štam, Boris Pil'njak und andere.

IV

Die mitternächtliche, ausschweifende Party im »Griboedov« (Kap. 5), ein von Menschen initiiertes Höllenspektakel, signalisiert bereits mit zahlreichen wiederkehrenden Motiven den »großen Satansball« (»великий бал у сатаны«) in Kapitel 23. Dieses übernatürliche, bereits auf das Roman-Ende zielende Geschehen, das sich aus dem Nichts entwickelt und sich im Nichts zerstreut, bildet einen der Höhepunkte des Romans mit phantastischen Ritualen und mystischen Merkmalen, die das »karnevalistische Weltempfinden« im Sinne der Literaturtheorie Michail Bachtins widerspiegeln.[10] Der in der fünften Dimension stattfindende, alle Grenzen sprengende gespenstische Vollmondball in einer ausschweifenden, ekstatischen Szenerie, die unzweideutig Analogien zur Walpurgisnacht in Goethes *Faust* hervorruft, unterliegt eigenen karnevalistischen Symbolen (König, Königin, Narr, Opfer, Sarg, ritueller Mord; Kleidung, Verhalten, Geräusche u. ä.). Zeit, Raum und hierarchische Prinzipien sind außer Kraft gesetzt. Wie beim Karneval werden in dieser exotischen »verkehrten Welt« (»мир наоборот«, so Bachtin) des dämonischen Schauplatzes Werte auf den Kopf gestellt. Der Ball gleicht einem infernalischen Exzess außerhalb der realen Welt, der jeglichen Sinn in Frage stellt. Während Verbrecher und andere sonderbare Figuren der Geschichte an der erstarrten Ballkönigin Margarita vorbeidefilieren und ihre spirituelle Auferstehung erwarten dürfen, gibt Woland gleichzeitig in einer symbolisch-rituellen Mordtat den Literaten Berlioz als Vertreter der ideologiegelenkten Kultur dem irreversiblen physischen Ende preis, wobei er auf den

10 Schlögel (2008) S. 48 f. – Michail Bachtin, *Literatur und Karneval. Zur Romantheorie und Lachkultur*, übers. von Alexander Kaempfe, München 1969; vgl. auch Lachmann (1987) S. 7–46.

Grundsatz verweist, dass jedem »das zuteil wird, woran er glaubt« (»по его вере«).

Der Epilog des Romans beginnt mit einer rationalen Erklärung des dämonischen Spektakels. Auf der Grundlage einer apodiktisch wissenschaftlich determinierten Gesinnung diskreditiert das diktatorische System übernatürliche Erscheinungen und biegt sie in seinem weltanschaulichen Sinne um. »Inoffizielle Lachkultur und offizielle Ordnungskultur« (Renate Lachmann) stehen sich konträr gegenüber. Die offizielle Sowjetideologie, d. h. die alles Transzendente negierende materialistische Weltanschauung, wird auf groteske Weise von Bulgakov ad absurdum geführt. Dazu trägt der Einbezug des Phantastischen als fundamentales Strukturmerkmal des Romans entscheidend bei. Das komplexe menschliche Dasein kann nach Bulgakovs Auffassung nicht ausschließlich rational gedeutet werden; das überzeitliche, irrationale Moment eröffnet jenseits der diesseitigen (sowjetischen) Scheinwelt eine »utopische Welt des Guten, der Liebe und der Wahrheit«[11]. Die Verflechtung von Wirklichem und Magischem in der Moskau-Handlung schafft eine Atmosphäre der Verwirrung und Unsicherheit und übt in verschlüsselter Form harsche Sozialkritik am stalinistischen System. »Niemand kann mehr genau sagen, wo die Wirklichkeit anfängt und das Phantastische beginnt.«[12]

V

Nicht der Meister, sondern Margarita, die merkliche Züge mit Bulgakovs dritter Ehefrau Elena Šilovskaja teilt, schließt nach dem Verzicht auf ihre komfortable Lebenssituation einen Pakt

11 Peters (1992) S. 124.
12 Schlögel (2008) S. 50.

mit dem Teufel und tritt als hexenhafte »schwarze Königin« (»чёрная королева«) in eine phantastische Dimension über. Bulgakovs privilegierte, verwöhnte, gelangweilte (?) und nicht im sozialistischen Arbeitsprozess stehende Margarita ist das frappante, ironisch markierte Gegenstück zu den eindimensionalen, ideologisch ausgerichteten »positiven Helden« und Heldinnen des sowjetischen Erziehungsromans. Margarita hat das gewisse Etwas: Geist, Intelligenz, Herz; sie ist zupackend, hat mitunter ein lockeres Mundwerk, fürchtet weder Tod noch Teufel. Sie ist eine gelungene Synthese aus Goethes Gretchen (Margarethe), Faust und Mephistopheles, »eine außergewöhnliche Mischung von ›göttlichen‹ und ›teuflischen‹ Kräften«[13], sowie weiteren literarischen Frauengestalten, etwa der »Königin Margot« aus dem Roman *La Reine Margot* (1845) von Alexandre Dumas d. Ä. Wie Gretchen im *Faust* zeichnet sich Margarita durch Schönheit, Leidenschaft, Intuition und Neugier aus. Weiter gehen die Ähnlichkeiten mit ihr nicht; dafür teilt Margarita einige Züge mit Faust – wie Intelligenz, Mut, Beherztheit und Zielstrebigkeit oder die Fähigkeit zu fliegen – und dämonische Merkmale mit Mephisto. Anders als Faust geht sie initiativ den Teufelspakt ein – nicht, wie er, aus Eigennutz oder zur Wissenserweiterung, sondern aus aufopfernder Liebe zum Meister. Bevor sie ihre Belohnung für das Abkommen, Ballkönigin auf dem Teufelsball zu sein, einlöst – die Wiedervereinigung mit dem Meister, die Wiederherstellung der verbrannten Manuskripte des Pilatus-Romans und damit letztlich die Rettung der Kunst –, verleiht Bulgakov ihr aggressive und zerstörerische Attribute: Genussvoll demoliert die fliegende Hexe Margarita beim Aufbruch aus dem scheinheili-

13 Natterer (2002) S. 100.

gen Moskauer Leben der 1930er Jahre in die überzeitliche Freiheit die Wohnung des verhassten Literaturkritikers Latunskij, der das Werk des Meisters besonders heftig angeprangert hat. Bulgakov greift hier abendländische Hexenflugvorstellungen auf und spielt darüber hinaus spöttisch auf die ihm übelgesinnten Kritiker Litovskij und Orlinskij an.

VI

Der Meister – Historiker, Museumsmitarbeiter, Übersetzer und Schriftsteller – verfasst nach einem Lotteriegewinn in aller Abgeschiedenheit einen Roman, der, vor allem wegen der in der ideologiehörigen Literatur untersagten Darstellung der Christus-Figur, durch boshafte Hetzartikel als »Pilatustum« (»пилатчина«) diffamiert wird. Der Meister, der das Leben mehr intuitiv als rational erfasst, kehrt sich nach diesem persönlichen Angriff auf ihn und sein Werk vom Leben ab, verbrennt sein Manuskript und flieht, unter nervösen Angstzuständen leidend, in die Psychiatrie. Die Namenlosigkeit und Abkapselung des Meisters versinnbildlichen seine distanzierte Stellung in der Gesellschaft. Er entspricht, trotz seines außergewöhnlichen geistigen und künstlerischen Potentials, aufgrund seiner Passivität und Zerrissenheit eher einem Anti-Helden und Anti-Faust. Anders als Faust sucht er Wahrheit und Gerechtigkeit nicht durch die Wissenschaft, sondern durch die Kunst, resigniert aber vor gesellschaftspolitischem Druck. Er trägt – wie Bulgakov selbst – Züge eines nonkonformen, andersdenkenden Autors, der für sich und die Schublade schreibt, aber letztlich zu schwach (feige?) ist, für sein Schaffen zu kämpfen, und daher seine ersehnte Ruhe (покой) in der Nervenklinik sucht. Margaritas erlösende Liebe und bedingungslose Wahrheitssuche inspirieren sein weiteres geistiges

Schaffen und ermöglichen ihm die Vollendung des Romans. Das – von Lesern und Interpreten gern idealisierte und heroisierte – Liebespaar[14] wird im Tod vereint und findet nach seiner sofortigen spirituellen Auferweckung die endgültige Befreiung von der qualvollen Realität der Repression in einer phantastischen, paradiesischen Sphäre, im weltentrückten »ewigen Hort« (»вечный приют«) des Lichts, der Gerechtigkeit, Ruhe und Freiheit.

Ivan Bezdomnyj (der »ohne Haus«), der Teufelsjäger, ist eine weitere Hauptgestalt des Romans. Er entfaltet sich von einem ergebenen proletarischen Schriftsteller zum Lehrling (ученик) des Meisters, durchlebt aber eine andere Entwicklung als sein Lehrer. Obwohl er wie in einer Art Initiationsritual als gleichsam »Gottesnarr« (юродивый)[15] einen inneren Bewusstseinsprozess durchläuft und in der Psychiatrie durch den Meister in die phantastische Überwelt eingeweiht wird, bleibt er letztlich als gespaltenes Individuum »heimatlos«. Er sitzt, wie der Epilog zeigt, weltanschaulich zwischen zwei Stühlen: weder in der diesseitigen noch in der jenseitigen Welt ist er zu Hause. Nur im Traum vom Meister, von Margarita, Pilatus und Iešua, die gemeinsam auf der Mondlichtbahn der Freiheit entgegengehen, findet er seine seelische Ruhe; nur in einer Traumvision während des Frühlingsvollmondes ›erfüllt‹ er das Anliegen seines Lehrers, den Pilatus-Roman fortzusetzen. Ivans ambivalente Darstellung ist symptomatisch für das Los vieler Intellektueller der Stalinzeit.

14 Nitzberg (2012) S. 566.
15 Vgl. z.B. sein Bad in der Moskva; der im »Griboedov« in Unterhosen, mit Papier-Ikone und Kerze in der Hand Erscheinende wird als Narr in die Psychiatrie eingeliefert. Vgl. auch Peters (1992) S. 120–122.

VII

In das phantastische Gegenwartsgeschehen der Moskau-Handlung bettet Bulgakov in vier Kapiteln (2, 16, 25, 26) einen homogenen, historischen Pilatus- und Jesus-Erzählstrang ein, der in verschlüsselter Form die Kernfragen anspricht, die im Moskau-Teil andeutungsweise Erwähnung fanden: die Instrumente von politischer Macht, Terrorherrschaft und totalitärer Überwachung. Auch diese zunächst befremdend wirkende Parallelhandlung, die von verschiedenen Figuren erzählt (Woland), geträumt (Ivan Bezdomnyj) und gelesen (Margarita) wird, bedingt eine Deutungsherausforderung, zumal sie durch die Darstellung eines anderen Raums, einer anderen Zeit, neuer Bilder, anderer Figuren und durch eine veränderte Tonart eine abstruse und unheimliche Wirkung auf den Leser ausübt. In den Pilatus-Kapiteln geht es um Feigheit, Verrat, Zivilcourage, Gewissen, Verantwortungsbewusstsein und Treue, also um Leitlinien von menschlichem Verhalten. Bulgakov transferiert sein zentrales Anliegen, Zeitkritik zu üben, die gewaltsame Unterdrückung von moralisch-geistigen Werten, auf die sich wahre Kunst gründet, zu entschleiern und die Diffamierung von metaphysischen Annahmen sowie von christlich-religiöser Literatur durch die Sowjetmacht zu entlarven, in das antike Jerusalem. Die Parallelhandlung, die eng mit der Moskau-Handlung verwoben ist, entspricht einer politischen Parabel, die an sich – ohne Bezug zum Moskau-Strang – thematisch eindeutige Verbindungen zu den gesellschaftspolitischen Gegebenheiten der Stalinzeit impliziert.

Anders als das von phantastischen Einbrüchen durchzogene Moskau-Geschehen wird die Pilatus-Handlung durchgängig realistisch, detailgetreu und historisch präzise dargestellt. Im Mittelpunkt steht der Konflikt zwischen Pilatus, einer Mischung aus Despot und zerrissener Persönlichkeit, und Iešua, einem sanften, wehrlosen Wanderphilosophen, der vorbehaltlos-naiv an das Gute im Menschen glaubt und – wie sein Urheber, der Meister, und letztendlich natürlich Bulgakov selbst – von einem zukünftigen, utopischen »Reich der Gerechtigkeit und Wahrheit ohne Herrscher und ohne jede Gewalt« träumt, wo Feigheit nicht »eine der schlimmsten Sünden« ist. Bulgakov historisiert und verfremdet die vertraute biblische Passionsgeschichte und verfährt relativ frei in der künstlerischen Gestaltung des historischen Materials. So verwendet er anstelle der griechischen Begriffe des Neuen Testaments aufs Hebräische und Aramäische verweisende Eigen- und Ortsnamen – »Iešua« für Jesus, »Eršalaim« für Jerusalem, »Iuda iz Kiriafa« für Judas Ischariot. Sich an historische Quellen anlehnend, verleiht Bulgakov auch seinem Pilatus äußerlich unerbittliche Züge, gestaltet ihn aber darüber hinaus als innerlich gespaltenen, kränklichen, einsamen und zweifelnden, auch feigen Amtsträger, so dass dessen seelischer Konflikt durchaus Mitgefühl erweckt. Obwohl Pilatus nach dem bedeutsamen Gespräch mit dem Angeklagten über Wahrhaftigkeit, Feigheit und das »Organisationsprinzip der Welt« (Barbara Zelinsky) von Iešuas Unschuld überzeugt ist, entzieht er sich der Verantwortung aus mangelndem Mut, aus Furcht, sich den Zorn des römischen Autokrators Tiberius zuzuziehen, und verurteilt Iešua zum Tode. Wie der Verräter Judas wird auch der Statthalter für seine Schuld bestraft: die Gewissensqualen über sein Fehlurteil verfolgen ihn für den Rest seines Lebens – und darüber hinaus. Erst nach der Errettung des Meisters wird am Ende der zu Stein gewordene Pilatus auf Wolands bzw. Gottes Geheiß befreit und erlöst.

Tiberius, der im Roman an wenigen Stellen als furchteinflößender, gottähnlicher und ständig gegenwärtiger Diktator skizziert wird, lässt unweigerlich an Stalin denken. Ebenso ruft Afranij, der verschlagene, undurchschaubare Chef der omnipräsenten römischen Geheimpolizei, Assoziationen zu den sowjetischen »Behörden« (dem Geheimdienst des NKVD) hervor. Bestechung, Hinterhältigkeit, Verrat, Intrigen, Mord und Verschleierung gehören zu seinen täglichen Handlungsmaximen.

In der Darstellung des Iešua weicht Bulgakov eigenwillig vom Neuen Testament ab; die Kreuzigungsszene unterscheidet sich beträchtlich von der biblischen Vorlage. Sein »Jesus« ist entmythologisiert und aufs Menschliche reduziert. Er ist eine historische Person der jüdischen Geschichte, der keine Wundertaten vollbringt, nicht Gottes Sohn und kein Prophet ist, der – bis auf einen treuen Anhänger, Levi – keine Gefolgsleute hat, aber mit seherischen Gaben und wahrhaften Ideen beeindruckt. Iešua verkörpert das unschuldige Individuum, das politischen Intrigen und dem undurchsichtigen Regime zum Opfer fällt. Im Vergleich mit anderen Christus-Darstellungen, vor allem bei Fëdor Dostoevskij, aber auch bei Aleksej Remizov, Dmitrij Merežkovskij, Ivan Šmelëv oder Boris Pasternak, ist Bulgakovs Jesus-Präsentation relativ flach und spirituell ohne Relevanz. Dennoch lenkte sie, als der Roman in Russland erschien, »die Aufmerksamkeit von Millionen Russen wieder auf Christus und das Neue Testament«.[16]

16 Kasack (1999) S. 118. – In Dostoevskijs Parabel vom »Großinquisitor« aus den *Brüdern Karamazov* lässt der kein Wort erwidernde Christus durch sein vieldeutiges Schweigen und seinen rätselhaften Kuss den obersten Ankläger der spanischen Inquisition als tief Erschütterten zurück.

VIII

Beide Handlungsstränge des ›Doppelromans‹ verbindet ein Geflecht von Leitmotiven, Symbolen, Spiegelungen und Parallelen.[17] Entsprechungen werden in der Personenkonstellation offenbar: Iešua und der Meister sind unschuldige Opfer der Staatsmaschinerie und provozieren das Macht-Establishment durch nonkonformistische Ideen; Iešua und Woland repräsentieren das Prinzip des Nicht-Immanenten und Spirituellen; den Meister und Pilatus verbinden Angst und Erlösung; Levi und Margarita gleichen einander in ihrer Liebe und Uneigennützigkeit, jener gegenüber Iešua, diese gegenüber dem Meister; Levi und Ivan fassen sich als Schüler auf: Iešuas bzw. des Meisters. Der Leser wird vom Erzähler unmittelbar durch den Wirrwarr und das Gedränge der beiden labyrinthartigen Städte geführt, die mit gleichartigen Einzelheiten als außergewöhnliche Orte geschildert werden. Beide Erzählteile finden im Frühling statt und erstrecken sich über einen kurzen Zeitraum (Moskau-Handlung: vier Tage; Jerusalem-Handlung: rund vierundzwanzig Stunden). Leitmotive aus dem Bereich der Natur durchziehen beide Stränge. Das Symbol der Sonne wird mit Macht, das des Mondes mit Wahrheit und mit dem Phantastischen in Zusammenhang gebracht. Das grelle Sonnenlicht bereitet sowohl Pilatus als auch Iešua körperlich und seelisch Qual; der Mondlichtpfad (»лунная дорога«), auf dem Pilatus nach seiner Errettung zusammen mit Iešua entlangschreitet, ist die leuchtende Brücke von der diesseitigen in die jenseitige Welt. Das Gewitter deutet auf folgenschwere Umwälzungen hin und erscheint symbolisch

17 Fieseler (1982) S. 296–331; Günther (1992) S. 24 f.

als eine Art Strafgericht über die beiden Städte; die wiederholte Metapher des Feuers signalisiert Zerstörung, Strafe und Reinigung.

IX

Master i Margarita ist nach Auffassung von Alexander Nitzberg ein »Schlüsseltext der Moderne«. »Stets weicht Bulgakow in seinen Ausdrücken von der Normalität ab, wählt im Russischen ungewöhnliche Formulierungen. Mit all diesen Mitteln erhöht er gleichsam die Temperatur der Sprache, durchbricht, wo er kann, die literarischen Schablonen des 19. Jahrhunderts und bewegt sich im Idiom der russischen Moderne, die an der Avantgarde geschult ist.«[18] In der Tat: Nicht nur thematisch und strukturell ist Bulgakovs Roman außergewöhnlich, sondern auch sprachlich-stilistisch fällt das »grandiose epische Sprachkunstwerk, ein Großstadtpoem im Geist der Moderne« (Nitzberg) durch unkonventionelle, markante Züge auf.

Eine Vielfalt von stilistischen Variationen und einer ausgefallenen »zugespitzten Bildlichkeit« durchzieht das Narrativ, wobei zwei zentrale kontrastierende Sprachebenen auffallen. Der Moskau-Handlungsstrang ist stilistisch uneinheitlich, locker, bunt und temporeich, mit umgangssprachlichen Elementen, quirligen Dialogen, kantigen Sätzen, ironisch-grotesken Ausdrücken und verschiedenartigen, individuellen Stilregistern der Figuren komponiert. Der Beobachter und Dramatiker Bulgakov zeigt besonders bei der sprachlichen Gestaltung von Margarita, Ivan Bezdomnyj, Korov'ev, Begemot und Azazello sein handwerkliches Können. Die verschiedenen Sprachfacetten spiegeln seelische Befindlichkeiten der handelnden Gestal-

18 Nitzberg (2012) S. 568.

ten. Margaritas Sprachduktus ist »stellenweise schnoddrig vulgär, stellenweise entrückt poetisch, als käme sie von einer anderen Welt«.[19] Der Pilatus-Teil dagegen zeichnet sich durch einen feierlich-pathetischen, gleichmäßigen, emotional-expressiven, fast apathisch wirkenden Stil aus. »Hier scheint das Geschehen von einem antiken düsteren Metrum getragen zu sein und ist durchsetzt mit dunklen Farben und monotonen Wortwiederholungen.«[20] Der Autor stilisiert hier die russische literarische Hochsprache.

X

Bulgakovs »realphantastischer Roman« (Karl Schlögel) ist und bleibt komplex. Er eröffnet, je öfter man ihn liest, immerfort neue Erkenntnisse. Stimmt man Oleg Michajlov zu, so wird es eine endgültig umfassende, alles klärende Gesamtauslegung des rätselhaften, widersprüchlichen Prosatexts aufgrund der beträchtlichen Deutungsvielfalt auch zukünftig nicht geben: »Dieser Roman ist nicht bis zu Ende gelesen, und jede neue Generation, so kann man glauben, wird in ihm einen neuen Sinn entdecken.«[21]

Wolfgang Schriek

19 Ebd., S. 574.
20 Ebd., S. 567.
21 Michajlov (2011) S. 220.

Inhalt

Kursiv erscheinen die Kapitel, deren Inhalt auf Deutsch zusammengefasst ist

Fremdsprachentexte Russisch

Михаил Булгаков:
Собачье сердце
Michail Bulgakov:
Hundeherz
Hrsg.: W. Schriek
251 S. | UB 19837

Даниил Хармс:
Проза, стихи, пьесы
Daniil Charms:
Prosa, Gedichte, Stücke
Hrsg.: W. Schriek
264 S. | UB 19883

Антон Чехов:
Дама с собачкой.
Три рассказа
Anton Čechov:
Die Dame mit dem Hündchen. Drei Erzählungen
Hrsg.: M. Schneider
86 S. | UB 19817

Антон Чехов:
Вишнёвый сад
Anton Čechov:
Der Kirschgarten
Hrsg.: W. Schriek
128 S. | UB 19797

Антон Чехов:
Три сестры
Anton Čechov:
Drei Schwestern
Hrsg.: W. Schriek
152 S. | UB 19858
(auch als E-Book)

Фёдор Достоевский:
Игрок
Fëdor Dostoevskij:
Der Spieler
Hrsg.: G. u. R. Berthelmann
255 S. | UB 19806

Фёдор Достоевский:
Великий инквизитор
Fëdor Dostoevskij:
Der Großinquisitor
Hrsg.: W. Schriek
102 S. | UB 19862

Николай Гоголь:
Нос
Nikolaj Gogol':
Die Nase
Hrsg.: G. u. R. Berthelmann
79 S. | UB 19787

Николай Гоголь:
Ревизор
Nikolaj Gogol':
Der Revisor
Hrsg.: G. u. R. Berthelmann
180 S. | UB 19836

Николай Гоголь:
Шинель
Nikolaj Gogol':
Der Mantel
Hrsg.: G. u. R. Berthelmann
88 S. | UB 19851
(auch als E-Book)

Владимир Набоков:
Три рассказа
Vladimir Nabokov:
Drei Erzählungen
Hrsg.: R. Müller-Schmitt
95 S. | UB 19786

Про любовь
Шесть современных рассказов
Über die Liebe
Sechs moderne Erzählungen
Hrsg.: G. u. R. Berthelmann
156 S. | UB 19865

Александр Пушкин:
Пиковая дама
Aleksandr Puškin:
Pique Dame
Hrsg.: W. Schriek
84 S. | UB 19808

Лев Толстой:
Смерть Ивана Ильича
Lev Tolstoj:
Der Tod des Ivan Il'ič
Hrsg.: M. Schneider
114 S. | UB 19839

Эльдар Рязанов /
Эмиль Брагинский:
Ирония судьбы
или С лёгким паром!
Ėl'dar Rjazanov /
Ėmil' Braginskij:
Ironie des Schicksals
Hrsg.: R. Müller-Schmitt
u. M. Schifrina
188 S. | UB 19856